아동 치료자들을 위한 임상 지침서

게슈탈트 놀이치료

Rinda Blom 저 | 김금운 · 최명선 공역

The Handbook of **Gestalt Play** Therapy

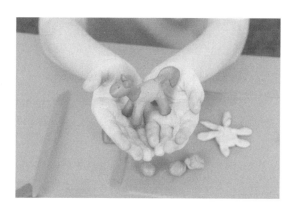

학지사

역자 서문

　상담과 놀이치료의 첫 회기에서 만나는 아동과 청소년의 모습은 그들이 겪어낸 어려움만큼이나 다양하다. 아무런 말도 움직임도 없이 무표정한 얼굴로 방한가운데 선 채, 마치 다음 행동에 대한 지시를 기다리는 듯 치료자를 빤히 쳐다보는 아이, 치료자의 반응과 전혀 상관없이 자신의 얘기만 쉴 새 없이 쏟아내고서 치료자가 그 얘기에 대해 궁금해 물으려 하면 금세 딴 얘기로 돌리는 아이, 매우 힘든 일을 겪고서도 괜찮다면서 무표정한 얼굴로 그와는 상관없는 소소한 얘기만 하는 아이가 있다. 또 어떤 아이는 체념한 듯 슬퍼 보이는 표정으로 몸을 좌우로 흔들며 침묵하는가 싶더니, 갑자기 또래에 비해 매우 정제된 단어로 아무렇지 않게 엄청난 얘기를 하다가 어느 순간 레이저처럼 엄청난 분노의 눈빛을 쏘아 대기도 한다. 그런가 하면, 지금 느끼는 감정이나 생각을 물으면 여지없이 "없는데요." "딱히."라고 말하며 재빨리 표정을 정리해 대화를 끝내 버리는 아이도 있다. 머릿속에서는 수많은 내사가 바삐 돌아가며 지금-여기와 접촉하는 것을 방해한다. 감정은 차마 마주할 수 없어 날려 버린다.

　"어떻게 이 아이를 지금-여기에서 만나지?"
　"난감하고 막막하다."

바로 이런 경우에 독자들은 이 책에서 실제적인 도움을 얻을 수 있으리라 생각한다.

이 책은 Rinda Blom의 『The Handbook of Gestalt Play Therapy: Practical Guidelines for Child Therapists』를 번역한 것이다. 책의 제목에서 알 수 있듯이 아동 및 청소년 치료자들이 게슈탈트 놀이치료 접근을 현장에서 어떻게 활용할 수 있는지 구체적이고 실제적으로 소개하고 있다. 게슈탈트 놀이치료의 핵심적인 이론적 관점을 설명하는 것으로 시작하여 임상현장에서 치료적 작업을 할 때 어떤 내적 이슈를 다루어야 할지 치료과정의 흐름에 따라 설명하고 있다. Oaklander의 추천사에서 언급되었듯이, 이를 필요한 치료 장면에서 바로 실행할 수 있도록 여러 실질적인 제안도 함께 제시하고 있다.

더불어 게슈탈트 이론에서 강조하는 접촉하기, 아동의 자기지지 구축하기, 공격적 에너지를 준비로 감정 표현을 이끌어 내고, 자기양육 과정을 통해 내적 힘을 얻고, 그래도 부적절한 과정이 지속될 때 알아차리고 책임지고 새로운 행동을 시도해 보도록 도와 마침내 종결하기까지, 사례를 읽어 내려가는 것처럼 몰입하게 되는 내용으로 채워져 있다.

또한 저자가 동료와 함께 실시한 '깊은 슬픔에 잠긴 아동' '트라우마를 겪은 아동' 그리고 '특수한 환경에 처한 HIV/AIDS 아동'의 상담사례에는 치료과정에서 실시된 치료적 작업들이 생생하게 제시되어 있다. 이러한 내용 구성은 역자들이 번역과정에 흠뻑 빠져 작업할 수 있게 해 주었다.

번역작업을 진행하면서, 이 책에 소개된 다양한 활동을 현재 만나고 있는 내담자에게 적용하여 보았다. 그 결과, 내담 아동과 청소년이 회기 중 자신의 신체 상태 및 감정을 보다 더 수월하게 접촉하는가 하면, 투사작업을 통해 인정하고 싶지 않은 자신의 부정적인 모습과도 좀 더 편안하게 접촉하는 등 과정이 더욱 생생하게 진행되는 것을 보면서 번역에 대한 열의가 더 강해졌고, 동료들에게도 얼른 소개하고 싶은 조급함도 생겼다. 또한 사례를 번역하는 과정에서 아이들이 보여 준 치료적 작업에 대한 반응과 표현으로 가슴이 먹먹해져 그들의 감동적인 표현을 읽고 또 읽었던 기억이 난다. 역자들뿐만 아니라 이 책을 읽게 될 치료자들도 같은 경험을 하리라 기대한다.

각 장에 소개된 다양한 활동을 상담 및 놀이치료 장면에 적용하기 위해서는 먼저 게슈탈트 치료의 이론과 개념을 충분히 동화하는 과정이 선행되어야 한다. 게슈탈트 놀이치료의 이론적 관점을 설명하는 제1부의 1장 그리고 제2부와 제3부 각 장의 서두에 제시된 이론 부분을 먼저 숙지하고 관련 활동을 적용하는 것이 게슈탈트 놀이치료 입문자에게는 더욱 도움이 되리라 생각한다.

역자들은 번역과정에서 개념에 해당되는 부분은 용어로 인한 혼란을 피하기 위해 가능한 한 기존 번역서를 참고하였다. 새로운 용어는 저자에게 직접 메일을 보내 문의하고 확인하는 과정을 거쳐 저자의 의도가 충분히 반영되도록 애썼고, 필요한 부분에는 보충설명을 추가하여 독자들의 이해를 돕고자 하였다. 또한 애매한 문장과 단어는 역자 서로가 적극적으로 질문하고 논의하며 번역작업을 진행하였다. 그럼에도 미처 알아차리지 못한 실수와 부족함이 있으리라 생각되어 독자 여러분께 미리 양해를 구하며, 부족한 부분에 대한 피드백을 부탁드린다.

이 책을 출판하는 과정에서 많은 분의 도움을 받았다. 번역이 마무리되기까지 많이 기다려 주신 학지사의 김진환 사장님, 바쁜 역자들과 연락을 진행하며 늘 배려해 주시고 꼼꼼하게 교정을 봐 주신 편집부의 김진영 차장님 그리고 색색의 필기구를 통해 느낄 수 있었던 편집부 선생님들의 노고에 고마운 마음을 전한다. 교정지를 함께 보며 꼼꼼하게 살펴봐야 할 부분을 챙겨 준 샘솟는 아동청소년 상담센터 이이슬 선생과 번역 작업에 필요한 여러 도움을 준 아동청소년 상담센터 맑음 인턴들에게도 깊은 고마움을 전한다.

2021년 3월
임상현장에서
김금운 · 최명선

한국의 독자들에게

『The Handbook of Gestalt Play Therapy: Practical Guidelines for Child Therapists』의 한국어판 번역에 대한 관심과 기대는 이루 말로 표현할 수 없을 만큼 큽니다. 독자들이 게슈탈트 놀이치료를 통해 보다 많은 아동을 통합과 정서적 치유의 방향으로 안내해 가는 강력한 파급효과를 상상해 봅니다. 이 책을 읽은 독자 여러분 모두 건강하게 잘 지내길 바라며, 더불어 과정과 기법 그리고 활동들을 잘 적용하길 바랍니다.

2021년 1월
Rinda Blom

추천사

    이 책은 내가 지금까지 본 게슈탈트 놀이치료에 관한 가장 종합적으로 치료적 개입을 다룬 책 중의 하나이다. Rinda Blom 박사가 게슈탈트 치료의 이론적 개념을 해석하고 이를 아동 치료에 적용한 것을 통해 치료자들은 게슈탈트 놀이치료를 이해하는 데 확실한 도움을 받을 것이다. Rinda Blom 박사의 연구에서 깊은 감명을 받았다. 이 책에서 Rinda Blom 박사는 나의 치료과정 모델을 아주 명료하게 설명하고 있다. 그 이유는 그 설명을 필요한 치료 장면에서 바로 실행할 수 있도록 여러 실질적인 제안과 함께 제시하고 있기 때문이다. 이 책은 아동 심리치료 문헌에 꼭 필요한 중대한 기여를 하였다.

Violet Oaklander

* Violet Oaklander는 게슈탈트 놀이치료의 창시자이자 『아이들에게로 열린 창: 아동청소년을 위한 게슈탈트 치료 접근』의 저자이다.

추천사

『게슈탈트 놀이치료: 아동 치료자들을 위한 임상 지침서』는 여러분에게 게슈탈트 놀이치료의 가장 최신 연구를 소개한다. 이 책은 평가, 치료계획, 상실과 트라우마, HIV/AIDS에 관한 지식의 필요성을 강조한 통합된 관점을 제시한다. 독자들이 비판적으로 생각하면서 이 책을 최대한 활용할 수 있도록 돕기 위하여, 저자는 게슈탈트 접근으로 진행한 사례 연구들을 포함시켰다.

저자는 창의적인 재능과 숙련된 정서지능을 사용하여 아이디어의 개요를 만들고 경직되지 않게 그 아이디어를 풀어냈다. 이 책의 목적은 이론적인 정보뿐만 아니라 사례 연구의 예시를 통해 독자들이 특정 상황을 어떻게 실질적으로 다루면 좋은지에 대한 이해를 제공하는 것이다. 이 책은 게슈탈트 놀이치료에 관한 광범위한 정보를 제공하는 종합적인 책으로 게슈탈트 치료 방식으로 작업하는 치료자들에게 유용하다. 그 뿐만 아니라 치료자와 학생 모두가 다양한 주제로 사고할 수 있도록 발판 역할을 할 것이다.

Dr. Hannie Schoeman(게슈탈트 놀이치료 트레이너)

머리말

　1992년 사회사업가로 일을 시작했을 때, 나는 내담자들이 그들의 최적의 잠재력을 발휘할 수 있도록 돕겠다는 최상의 목표를 설정하였다. 그러나 사회복지사로 일하면서, 나는 이내 아동 내담자는 여러 가지 면에서 성인 내담자와 다르기 때문에 아동과의 치료적 작업을 하기 위해서는 전문적인 지식과 능력이 필요하다는 것을 깨달았다. 아동이 자신의 미해결된 트라우마와 정서를 언어적으로 나눌 수 있을 것이라고 기대했기 때문에 치료는 종종 실패하였다. 아동은 스스로 자신의 감정을 이해하지 못하기 때문에 그렇게 할 수 없었다.

　그 당시 아동에게는 화, 두려움, 상실의 감정을 표현할 수 있는 적절한 방법이 없었고, 감정 표현도 허락되지 않았다. 그래서 아이들은 결국 창문과 문을 부수고, 서로의 소지품을 훔치고, 몇 번이고 무단이탈을 하며, 자는 동안 침대에 오줌을 싸고, 공격적인 행동으로 자신과 타인을 다치게 하였다. 긍정적인 결과물이 거의 없는 채로 3년을 보내던 중에, 단기과정 교육에서 게슈탈트 놀이치료를 알게 되었다. 처음에는 지시적인 놀이치료 기법을 통해 아동을 치료적으로 도울 수 있는 몇 가지 쓸 만한 도구를 찾았다는 생각이 들었다. 그러나 게슈탈트 놀이치료를 공부하고, 개인 상담시간에 정서적 문제를 겪는 아동을 보고, 나의 실수들로부터 배우며, 여러 놀이치료 전공 학생의 연구를 지도하는 동안 또다시 9년이 흘렀고, 이제야 이 책이 탄생하였다.

『게슈탈트 놀이치료: 아동 치료자들을 위한 임상 지침서』는 아동과의 게슈탈트 놀이치료 현장에 들어가는 실질적인 여정으로 독자를 안내하는 것을 목표로 한다. 이 책의 내용은 전 세계적으로 게슈탈트 놀이치료의 창시자로 알려진 Violet Oaklander의 게슈탈트 놀이치료 모델에 기반을 둔다. 어느 문화권에서든 그곳의 아동과 치료를 할 때, 치료자는 그들의 욕구를 전체론적으로 다뤄야 한다. 따라서 아동의 전체적 기능, 즉 아동의 감각, 신체, 정서, 지능, 영적 이슈뿐만 아니라 아동의 성장과정과 기질이 고려되어야 한다. 더욱이 치료자는 아동이 보이는 증상 행동에만 집중하는 것이 아니라, 아동이 자신의 욕구를 충족시키기 위해 환경과 어떻게 상호작용하는지 그 과정에도 초점을 맞춰야 한다.

각각의 아동은 독특하고 고유한 환경을 가지고 있기 때문에 아동의 문제에 대해 신속한 해결책은 없다는 것을 깨달았다. 성인과 부모는 종종 이를 이해하지 못하고 즉각적인 결과를 원한다. 그러므로 아동이 자신의 욕구를 건강하게 충족시키고 통합된 인간으로서 기능하도록 하기 위해서는 각자에게 반드시 필요한 구체적인 경험들이 있음을 성인과 부모에게 한번 더 설명하는 것이 중요하다. 때로 부모들은 내게 2~3회기 후에 '마법'과 같은 일이 자신의 아이에게 일어났다고 이야기한다. 그러나 때때로 어떤 진전이 이뤄지기까지는 그보다도 훨씬 더 오랜 시간이 걸린다.

나는 내가 하고 있는 일에서 충만함을 느끼도록 내적인 강인함을 주시고 나의 삶을 이곳으로 이끌어 주신 주님께 감사드린다. 내가 도움이 필요한 아동과 시간을 보내고, 지난 4년간 컴퓨터 앞에서 오랜 시간을 보내는 동안, 남편 Hendrik과 두 딸 Marna와 Menike가 견뎌 준 것에 고마움을 전하고 싶다. 사진 찍는 것을 도와주신 아버지, 아이들 돌보는 일을 도와주신 어머니, 실질적인 조언과 도움을 준 나의 언니 Annelie 그리고 마음 써 준 나의 친구들, 이들 모두에게 감사 인사를 드린다. 지난 몇 년간 아동과 게슈탈트 놀이치료를 하며 나에게 훈련받은 모든 제자에게, 내가 여러분에게 가르쳐 준 것을 믿어 준 것에 대해 그리고 여러분의 연구로부터 내가 배운 것에 대해 다시 한번 감사한다. 이 책을 쓰도록 내게 용기를 북돋아 준 Morne에게 특별히 감사 인사를 전하고 싶다. Sandra,

Marinel과 Sayeeda가 이 책의 6장과 7장에 쏟아 준 노고에 진심으로 감사한다. "전문 지식과 기술들을 공유해 줘서 고마워."

마지막으로, 지난 수년간 내게 깊은 감동을 준 모든 아이에게 고마움을 전하고 싶다. "너희에게 정말 많이 배웠고, 너희를 정말로 많이 사랑하시는 주님의 특별하고 고유한 창조물인 너희 한 명 한 명에게 진심으로 고마운 마음을 전한다."

차례

제1부 게슈탈트 놀이치료에 대한 소개

1장 게슈탈트 놀이치료의 이론적 관점 …… 25

제2부 게슈탈트 놀이치료의 실제

2장 치료적 관계 형성하기, 평가, 치료계획 세우기 …… 61

제 3 부 깊은 슬픔에 잠겨 있는 아동, 트라우마를 겪은 아동,
HIV / AIDS 아동을 위한 게슈탈트 놀이치료

7장 ## 중기 아동기 HIV/AIDS 아동을 위한 게슈탈트 놀이치료

······ 243

이 장에서는 게슈탈트 치료의 역사적 배경과 게슈탈트 놀이치료의 이론적 개념 그리고 아동을 대상으로 한 게슈탈트 놀이치료 적용에 초점을 맞추었다.

게슈탈트 치료는 인본주의적이며 과정 지향적 형태의 치료이다. 여기에는 정신분석, 게슈탈트 심리학, 인본주의 이론들과 같은 여러 다양한 이론적 접근들에서 나온 원칙들이 포함되어 있다. 또한 게슈탈트 치료는 현재와 즉각적인 경험에 대한 알아차림을 강조하는 실존주의적 접근이다(Magill and Rodriquez, 1996; Oaklander, 1994a). Yontef와 Jacobs에 따르면(2000, p. 313), 게슈탈트 치료는 "살아 있는 유기체와 그 환경과의 상호작용을 별개로 여기는 것은 무의미하다고 주장하는 급진적 생태 이론"이다. 게슈탈트 치료는 각각의 상황에서, 각각의 순간마다, 각 사람의 인지적이고 정서적인 전체를 다룬다. 이 이론은 우반구(right-hemisphere)와 비선형적 사고를 강조하고, 은유와 환상, 비유적 언어, 신체 자세와 동작, 그리고 감정을 몸 전체를 사용하여 행동으로 충분히 표현하는 것이 특징이다(Clarkson, 1989).

Violet Oaklander는 게슈탈트 놀이치료를 창시하였다. 이 점에 관하여 Oaklander는 다음과 같이 언급하였다. '종종 사람들은 의심쩍은듯 나에게 묻습니다. "어떻게 아동과 게슈탈트 치료를 할 수가 있죠?"'(Oaklander, 1992. p. 64). Oaklander에 의하면, 게슈탈트 치료의 철학, 이론, 그리고 실제는 아동과의 치료에서도 그 치료적 목적에 맞춰 적절하게 약간 바꿔서 사용할 수 있다(Oaklander, 1992, 1994a, 1994b, 1997). 이러한 관점은 이 책에서 전반적으로 논의될 것이다. 몇 년 후 아동과의 비공개 게슈탈트 놀이치료 세션에서, 저자는 이러한 견해를 Oaklander와 나누었다.

개념 정의

게슈탈트 치료의 이론적인 개념들을 논의하기에 앞서, 독자들의 명확한 이해를 위해 게슈탈트, 게슈탈트 치료, 게슈탈트 놀이치료 이 세 가지 개념들이 자세히 설명되어야 한다.

게슈탈트(Gestalt)

게슈탈트라는 개념은 영어에서는 이와 상응할 만한 단어가 없는 독일어 용어이다(Clarkson, 1989; Yontef and Jacobs, 2000). 이 저자들은 게슈탈트의 개념을 모양, 패턴, 전체 형태, 배열 형태라고 간주하였다. 이는 부분들의 합과 다르고 부분들의 합보다 훨씬 더 큰 구조적 실체이다. Papalia(1985)는 게슈탈트의 개념을 개별적인 부분이 아닌 전체의 부분들을 의미 있게 배열한 것이라고 정의한 반면, Gouws(1987)는 어느 정도의 구조를 가지고 있고 부분들의 합보다 크며, 치환 가능한 전체, 즉 구성요소의 부분들이 대체된다 할지라도 부분들 간의 관계가 남아 있는 한 쉽게 알아볼 수 있는 것이라고 설명했다.

게슈탈트는 총합이 구성요소들보다 더 큰 전체 또는 실체의 개념이고, 이는 어느 정도의 구조를 지니고 있으며 부분들 사이에 관계가 남아 있다면 전체로서 인식할 수 있다. 이러한 관점은 게슈탈트 치료의 이론적 개념들 중의 하나인 전체론(holism)과 연결되며 1장에서 더욱 자세히 논의될 것이다.

게슈탈트 치료(Gestalt therapy)

게슈탈트 치료는 지금 바로 존재하는 것에 초점을 두는 하나의 심리치료 유형이다. 게슈탈트 치료의 목적은 내담자가 자신의 전체성 안에서 자신의 경험에 대한 지각을 향상시키도록 돕는 것이다(Gouws et al., 1987). 이는 또한 지금 여기와 즉각적인 경험의 알아차림을 강조하는 실존적이고 현상학적인 접근으로 여겨진다(Fagan and Shepherd, 1970; Hardy, 1991; Magil and Rodriquez, 1996). Yontef(1993)에 의하면, 게슈탈트 치료는 다음 세 가지 원리들로 정의된다.

1. 이 치료는 현상학적이다. 게슈탈트 치료의 유일한 목적은 알아차림이고, 게슈탈트 치료의 방법론은 알아차림의 방법론이다. 이런 점에서 Korb, Gorrell 그리고 van de Riet(1989)는 게슈탈트 치료의 현상학적 근거는 각 개인은 독특한 방식으로 자기 자신만의 세계를 구성한다는 것이다. 따라서

사람들은 그들의 경험적 세계를 구성하고 그것에 관한 의미를 만드는 것에 적극적이다.

2. 게슈탈트 치료는 실존주의적 대화, 다른 말로, 나-너의 접촉과 철수에 바탕을 둔다.

3. 게슈탈트 치료의 개념적 토대는 게슈탈트이고, 이는 전체론과 장이론에 근거한다. 후자에 관해 Clarkson(1989)은 한 사람의 환경이라는 장의 맥락을 고려하지 않고 그 사람을 보는 것은 불가능하다고 했다. 따라서 한 사람과 그의 환경 간의 상호의존성은 게슈탈트 치료 접근의 중심 개념을 이룬다.

Hardy(1991)는 게슈탈트 치료는 알아차림을 촉진함으로써 유기체의 자기조절의 중요성을 강조한다고 덧붙였다. 이 이론에 따르면, 정서는 기술하는 것으로는 충분하지 않으며, 게슈탈트 치료의 목적을 이루기 위해서는 경험되어야 한다. 게슈탈트 치료의 실존주의적 특성은 인간은 자신의 행동을 선택할 수 있고 그에 따라 자신의 삶의 중요성을 정의할 수 있다는 데 초점을 둔다. 그러한 알아차림에 초점을 둠으로써 인간은 자기 자신의 행동을 선택하고 경험할 수 있다.

게슈탈트 치료는 지금 여기에서 그리고 인간과 환경 간의 상호의존성에 대한 알아차림을 강조하는 실존주의적이고, 현상학적이며, 전체론적인 접근이다. 게슈탈트 치료는 인간이 자신의 행동에 대해 자신이 할 수 있는 선택들을 알아차리고 그래서 자신의 삶의 의미를 정의할 수 있다는 점에서 유기체의 자기조절을 향상시킨다.

게슈탈트 놀이치료(Gestalt play therapy)

Gouws 등(1987)에 따르면, 놀이치료란 치료자가 아동에게 자신의 감정을 언어와 비언어적으로 표현할 기회를 주는 심리치료기법으로 정의된다. 놀이치료에서, 아동은 자신의 문제를 상징적인 방식으로 드러내고, 자신의 감정을 아는 법을 배우고, 알게 된 그 감정에 좀 더 효과적으로 집중하게 되어, 다른 사람과 신뢰하는 관계로 들어가는 것을 배우게 됨으로써, 일탈된 행동은 결과적으로 정상화될 것이다. Oaklander(1992, 1994a, 1994b, 1997)는 관계, 유기체의 자기조절, 접촉경계장애, 알아차림, 경험 그리고 저항과 같은 게슈탈트 치료의 많은 이론적 원칙들이 아동과의 치료 작업에 그대로 적용되어 효과를 일으키는 것으로 게슈탈트 놀이치료를 설명하였다. 그녀는 또한 놀이치료가 게슈탈트 접근으로 아동과 청소년에게 적용되는 치료 과정을 설명하였다. 이 과정은 게슈탈트 치료의 철학, 이론, 실제와 연관되어 있으며 전제조건인 치료적 관계를 수립하는 것으로 시작해서 접촉하기, 아동의 자기감 확인하기와 정서적 표현, 자기양육으로 이어져 마지막 단계인 종결로 마무리된다. 창의적, 표현적, 투사적이며, 극화된 놀이와 같은 여러 다양한 형태의 놀이가 사용될 수 있는데, 예를 들면, 찰흙 놀이, 판타지, 스토리텔링, 퍼펫 쇼, 모래 놀이, 음악, 신체 동작, 감각 접촉을 하기 활동들이 있다.

게슈탈트 놀이치료는 아동과의 놀이치료에서 게슈탈트 치료 원칙과 기법들을 사용하는 심리치료적 접근이다. 치료적 관계와 접촉을 증진시켜 가면서 구체적인 과정에 따라, 아동은 언어적, 비언어적으로 자기감을 확인할 기회를 가지고 자신의 생각을 표현하고 자신을 돌볼 기회를 갖는다. 여러 다양한 놀이의 형태와 기법들이 각기 다른 단계에서 사용된다.

참고문헌

Clarkson, P. (1989). *Gestalt Counseling in Action.* London: SAGE.

Clarkson, P. and Mackewn, J. (1994). *Fritz Perls.* London and New Delhi: SAGE.

Fagan, J. and Shepherd, I. L. (1980). *Gestalt Therapy Now: Theory, Techniques, Applications,* California: Palo Alto.

Gouws, L. A., Louw, D. A., Meyer, W. F. and Plug, C. (1987). *Psychology Dictionary,* 2nd and edition. Johannesburg: McGraw-Hill.

Hardy, R. E. (1991). *Gestalt Psychotherapy: Concepts and Demonstrations in Stress, Relationships, Hypnosis and Addiction.* Springfield: Charles Thomas.

Korb, M. P., Gorrell, J. and van de Riet, V. (1989). *Gestalt Therapy: Practice and Theory,* 2nd edition. New York: Pergamon.

Magill, F. W. and Rodriquez, J. (eds) (1996). *International Encyclopedia of Psychology: Volume One.* Chicago: Fitzroy Dearborn.

Oaklander, V. (1992). 'The relationship of gestalt therapy to children.' *The Gestalt Journal* 5, 1, 64-74.

Oaklander, V. (1994a). 'From meek to bold: a case study of gestalt play therapy.' In T. Kottman and C. Schaefer (eds) *Play Therapy in Action: A Casebook for Practitioners.* London: Jason Aronson.

Oaklander, V. (1994b). 'Gestalt play therapy.' In K. J O'Conor and C. E Schaefer (eds) *Handbook of Play Therapy, Volumn Two: Advances and Innovations.* New York: Wiley-Interscience.

Oaklander, V. (1997). 'The therapeutic process with children and adolescents.' *Gestalt Review* 1, 4, 292-317.

Papalia, D. E. (1985). *Psychology.* New York: McGraw-Hill.

Yontef, G. M. (1993). *Awareness, Dialogue and Process: Essays on Gestalt Therapy.* New York: Gestalt Journal Press.

Yontef, G. M. and Jacops, L. (2000). 'Gestalt therapy.' In R. J. Corsini and D. Wedding (eds) *Current Psychotherapies,* 6th edition. Itasca, Illinois: F. E Peacock.

게슈탈트 놀이치료의 이론적 관점

이 장은 아동에게 도움을 주기 위한 치료 모델로서 게슈탈트 놀이치료의 이론적 관점을 제시한다. 게슈탈트 치료의 역사적 배경을 먼저 논의한 후, 게슈탈트 놀이치료의 이론 개념들에 대한 논의가 이어진다.

1. 게슈탈트 치료의 역사적 배경

Perls는, 게슈탈트 치료의 아버지로 알려져 있으며, 게슈탈트 치료의 이론적 접근을 처음으로 만들었다. 의학공부를 마친 후, Perls는 베를린과 빈의 정신분석 협회에서 공부했다. Perls는 초기에 유럽에서 활동했는데, 그는 그곳에서 제1차 세계대전의 파괴적인 영향에 노출되었다. 1933년 히틀러의 나치즘으로 인해 Perls는 네덜란드로 도피했으며, 그때 남아프리카로부터 초대를 받았다. 남아프리카에 있는 동안, 그는 남아프리카 정신분석연구원을 창설했다. Perls는 30년간 이어져 오던 Freud의 정신분석 이론에 도전했다. Freud의 일부 이론에 대한 Perls의 거부와는 별개로, Freud가 그를 개인적으로 거부한 것이 그로 하여금 공식적인 정신분석과의 최종유대를 끊게 한 원인이 됐다. 초기 많은 사람들은 게슈탈트 치료에 회의적이었지만, 시간이 흐르면서 더욱 긍정적으로 받아들여졌다. 53세에 Perls는 게슈탈트 치료가 공식적으로 탄생한 뉴욕으로 돌아왔다. 1950년대와 1960년대에 게슈탈트 치료는 꽃을 피웠고, 1980년대에 이론적 윤리적 성숙에 도달하였다(Aronstam, 1989; Clarkson, 1989; Clarkson and Mackewn, 1994; Fagan and Shepherd, 1970; Oaklander, 1994a; Phares, 1984; Thompson and Rudolph, 1996).

Yontef와 Jacobs(2000)에 따르면, 게슈탈트 연구소, 문헌 그리고 학술지들은 최근 몇십 년에 걸쳐 전 세계적으로 급증했다. 또한 게슈탈트 치료자들과 게슈탈트 놀이치료자들이 세계 도처에 있다. 게슈탈트 치료는 경험적 접근을 추구하는 치료자를 끌어들이는 경향이 있다.

비록 게슈탈트 놀이치료에 관한 문헌들이 아직은 다양하게 활용될 수 없고 Oaklander가 이 문헌들 대부분의 주 저자이지만, 게슈탈트 치료에 관해서는 아주 많은 문헌들이 있으며 게슈탈트 이론과 실제의 다양한 관점들을 다룬 책들의 수는 계속 증가하고 있다.

2. 게슈탈트 놀이치료의 이론적 개념

게슈탈트 치료에서의 이론적 개념들은 게슈탈트 놀이치료에도 적용되며, 이는 전체론, 항상성과 유기체의 자기조절, 자기조절 방법, 전경-배경, 게슈탈트 형성과 파괴의 과정, 접촉과 접촉경계장애, 양극성 그리고 성격의 구조를 포함한다. 이들 개념들은 아동과의 게슈탈트 놀이치료에서 적용되는 방법에 대한 구체적인 설명과 함께 다음에서 논의된다.

1) 전체론

Yontef와 Jacobs(2000)는 성격에 관한 인본주의 이론의 대부분은 전체론적이라고 생각한다. 이는 인간이라는 존재는 그 자체가 자기조절적이고, 성장 중심적이며 사람들과 그들의 증상 행동은 환경과 별개로는 이해될 수 없음을 의미한다. 전체론(holism)의 개념은 게슈탈트 치료의 가장 중요한 이론적 개념으로 본다.

　전체론의 근본적인 원리는 식물, 동물, 사람, 사물과 같이 세상에 존재하는 모든 요소들은 조직화된 활동들이 변화해 가는 과정에서 생존한다는 것이다. 그러나 인간만이 우주의 복잡한 생태계에서 유일하게 능동적인 요소이다. Perls는 특히 인간 유기체에 관한 전체론에 관심이 있었다(Clarkson and Mackewn, 1994). 비록 개개인이 항상 독립체로 기능한다 할지라도, 그들은 자신들의 욕구를 충족시키기 위해서는 환경이 필요하기 때문에 환경 없이는 생존할 수 없다(Aronstam, 1989).

　Perls에 따르면, 사람은 그들 자신과 그들의 환경 모두에서 독립체이다. 따라서 Perls는 정신과 신체를 나누는, 정신분석이론의 일부를 구성하는 이분법을 거부하였다. 독립체는 다양한 구성요소들의 총합보다 더 크다. 그 요소들 간의 차이는 구별할 수 있다 하더라도, 절대 이들을 분리할 수는 없다(Aronstam, 1989). 이는 신체, 정서와 영적 측면들, 언어, 사고 그리고 행동이 분리될 수 없는 독립체임을 강조한다. 따라서 한 아이가 슬픔과 같은 특정 정서를 경험한다면, 이는 늘 생리적 요소와 심리적 요소가 함께 연결되어 있을 것이다. Perls에 따르면, 현 시대에 사람들은 정신과 신체를 분리하는 것을 배워 왔다. 바꾸어 말해, 파편화된 인간으로 살아왔다. 게슈탈트 치료의 목표들 중 하나는 그러한 개인 안에 본질적이고 전체론적인 조화를 다시 바로잡는 것이다. 이를 통합이라 한다(Clarkson and Mackewn, 1994; Yontef and Jacobs, 2000). 치료자는 전체론적 관점에 의해, 개인은 그 사람의 행동, 지각, 역동의 총합보다 크고 각 개인은 독립체를 향해 간다고 본다. 그래서 게슈탈트 이론은 치료하는 동안 논리적인 분석을 거부한다(Korb et al., 1989).

　전체론적 접근 관점에서 Perls는 뇌의 좌반구와 우반구의 활동을 중요하게 보았다. 게슈탈트 치료는 좌반구(좀 더 이성적이고 분석적인 부분)와 우반구(보다 즉흥적이고 창의적인 부분) 둘 다를 종합하여 통합하는 기법과 접근을 사용한다. 좌반구의 활동은 종종 우반구 활동을 희생해 가면서 지나치게 강조된다(Clarkson and Makewn, 1994; Korb et al., 1989).

　게슈탈트 치료의 관점에서, 아동은 전체론적 독립체로 간주되고, 이는 아동의 물리적, 정서적, 영적 측면들과 언어, 사고, 행동의 총합은 이들 요소들보다 크다는 것을 의미한다. 이 요소들은 구별될 수 있지만, 분리될 수는 없다. 따라서 정서적 경험은 다른 요소들에 영향을 끼칠 것이다. 치료 중에, 아동은 파편화된 독립체가 아닌 통합된 독립체로 살아가기 위해 모든 요소를 고려하여 자신의 경험을 알아차리도록 안내되어야 한다. 따라서 아동과의 게슈탈트 놀이치료에서는 그들을 전체론적인 개인으로서 접근하고자 그들의 물리적, 정서적, 영적 측면들과 더불어 언어, 사고와 행동에도 초점이 맞춰질 것이다.

2) 항상성/유기체의 자기조절

게슈탈트 이론의 관점에서 모든 행동은 항상성 또는 유기체의 자기조절이라 불리는 과정에 의해 조절된다. 항상성은 유기체가 여러 가지 다른 상황에서도 자신의 평형상태를 유지하려는 과정으로 설명된다. Yontef와 Jacobs(2000, p. 305)에 따르면, "유기체의 자기조절은 알고 소유하는 것, 즉 감각으로 받아들인 것, 감정적으로 느끼는 것, 관찰한 것, 필요로 하거나 원하는 것, 그리고 믿는 것과 동일시하는 것을 필요로 한다." 이러한 자기조절 과정은 개인이 자신의 욕구를 충족시키는 방식이다. 욕구란 자기 자신 안에서 그리고 외부 환경으로부터 두 쪽 다에서 충족되어야 한다. 환경은 계속해서 새로운 욕구를 만든다. 새로운 욕구는 사람들이 성장할 수 있도록 그들이 그 욕구를 충족시키는 방법을 찾을 때까지 불편함을 야기한다(Aronstam, 1989; Clarkson and Mackewn, 1994; Korb et al., 1989). 물리적, 정서적, 사회적, 영적 또는 지적 욕구들이 있을 수 있다. 불편함은 특정 욕구가 충족되고 그 결과 평형상태가 회복될 때까지 경험된다.

항상성과 유기체의 자기조절 개념은 아이들은 물리적, 정서적, 사회적, 영적 또는 지적 욕구와 같은 다른 성질의 욕구들을 지속적으로 경험한다는 것을 시사한다. 이는 욕구를 충족하기 위한 행동이 수반되어 이후 항상성이 회복될 때까지 불편함을 야기한다. 욕구를 충족시키기 위한 행동이 발생하는 과정이 유기체의 자기조절이다.

항상성과 유기체의 자기조절의 이론적 개념들에 대한 초점은 자기조절 방법,

전경-배경, 게슈탈트 형성과 파괴의 과정, 아동의 유기체 자기조절에 있다.

(1) 자기조절 방법

자기조절이 발생할 수 있는 두 가지 방식이 있는데, 외적 (자기)조절과 내적 (자기)조절이다. 내적 자기조절은 개인 고유의 특성으로 본다. 이는 자발적으로 발생하며 특히 유기체의 욕구를 충족시키는 것을 목표로 한다(Aronstam, 1989). Korb 등(1989, p. 11)은 자기조절을 "유기체에 내장된 자연스런 일부로서 저절로 일어나는 것이며, 생물학적뿐만 아니라 심리학적인 것"으로 보았다. 외적 자기 조절은 정상적으로는 내적 자기조절의 자발적인 과정을 방해하며 게슈탈트 형 성의 자연스러운 과정이 없어지게 한다. 이는 파편화로 이어지며 그 사람은 더 이상 전체론적인 실체로 기능하지 않는다.

내적 자기조절은 그 사람만의 자발적이며 자연스러운 과정인 반면, 외적 자기 조절은 보통 외부에서 그 사람에게 강요된다. 이는 보통 게슈탈트 완결을 방해 하고 파편화를 일으킨다. 다음의 예는 이 개념의 실제 예시이다.

사랑과 관심이 필요한 아동이 엄마에게 자발적으로 달려가 안길 땐 내부 조절 을 사용하는 것이지만, 외부 조절은 친구들이 문화적인 이유로 비웃을 것 같아 걱정한 나머지 자연스럽고 자발적으로 욕구를 충족시키는 것을 포기하게 할 수 있다. 따라서 아동의 욕구는 충족되지 않고 이는 종종 아동에게 파편화와 불완 전한 게슈탈트로 이어진다.

(2) 전경-배경

전경-배경(Figure-ground)의 개념은 유기체의 자기조절에 관한 이론적 개념 의 주요 부분을 형성한다. 전경은 아동에게 그 순간 가장 중요한 것이다. 바꾸 어 말해, 아동의 주의를 가장 많이 끄는 것인데, 예를 들면, 자신이 배가 고픈 것 이다. 배경은 특정 순간에서의 아동 경험의 배후(background)가 되는 전후 사 정이나 환경을 가리킨다. 예를 들어, 아이가 먹는 동안 배후에서 재생되고 있 는 음악을 말한다. 욕구가 일단 충족되면 게슈탈트는 완결되고, 전경은 사라져 배경의 일부가 되고, 새로운 전경(욕구)이 전면(foreground)에 나타난다. 전경-배경의 상호작용 과정은 계속된다(Aronstam, 1989; Clarkson, 1989; Clarkson and Mackewn, 1994; Thompson and Rudolph, 1996; Yontef and Simkin, 1989).

따라서 아동은 충족될 때까지 특정 욕구에 관해 자신의 감각, 사고, 인지, 행동을 조직화한다. 욕구가 충족되면 아동은 새로운 욕구가 나타날 때까지 철수, 휴식 또는 평형상태에 있게 되며 그 주기는 반복된다. 만약 아동이 동시에 한 가지 이상의 욕구를 경험한다면, 건강한 유기체는 가장 지배적인 욕구에 주목할 것이다. 유기체의 자기조절이 모든 욕구가 항상 충족된다는 것을 의미하지는 않는데, 이는 환경은 때로는 필요한 자원이 부족할 때가 있기 때문이다. 유기체의 자기조절은 아동이 특정 순간에 이용 가능한 자원들 안에서 자기조절적인 방식으로 행동을 시도하는 것을 의미한다(Aronstam, 1989; Clarkson and Mackewn, 1994). Thompson과 Rudolph(1996)는 심리적으로 건강한 사람은 다양한 환경자극에도 주의력을 잃지 않고 자신의 알아차림을 유지할 수 있다고 덧붙였다. 심리적으로 건강한 사람은 자신의 욕구뿐 아니라 그러한 욕구를 충족시키기 위한 환경 내에서의 대안을 분명하게 알 수 있다.

건강한 유기체는 자신이나 환경 내에서의 자원을 사용하여 욕구들을 충족시키기 위해 자신의 전경에서 가장 지배적인 욕구를 알아차릴 수 있다. 만족하게 되면 항상성의 상태가 된다. 그러나 더 어린아이들은 자신과 환경 내에서 자신의 욕구를 충족시킬 자원을 찾아 항상성을 달성하려면, 발달수준에 따른 제한된 방식으로만 그 욕구를 알아차릴 수 있다. 특정 순간에 아동이 경험할 수 있는 욕구는 그들의 발달 수준 및 환경적인 영향과 관련이 있다. 따라서 유아들은 안전에 대한 욕구 그리고 주 양육자와 많은 시간을 보내고자 하는 욕구를 경험하는 반면, 십대는 자유와 독립의 욕구와 같은 다른 욕구를 경험할 것이다. 아이들이 자신의 발달단계와 관련된 욕구를 알도록 안내해야 한다는 점이 중요하다.

Perls는, 자기조절에 대한 개념 정의를 통해, 개인은 자신의 이익이나 다른 사람들의 이익을 위해 자기조절을 억제해야 할 때가 종종 있다는 사실을 부정하지 않았다. 어떤 사람이 아주 화가 났을 때, 그 사람은 대부분의 시간을 살인을 저지르지 않고 참을 수 있다. 인간은 본질적으로 환경과 상호작용하며 전체를 구성하는 사회적 실체이기 때문에, 그 전체 장의 일부를 구성하는 타인의 욕구를 고려하는 것은 자기조절의 본질적인 측면으로 간주된다(Clarkson and Mackewn, 1994).

　예를 들어, 아동은 사회적으로 수용될 만한 방식으로 행동하려면, 때때로 또 다른 욕구를 지지하여 자신의 전경에 떠오른 욕구를 억압해야 한다. 유아들은 이러한 측면에서 종종 어려움을 겪는데, 이는 그 연령대가 매우 자아중심적인 시기이기 때문이다. 자아중심성이란 아동이 다른 사람의 관점에서 세상을 볼 수 없다는 것을 말한다. 자아중심적인 아동은 다른 사람이 같은 상황에서 자신과 다르게 느낄 수 있다는 것을 이해하지 못한다. 자아중심적인 아동은 모든 것이 자신에게만 아주 개인적으로 일어나는 것으로 받아들이고 종종 그들의 욕구가 즉각적으로 충족되기를 원한다. 초등학생인 아동은, 그들의 발달 수준의 특성상 자아중심성이 점차 감소한다는 점을 참고하여 고려해 보면, 점점 더 다른 사람의 욕구를 받아들일 수 있어야 한다. 아동이 자신과 타인의 이익을 위해 자신의 욕구를 억제할 수 있는 정도는 그들의 도덕 발달 수준, 감정조절 능력 그리고 환경적인 영향과 같은 발달의 다른 측면들과 연관된다.

(3) 게슈탈트 형성과 파괴 과정

　게슈탈트 형성과 파괴 또는 유기체의 자기조절 과정은 단계의 순환으로 이루어진다. 각 단계는 다양한 초점을 강조하며 겹칠 수 있다. 저자들은(Clarkson, 1989; Korb et al., 1989; Clarkson and Mackwen, 1994), 5단계에서 8단계로 구분하며, 그 과정의 부분을 이루는 단계의 수에 대해 다른 견해를 갖는다. 이 단계들의 내용은 대부분 서로 일치한다. 이 논의의 목적을 위해, 과정을 5단계로 나누어 정보를 통합한다. 여러 단계들에 대한 간략한 논의가 이어진다.

☑ 단계 1: 알아차림/감각

　한 사람이 어떤 욕구를 경험하거나 환경상의 자극에 의해 불편해진다. 그 욕구

또는 감각 자극은 전경의 역할을 한다. 한 예로, 어떤 아동이 자신의 가슴에 통증을 경험할 때, 그 아동은 그 통증을 알아차리고, 그것에 의미를 부여하여, 외롭다고 느끼고 가서 친구와 노는 게 필요하다는 3차적인 정서를 경험한다.

☑ 단계 2: 동원/적절한 행동 선택

욕구를 알아차리게 되면 그 욕구를 충족시키기 위한 자기(self)와 자원의 동원이 이어진다. 건강한 사람은 이제 행동할 준비가 되어 있다. 예를 들어, 건강한 유기체적 자기조절을 할 수 있는 아동이 외로움의 감정을 경험한다면, 그 아동은 이제 스스로 자신의 욕구를 충족시키고자 친구와의 접촉을 위해 준비를 할 것이다.

☑ 단계 3: 최종 접촉/행동

이 단계에서, 개인은 자신의 욕구를 충족시키기 위해 선택했던 행동에 충분히 참여하게 되고, 다른 모든 측면은 그 사람의 배경으로 물러난다. 잠시 동안 지금-여기에서 게슈탈트 완결이 일어난다. 예를 들어, 아동이 친구를 안을 때 친구에 대한 아동의 욕구는 충족된다.

☑ 단계 4: 후-접촉

일단 접촉이 완결되면, 아동은 항상성을 경험한다. 예를 들어, 아동은 더 이상 자신이 혼자이고 외롭다고 느끼지 않는다. 전경(욕구)은 배경으로 다시 돌아가고 게슈탈트는 파괴된다.

☑ 단계 5: 철수

이 단계에서, 사람은 게슈탈트 파괴와 새로운 게슈탈트 형성 간의 휴식 상태 또는 평형 상태로 철수한다. 확실한 전경은 없으며 유기체는 완벽한 균형 상태에 있다. 이 단계는 새로운 욕구가 자연스럽게 만들어질 수 있기 때문에 짧으며, 곧이어 유기체의 자기조절 주기가 반복될 것이다. 아동은 배고픔과 같은 새로운 욕구를 경험할 수 있으며, 이에 따라 과정은 맨 처음부터 다시 시작된다.

구체적인 단계들이 게슈탈트 형성과 파괴 또는 유기체의 자기조절 과정에서 확인될 수 있다 하더라도, 이 단계들은, 아동이 그들의 전경에 떠오른 다양한 욕구를 충족시키고자 시도하기 때문에 일상에서 종종 무의식적이고 반복적으로 일어난다. 만일 아동이 자신의 전경에 떠오른 욕구를 알 수 없다면, 그 욕구를 충족시키기 위한 적절한 방법들을 알아낼 수 없을 것이다. 이는 자기의 전체론적 독립체가 파편화되는 원인이 될 수 있다. 앞서 언급되었듯, 초등학생인 아동은 자신의 욕구를 제한된 정도로만 알아차릴 수 있다. 정서적 욕구와 같은 어떤 욕구들은 아동의 인지적 발달 수준에서 너무나 추상적이므로 초등학생인 아동이 이해하기는 어렵다. 그러나 저자의 임상 경험에서, 게슈탈트 놀이치료 기법을 아동의 욕구 알아차림 촉진에 초점을 두어 구체적인 방식으로 적용할 때, 더 어린 아동의 경우조차도 "아, 내가 외로워서 친구를 찾는구나." 하고 그 감정적인 욕구를 알아차리도록 도울 수 있다는 것을 알았다.

(4) 아동 그리고 유기체의 자기조절

아기가 태어나면, 아기는 자신의 감각, 감정, 신체 그리고 지능을 자신의 욕구를 충족시키기 위해 최대한 활용할 수 있다. 그러나 아기는 자신의 욕구를 충족시키기 위해 처음에는 온전히 어른에게 의지한다. 그들이 울음으로 자신의 욕구를 넌지시 알려 주면 어른들은 반응을 한다. 이렇듯 방해받지 않고 건강하게 발달한 아동의 전체론적 독립체는 강한 자기감 발달의 기반이 되어, 결과적으로 환경과의 좋은 접촉을 위한 기반이 된다. Humphreys(2002, p. 138)는 이것을 다음과 같이 설명한다. "만일 아기의 욕구가 대부분 충족되면, 아기는 돌봄을 주고 자신의 욕구에 반응하는 세계에서 존재감을 얻기 시작한다." 아동이 자라 새로운 기술들을 발달시켜 가면, 아동은 자신의 욕구를 충족시키기 위해 좀 더 만족스러운 방법을 발견한다. 아동이 구체적인 욕구를 경험할 때 아동에게 어른들이 행동하는 방식은 아동이 미래에 자신의 욕구를 어떻게 충족시킬지 결정할 때 중요한 역할을 한다. 만일 아동이 음식을 모두 다 먹었을 때 인정을 받음으로써 수용받고자 하는 욕구가 충족된다면, 미래에 이러한 욕구를 경험할 때 아마 자신의 음식을 다 먹을 것이다. 예를 들어, 아동이 화를 표현하는 것은 용납할 수 없다는 메시지를 반복적으로 받았다면, 아동은 화를 억누르기 시작할 것이다. 그러나 화를 표현하고자 하는 욕구는 지속될 것이므로 아동에게 복통이나 두통과 같은 정신신체 증상들의 발달을 야기할 수 있다(Oaklander, 1992, 1994a, 1994b).

아동은 종종 자신의 삶에서 일어난 트라우마에 대해 자신을 비난하고 이에 대한 책임을 지는 것으로 반응한다. 이들은 자신의 욕구가 충족되지 않을 것이라는 두려움을 경험할 수도 있다. 정서적·지적 성숙의 결핍으로 인해, 평형상태를 되찾고자 파괴적인 방식으로 자신의 화를 표현하는 것처럼, 아동은 자신의 욕구를 충족시키기 위해 적합하지 않은 방법들을 사용한다. 놀이치료에서 아동은, 자신의 전체론적 독립체의 파편화를 막기 위해, 반드시 자신의 욕구를 온전히 알아차리도록 도움을 받아야 한다(Oaklander, 1992).

유아기에 자신을 돌봐 준 사람이 자신의 욕구에 반응했던 방식은 그 아동이 나이 들어 자신의 욕구 충족을 위해 배우는 전략에 있어서 중요한 역할을 한다. 아동들의 욕구가 인정된다면, 그들은 아마도 대부분 욕구를 충족시키기 위해 환경과의 건강한 접촉 방식을 사용할 것이다. 그러나 아동이 감정 표현과 같은 욕구는 잘못된 것이라는 메시지를 받았다면, 항상성에 대한 욕구가 지속될 것이므로, 아동은 아마 이러한 욕구를 충족시키기 위해 파괴적인 방식을 배울 것이다. 아동은 그 감정을 안으로 돌려서, 예를 들면 두통처럼 감정이 신체적 감각으로 경험되거나, 다른 사람에게 자신의 감정을 투사해서 통제되지 않은 분노 폭발과 같은, 파괴적인 행동 형태로 표현한다.

Thompson과 Rudolph(1996)에 따르면, 불완전한 게슈탈트는 아동의 삶에서 불완전한 상황으로 간주된다. 게슈탈트 치료 관점에서의 놀이치료는 중요한 전경-배경 경험의 형성과정에서 왜곡되거나 방해받은 부분을 제거함으로써, 아동의 삶에서의 불완전한 게슈탈트에 초점을 맞춘다. 비록 아동이 어느 정도의 불완전함을 다룰 수 있다 하더라도, 이러한 방해가 지속되고 매우 심해지면, 이는 아동의 기능에 부정적인 영향을 끼칠 수 있다. 게슈탈트 치료는 아동을 포함하여 치료를 필요로 하는 모든 내담자가 자신 안에 만족스러운 자기조절을 위해 필요한 에너지와 자원을 가지고 있다고 생각한다(Clarkson, 1989; Korb et al., 1989).

욕구와 불완전함에 대한 알아차림을 갖는 것이 아동의 건강한 유기체적 자기조절을 향한 첫 번째 단계이어야 한다. 치료를 하는 동안, 아동이 자신의 삶에서 불완전한 게슈탈트를 완결하도록 돕기 위해, 이러한 욕구를 충족시키는 적절한 방식에 주의를 기울여야 한다. 아동은 자신의 욕구를 충족시키는 필수적인 에너지와 자원을 내적으로 가지고 있으므로 치료자는 아동과의 치료에서 오로지 촉진자로서만 행동해야 한다.

3. 접촉

Yontef와 Jacobs(2000, p. 305)에 따르면, 접촉(contact)은 "지금 여기에서, 순간순간 드러나는 것에 접촉하는 것"이다. 접촉은 유기체가 자신의 욕구를 충족시키기 위해 환경을 사용하는 순간에 일어난다. 건강한 접촉이란 아동이 자신의 신체에 대한 감각과 알아차림을 통해 자신의 신체를 적절하게 사용하고, 건강한 방식으로 감정을 표현하고, 그리고 아이디어 · 사고 · 욕구를 표현하는 것과 같은 다양한 방식으로 자신의 지적능력을 사용함으로써 환경과 접촉을 하는 능력이다(Oaklander, 1999). 접촉은 모든 경험의 통합적인 부분이므로 접촉이 없는 경험은 존재하지 않는다.

아동 환경의 장은 경계에 의해 구분된다. 게슈탈트 이론에서, 개인 내 접촉(아동과 아동 자신의 측면들 간의 접촉)과 대인관계 접촉(아동과 환경 간의 접촉)은 모두 중요하다. 접촉경계는 아동이 '내가 아닌 것'—다시 말해서, 유기체의 내부(일부) 및 외부(이질적인)에 있는—과 비교하여 '나'를 경험하는 지점으로 간주될 수 있다. 접촉경계는 두 가지 기능, 즉 사람들을 서로 연결하지만 사람들 간의 분리가 있으면 이를 유지하는 두 가지 기능을 가지고 있다. 아동은 반드시 그들의 환경과 접촉하는 존재로 여겨져야 하지만, 아동을 환경과 구분하는 경계들도 반드시 있어야 한다. 그렇게 아동들은 자신의 정체성을 유지한다(Aronstam, 1989; Clarkson and Mackewn, 1994; Korb et al., 1989; Oaklander, 1994a).

경계는 아동과 아동의 장 환경 사이의 교환을 보장하기 위해 뚫고 들어갈 수 있어야 한다. 접촉을 하기와 적절한 철수를 통해 아동의 욕구는 충족되고 아동은 성장한다. 아동의 경계가 경직되고 유연하지 않으면, 변화를 방해하는데 이것을 고립이라 한다. 아동의 자기감이 빈약하다면, 명확한 접촉경계가 없으며 아동의 자기는 접촉하는 데 문제를 겪는다. 이를 융합이라 한다(Aronstam, 1989; Oaklander, 1994a; Yontef, 1993; Yontef and Jacobs, 2000).

접촉을 하기(contact-making)는 욕구를 충족시키기 위해 환경을 사용하는 것을 뜻한다. 자기 안에서 그리고 대인관계에서의 접촉을 하기 능력은 아동이 건강한 유기체적 자기조절을 하는 데 필수적이다. 아동이 자기만의 정체성을 유지하고 환경과 건강한 접촉을 할 수 있으려면, 아동을 자신의 장 환경과 구별해 주면서도 뚫고 들어갈 수 있는 경계가 꼭 필요하다. 접촉경계의 가장 중요한 특징은 동일시와 소외이다. 동일시는 아동이 자신에게 속한 것과 자신에게 이질적인 것을 구별하는 것이다. 예를 들어, 아동은 특정 가족과 문화에 동일시할 수 있다. 접촉경계 안에는 일반적으로 화합의 감정이 있는 반면, 접촉경계 바깥은 이질적인 것으로 여겨질 수 있다. 접촉을 하기와 철수의 과정을 통해, 아동은 자신의 욕구를 충족시키기 위한 시도를 한다. 이들 두 과정 중 하나가 그 자체로 긍정적이거나 부정적인 것은 아니다. 아동이 게슈탈트를 완결하기 위해서는 접촉과 철수의 적절한 흐름을 조절하는 것이 중요하다(Aronstam, 1989; Korb et al., 1989; Oaklander, 1997).

아동이 건강하게 기능하려면 어떤 측면이 자신에게 속해 있고 어떤 측면이 자신에게 이질적인지 구분할 수 있어야 한다. 아동은 자신의 전경에 나타난 게슈탈트를 완결하고 유기체의 자기조절에 영향을 끼치기 위해 환경과 적절한 접촉과 철수를 할 수 있어야 한다. 앞서 설명했듯이, 어린 아동은 스스로 욕구를 충족시킬 능력을 가지고 있지 않다. 그래서 이 점을 고려해 볼 때, 여전히 어른들의 많은 도움이 필요한 시기이다.

1) 접촉경계장애

접촉경계장애(contact boundary disturbances) 또는 신경증은 아동이 자기 자신과 세상과의 건강한 균형을 더 이상 만들 수 없을 때 발생한다. 이 경우 아동은 적절한 알아차림을 할 수 없고 자신의 실제 욕구에 더 이상 반응할 수 없다. 이와 같은 신경증은 게슈탈트 완결을 방해한다. 따라서 자기와 환경 사이의 경계는 불분명해지거나 없어지게 된다. 이는 접촉과 알아차림을 방해한다. 접촉경계장애가 있는 아동은 실제화(actualization)를 할 수 없으며 점점 더 타인이 자신이 어떤 사람이어야 하는지 말하게끔 개입시키려고 한다(Aronstam, 1989; Hardy, 1991; Yontef and Simkin, 1989). Yontef와 Jacobs(2000, p. 315)에 따르면, 접촉경계장애는 '고정되어 있고, 모든 범주의 욕구들에 반응하지 않으며, 밀접한 접촉이 일어나지 못하게 하기 때문에 고립으로 이어질 수 있다. 마찬가지로, 철수하려는 욕구가 차단된다면, 그에 상응하는 경계 융합이 있는 것이다'.

Oaklander(1994b, p. 144)는 아동에게 나타나는 접촉경계장애에 관하여 다음과 같이 언급하였다.

아동은 생존을 위해 유기체의 여러 측면, 즉 감각, 신체, 감정, 지적 능력을 방해하고, 차단하고, 억제하고, 제한할 것이다. 이러한 제한은 접촉경계장애가 되고 유기체의 자기조절의 건강하고 자연스러운 과정을 중단시킬 것이다.

삶의 경험들을 통해, 아동은 아주 어린 나이부터 종종 자신의 욕구를 충족시키기 위해 접촉경계장애를 사용하는 것을 배운다. 접촉경계장애를 겪는 아동은 자신의 욕구를 알아차릴 수 없으며 환경과 건강한 접촉을 할 수 없다. 이러한 아동의 감각, 신체, 정서 및 지적 능력이 통합된 전체론적인 기능은 접촉경계장애를 사용함으로써 파편화되고, 이는 자연스러운 유기체의 자기조절 과정에 부정적인 영향을 끼친다.

게슈탈트 이론의 관점에서, 대부분의 저자들은 다양한 접촉경계장애, 즉 내사,

투사, 융합, 반전, 편향을 발견했다(Aronstam, 1989; Clarkson, 1989; Clarkson and Mackewn, 1994; Oaklander, 1994a; Yontef, 1993; Yontef and Simkin, 1989). 또한 Clarkson(1989)과 Clarkson과 Mackewn(1994)은 접촉경계장애로 둔감화와 자의식을 언급했다. 접촉경계장애는 성격 특성이 아닌 과정에 대한 기술이다. 이것이 의미하는 바는 접촉경계장애란 아동이 전경에 떠오른 욕구를 충족시키기 위해 사용하는 과정—다시 말해, 게슈탈트 완성과 파괴의 과정—이라는 것이다. 이어서 접촉경계장애뿐만 아니라 아동에게 접촉경계장애가 나타나는 방식에 주의를 기울인다.

(1) 내사

내사는 아동이 환경으로부터 내용을 비판과 알아차림 없이 받아들였을 때 발생한다. 내사된 내용은 동화되지 않아 이질적이고 처리되지 않은 상태로 남아 있다. 아동은 자신의 의견과 신념을 희생시키고 그것에 대해 의문을 갖지 않고 타인의 관점을 받아들인다. 내사는 생각, 태도, 신념 또는 행동을 포함한다(Aronstam, 1989; Hardy, 1991, p. 13; Korb et al., 1989; Yontef and Jacobs, 2000). Yontef와 Simkin(1989)에 따르면, 이는 유연성 없는 성격 발달을 야기한다. 내사는 아동의 자연스러운 유기체적 자기조절을 방해하고 미해결 과제의 발달을 초래한다. 내사의 반대는 동화이다. 동화란 해체해서 유용한 것은 취하고 아닌 것은 버리면서 취해야 할 것이 무엇인지 경험하는 과정이다. 따라서 동화는 아동이 자신의 환경으로부터 받은 것을 처리하고 만드는 것을 의미한다. 이는 좋은 것은 취하고 나쁜 것은 거부하는 대단히 중요한 행동 방식이다(Aronstam, 1989).

내사는 아동이 환경으로부터 긍정적인 측면과 부정적인 측면을 고려하지 않고 받아들이는 것을 뜻하는데, 아동이 환경으로부터 받아들이는 것은 동화도 마찬가지다. 내사가 아동의 기능에 영향을 미칠지라도, 결과적으로 내사는 결코 실재로 아동의 일부가 되지 않는다. 동화는 태도, 신념, 생각 또는 행동을 비판 없이 단순히 환경으로부터 받아들이는 것이 아니라, 이들이 비판적으로 고려되어 긍정적인 측면들만 남게 된 것이라는 점에서 더 건강한 형태의 접촉이다. 어린 아동은 행동 패턴, 행동 규칙 그리고 예의와 같은 측면들을 내사로 받아들인다. 이것들로 아동은 특정 상황에서 어떻게 행동할지를 배운다. 아동은 경험과 관점을 따로따로 이해하는 능력이 없어서 아동의 삶에서 일어나는 모든 일과 다른 사람들이 자신에게 하는 것에 책임을 느낀다. 게슈탈트 놀이치료에서 초점은 아동의 최적의 기능을 방해하는 내사를 확인하고 살펴보고 아동이 이를 동일시하거나 거부하도록 돕는 것에 있다.

내사는 어린 나이에 어떤 감정들은 나쁜 것이어서 경험해서도 표현해서도 안 된다는 메시지를 받는다는 점에서 아동의 알아차림에 부정적인 영향을 미칠 수 있다. 부모가 자녀를 훈육하는 방식과 같은 환경의 영향 또한 내사를 일으킬 수 있다. 예를 들어, 아이가 버릇없고 바보 같다거나 이기적이라는 말을 자주 들어야만 했다면, 이러한 메시지들은 아이의 삶에서 내사가 될 수 있으며 이 꼬리표들에 따라 살지도 모른다. 양육 스타일 또한 아동이 화나 두려움 같은 특정 감정은 잘못된 것이라고 생각하는 간접적인 원인이 될 수 있는데, 이는 그러한 감정을 표현하는 것이 허락되지 않기 때문이다. 뿐만 아니라, 환경의 간접적인 영향 또한 내사를 야기할 수 있다. 감정 표현에 관한 문화적인 규칙들과 그것과 관련된 성 차별은 내사를 일으킬 수 있는데, 딸들은 화를 억눌러야 하고 아들들은 슬픔을 억누르도록 기대받는 것을 예로 들 수 있다. 아동의 유기체적 자기조절에 부정적인 영향을 미치는 내사를 다루기 위해 게슈탈트 놀이치료가 실질적인 도움 주기(assistance-rendering) 작업에서 사용되어야 한다. [그림 1-1]은 내사를 설명한다.

유기체   환경

[그림 1-1] 내사의 도해

(2) 투사

투사는 자기 안에서 일어나는 것에 대한 책임이 환경에 있다고 떠넘기는 경향을 의미한다(Aronstam, 1989; Yontef and Simkin, 1989). 아동은 자신의 공상적인 내사를 없애려고 노력하고 투사된 것에는 책임지지 않는다. 아동이 어떤 성격적 특징, 정서, 행동을 용납할 수 없다고 배웠다면, 이 경우 특히 투사가 사용된다.

투사를 수단으로, 아동은 자신의 개인적인 경험을 부정한다. 아동은 자신의 행동을 책임지기에는 너무 약한 자아강도를 가졌기 때문에 종종 거짓말을 하고 자신의 감정을 부정한다. 아동은 자신의 삶에서 불쾌했던 사건에 대해 타인을 비난한다. 이러한 감정은 너무나 고통스러워서 아동이 소유할 수 없기 때문에 투사된 것이다. 아이는 "나는 아빠에게 아주 화가 나요."보다는 "우리 아빠는 항상 나에게 화를 내요."라고 말하는 것이 더 쉽다. 투사는 연약함을 보호하는 방식이며 자기 자신이 관찰될 수 있도록 밖으로 내보이는 능력을 상실하게 할 수 있다(Oaklander, 1994b). 투사는 아동이 자신의 감정이나 행동에 대한 책임을 수용하는 게 아니라 타인에게 그 책임을 떠넘기는 것이다. 아이가 자신의 공격적인 행동을 부모의 이혼 탓으로 돌림으로써 정당화하는 것을 예로 들 수 있다. 이 아이는 자신은 분노를 표현할 수 없다는 내사를 자신의 행동을 정당화하기 위해 환경에서 그 이유를 찾아 언급함으로써 투사할 수 있다.

그러나 투사는 또한 건설적인 방식으로도 사용될 수 있다. 예를 들어, 창의적인 작업에는, 자기의 일부가 그 작업에 투사된다(Clarkson, 1989). Hardy(1991)는 게슈탈트 치료를 할 때, 내담자가 자신의 자기정체성(self-identity)에 대한 알아차림을 높이고 자기양육방식으로 환경과의 접촉을 촉진하기 위해, 자신이 타인에게 투사한 것을 소유하도록 돕는 치료가 이뤄져야 한다고 덧붙였다. 게슈탈트 놀이치료에서 투사적 기법들은 아동으로 하여금 자신의 투사를 소유하도록 도울 수 있다. 이는 전경에 떠오른 아동의 욕구에 대한 알아차림과 건강한 유기체적 자기조절에 긍정적인 영향을 끼칠 수 있다. [그림 1-2]는 투사를 설명한다.

[그림 1-2] 투사의 도해

(3) 융합

융합은 아동과 환경 간의 경계가 없을 때 발생한다. 그래서 아동은 자신이 어디에 있고 다른 사람들이 어디에 있는지 알지 못한다. 이러한 경계의 결핍은 아동이 타인과 긍정적인 접촉을 하지 못하게 한다(Aronstam, 1989; Clarkson, 1989). Thomson과 Rudolph(1996, p. 142)는 융합을 아동이 "자기 자신의 너무나 많은 부분을 타인에게 포함시키거나 환경의 너무 많은 부분을 자신에게 포함시켜서 자신이 있는 곳과의 접촉을 상실한 것"이라 하였다.

융합을 사용하는 아동은 '나'와 '내가 아닌' 것을 구분하는 경계가 없다. 즉, 환경과 자기를 구분하지 못한다. 융합은 아동이 자신의 정체성을 잃어버린 것이며, 자신과 환경을 구분하는 자기감이 없는 것을 의미한다(Clarkson and Mackewn, 1994; Korb et al., 1989). 융합의 일반적인 예는 부모가 아이에 대해 아이의 욕구와는 전혀 상관없는 특정기대를 갖는 것이다. 예를 들어, 아빠는 자신의 자녀가 독립된 사람이고 자신과 자녀 사이에 경계가 있다는 사실을 알아차리지 못한다. 아이가 부모의 기대를 충족시키지 않으면, 아이는 직접적으로 혹은 미묘하게 자신의 부모에게 거부당하게 된다.

Oaklander(1994)는 융합을 보이는 아동은 빈약한 자기감을 갖는다고 설명했다. 이러한 아동은 자신에게 기대되는 무엇이든 할 준비가 되어 있다는 점에서 대개 타인을 즐겁게 해 주는 사람처럼 행동한다. 접촉경계장애로서 융합을 보이는 아동은 게슈탈트 놀이치료에서 저항을 드러내도록 해야 한다. 더욱이 이런 아동은 강한 자기감을 발달시키도록 도움을 받아야 한다. 저자의 임상 경험을 통해, 융합상태에 있는 아동은 놀이치료 동안 선택하기를 어려워하며 치료자가 자신을 위해 선택해 주기를 바란다는 것을 알게 되었다.

그러나 융합은 긍정적인 방식으로 사용될 수 있다. 사람들 사이에 진실하고 건강한 접촉이 있다면, 자연스럽고 건강한 에너지의 융합이 있다(Clarkson and Mackewn, 1994; Hardy, 1991). 치료자와 아동 사이에 긍정적인 치료적 관계가 형성되면 치료자와 아동 사이에 융합이 발생할 수 있다. [그림 1-3]은 융합을 설명한 것이다.

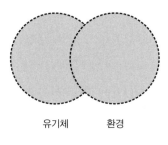

유기체   환경

[그림 1-3] 융합의 도해

(4) 반전

Perls, Hefferline과 Goodman(1977, p. 183)은 반전을 다음과 같이 정의했다. "한 사람이 행동을 반전할 때, 그 사람은 원래 자신이 타인이나 대상에게 했던 것이나 하려고 했던 것을 자기 자신에게 한다." Yontef와 Simkin(1989, p. 332)은 반전을 "자기가 자기의 부분들에게 저항하는 것"이라 정의한다. 이 점에서 반전은 개인이 자신을 실제로 타인을 대하는 것처럼 다루는 것을 의미한다고 볼 수 있다.

Clarkson과 Mackewn(1994)에 따르면, 만성적으로 의식하지 못한 반전은 접촉의 장애물이며, 보통 감정을 표현하는 것이 위험한 것이라 여겨질 때 발생한다. 특히 아동은 자신의 감정이나 생각이 자신의 주 양육자에게 가치 있게 여겨지지 않았거나 자연스러운 충동을 표현한 것에 대해 처벌을 받았을 때 반전하는 경향이 있다. 특히나 분노의 경우 아동이 어린 나이부터 이를 표현해서는 안 된다고 배웠기 때문에 자주 반전되는 감정이다(Clarkson, 1989). 아동은 두통, 복통, 천식발작, 과잉행동과 같은 증상을 이용하여 애도와 분노의 감정을 반전한다(Oaklander, 1994a). 아동에게 심리적 문제로 인한 신체화 증상이 나타나는 것은 반전의 암시일 수 있다. 화를 표현하는 것이 금지되거나 위험하다와 같은 내사 또한 아동이 자신의 감정을 반전시키는 원인일 수 있다. 이는 차후에 아동의 자기 알아차림에 부정적인 영향을 끼칠 수 있다.

특정 상황에서 어떤 반응이 아동에게 불리하거나 사회적 규범과 반대되는 것이어서 그 반응을 막는 경우처럼 때로는 반전이 아동에게 이점이 될 수 있다. 그러나 아동은 이것을 반드시 알아차리고 있어야 한다(Hardy, 1991). 아동이 실제로 누군가를 공격하고 싶을 때 일시적으로 자신의 화를 억누르는 경우를 예로 들 수 있다. [그림 1-4]는 반전을 설명한다.

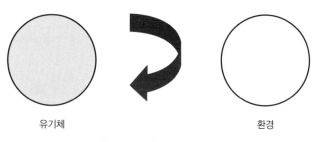

유기체　　　　　　　　　환경

[그림 1-4] 반전의 도해

(5) 편향

편향은 타인과의 직접적인 접촉을 피하는 것을 가리킨다. 즉, 환경에 대한 알아차림이 감소하는 것인데, 예를 들어, 대화 중 눈 맞춤을 피하거나 주제를 바꾸는 것이다. 편향을 자주 사용하는 아동은 자기 자신, 타인 혹은 환경으로부터 피드백을 받기 위해 자신의 에너지를 효과적으로 사용하지 않는다. 그들은 환경에

서 오는 자극의 영향을 피하려고 한다. 예를 들어, 그 사람에게 직접 말하는 대
신에 누군가에 관한 무엇을 말하거나 현재보다는 과거와 미래에 대한 의사소통
만 있다(Clarkson, 1989; Korb et al., 1989; Yontef and Simkin, 1989). 따라서 편향
은, 사실상 접촉과 환경의 알아차림이 줄어든 것을 의미하지만, 다양한 방식으
로 드러날 수 있다.

　아동은 화의 분출이나 다른 형태의 못마땅한 행동, 혹은 환상이나 백일몽으로
인한 고통스러운 경험들을 처리하기 위한 전략으로 편향을 사용한다. 위 행동은
단기적으로 아동에게 자기와 에너지에 대한 느낌을 전달하지만, 이는 단기간 이
어질 뿐이다(Oaklander, 1994a). 편향은 감정적 고통과 맞서 자기 자신을 보호하
기 위해 그 자체로 아동에게 다양한 방식으로 드러날 수 있다. 임상에서 가장 자
주 경험된 예시는 아동이 "우리 오늘 또 뭐 할까요?"라고 하며 주제를 바꾸는 경
우, 또는 어떤 놀이 활동을 한참 하다가 도중에 일어나 놀이실의 다른 쪽으로 걸
어가버리며 접촉을 깨는 경우이다. 접촉경계장애로 편향을 사용하는 아동은 대
개 자신의 감정에 대해 취약하고 과민하게 반응하고 자신을 이해할 수 없거나
통제할 수 없어서 적절치 못한 행동을 일으킨다. 따라서 편향은 아동의 자기 알
아차림에 부정적인 영향을 끼친다. [그림 1-5]는 편향을 설명한다.

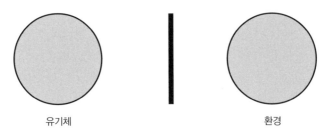

유기체　　　　　　　　　　　　　환경

[그림 1-5]　편향의 도해

(6) 둔감화

Clarkson과 Mackewn(1994, p. 77)은 둔감화를 "우리의 신체에 대한 감각을 우리 스스로 느끼지 못하게 하는 과정이고, 고통이나 불편함의 존재는 우리의 알아차림 밖에 있다."고 정의했다. 이 접촉경계장애는 아동이 예를 들어, 고통이나 불편함 등의 측면과 관련된 감각적 · 신체적 경험으로부터 스스로를 배제하면서 일어난 과정으로 여겨진다. 감각적 경험들과 그것과 관련된 감정은 그대로 인정되지 않아서 아동의 전경에는 어떠한 상도 존재하지 않게 된다(Clarkson, 1989; Clarson and Mackewn, 1994). 둔감화 유형의 한 예시를 들자면, 장기간 신체학대에 노출된 아동이 때리는 고통을 더 이상 느끼지 않는 경우, 또는 서로 싸우고 소리치는 부모에게서 자란 아동이 고함 소리를 더 이상 듣지 않는 경우이다. 이러한 일들이 아동이 있는 상황에서 벌어지고 있음에도 불구하고 말이다.

학대를 당하거나 어떤 형태로든 트라우마를 겪은 아동은 자신이 상처받는 것으로부터 보호하기 위해서 자신을 둔감화한다. 이들은 또한 자신의 신체와의 접촉 없이도 기능을 한다. 이러한 아동은 더 강한 자기감을 얻기 위해 자신의 감각적인 접촉 기능들을 경험할 필요가 있다(Oaklander, 1994b, 1997). 둔감화는 아동이 자기 자신과의 감각적 · 신체적 접촉이 없음을 의미한다. 이들은 흔히 정서적으로 접촉하기가 어려운데, 왜냐하면 감정과 신체적 경험을 구분할 수 없기 때문이다.

심한 치통을 경험할 때나 혹은 육상선수가 자신의 발에서 느껴지는 엄청난 고통을 무시할 때와 같이 둔감화가 때로는 긍정적으로 여겨질 수 있다. 그러나 Perls는 특히 서양인들은 신체적 경험을 도움이 되지 않는 방식으로 차단하는 것을 학습했다고 생각했다. 불면증으로 고통을 겪는 사람은 그것의 실존적인 의미를 얻기 위해 휴식을 취하지 못하는 경험을 알아차리는 대신 약을 먹는다. 때로는 둔감화가 필요하다 할지라도, 장기적으로 이는 아동의 경험과 정서에 대한 알아차림에 부정적으로 영향을 끼치고 또한 아동의 건강한 유기체적 자기조절에도 부정적으로 영향을 끼친다. [그림 1-6]은 둔감화를 설명한다.

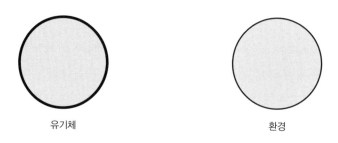

유기체   환경

[그림 1-6] 둔감화의 도해

(7) 자의식

자의식은 위협, 위험 혹은 위험요인이 없다는 것을 확인하기 위해 의도적인 자기성찰에 의해 자발성이 감소한 것을 말한다(Clarkson and Mackewn, 1994). Clarkson(1989, p. 54)은 자의식을 다음과 같이 정의하였다. "게슈탈트에서 자의식은 자신으로부터 떨어져서 자신을 구경하는 사람이 되거나 혹은 자신과 자신의 환경과의 관계에 해설자가 되는 것이 특징이다." 이런 스타일의 신경증적 접촉은 아동이 자신의 욕구를 충족시키기 위해 효율적인 행동을 취하는 것을 방해한다. Clarkson(1989, pp. 54-55)의 인용에 의하면, Perls는 자의식을 다음과 같이 설명한다. "그 신경증 환자는 알아차림이 있고 모든 것에 대해 말할 거리가 있지만, 욕구나 흥미가 없어서, 자기에게 집중하는 것을 공허하게 느낀다."

자의식은 아동이 자신의 경험에 대한 객관적이고 이성적인 알아차림은 갖고 있지만, 주관적이고 감정적인 알아차림은 아님을 의미한다. 그래서 이러한 아동은 자기 자신과의 접촉이 일어나지 않는다. 어떤 중요한 결정이나 장기간의 과정에서는 어느 정도의 자의식은 정상이다. 만일 아동이 때때로 자신의 즉흥적인 열정을 억누를 수 없다면 아동은 나중에 자신이 후회할 행동을 저지를 수 있다. 건강한 자의식은 아동이 자기 자신과 자신의 상황에 대해 객관적인 시각을 갖게 한다. 특히 이는 초등학교 고학년 이상의 아동에게 적용된다. 그보다 더 어린 아동은 자기 자신과 상황을 객관적으로 볼 정신적인 능력이 없기 때문이다.

자의식은 아동이 자신의 정서적 접촉을 희생시킨 채, 계속적인 객관적 행동으로 삶에서 통제할 수 없이 갑작스럽게 일어난 일들을 통제하려 할 때 접촉경계장애가 될 수 있다. 만성적인 자의식은 자신을 통제하는 것처럼 여겨지지만, 결코 자기 자신이 자발적으로 경험하거나 주고받도록 허용하지 않는다(Clarkson, 1989; Clarkson and Mackewn, 1994).

　아동이 자신의 관심사를 책임감 있게 선택하도록 하기 위해 자의식은 때로는 필요하다. 그러나 자신의 삶의 모든 측면을 통제하려 하고 자발성이 전혀 없는 유기체적인 자기조절과 자기 알아차림은 자의식으로 인해 부정적인 영향을 받는다. 저자의 임상 경험에서, 이러한 접촉경계장애를 사용하는 아동은 자발적으로 노는 것을 어려워하고, 공상과 관련된 문제를 경험하는 것을 보았다. 예를 들어, 이러한 아동은 괴물 같은 자신의 측면과 좋아하지 않는 자신의 측면에 관해서는 공상에 빠질 수 없었다. 예를 들면, 이들은 "괴물은 존재하지 않아."라고 말하며 이에 대해 종종 저항할 것이다. 만일 치료자가 아동에게 만약에 동물이 될 수 있다면 어떤 동물이 되고 싶냐고 질문한다면, 아동은 바로 그런 일은 실제로 일어나지 않을 것이라고 대답할 것이다. [그림 1-7]은 자의식을 설명한다.

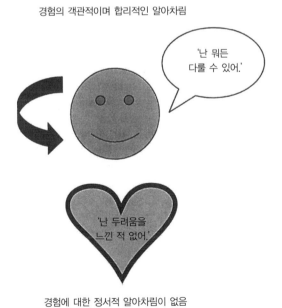

경험의 객관적이며 합리적인 알아차림

'난 뭐든
다룰 수 있어.'

'난 두려움을
느낀 적 없어.'

경험에 대한 정서적 알아차림이 없음

[그림 1-7]　자의식의 도해

4. 양극성

게슈탈트 치료 이론에 따르면, 성격은 양극성으로 구성되며 일상의 많은 부분이 이러한 양극성으로부터 발생하는 갈등을 해결하는 데 쓰인다(Thompson and Rudolph, 1996). Yontef(1993, p. 148)는 양극성을 "서로를 보완하거나 설명하는 반대되는 부분"이라고 하였다. 사람들은 신체-정신, 자기-외부세계, 감정적인-실재의, 의식적인-무의식적인과 같은 현재의 자연스러운 분열들 사이에서 움직인다. Korb 등(1989)에 따르면, 이러한 분류는 사랑-미움과 같은 감정들, 좋은 아이- 나쁜 아이와 같은 자기에 대해 관찰된 특징들, 또는 우정-적대감 같은 타인에 대해 관찰된 특징들의 양극화를 야기한다. 양극화는 특히 아이가 반대되는 특징들의 한 가지와만 주로 동일시할 때 발생한다. 이러한 아동들은 그들이 동일시해 왔던 그 한쪽 극만을 유지하는 데 점점 더 많은 에너지를 쓴다. 이러한 생각에 맞지 않는 경험이나 특징들은 부정된다. 유기체의 자기조절은 양극성들을 통합하는데, 차이는 수용되고 통합된다. 그러나 통합의 결핍은 파편화를 초래한다(Yontef, 1993). 게슈탈트 치료 이론 관점에서, 양극성의 두 측면 모두 타당한 것이며 그리고 둘 다 특정 상황에서 밀접하게 관련될 수 있는 것으로 본다. 예를 들어, 사랑과 미움은 둘 다 타당한 감정이며 좋은 아이와 나쁜 아이의 특징도 모두 성격의 자기-구조 안에 존재할 수 있다(Korb et al., 1989).

양극성은 서로 보완되거나 대립하는 반대의 것들을 가리킨다. 감정, 자기의 특징 또는 타인의 특징에 관한 양극성처럼 다양한 형태의 양극성이 발생할 수 있다. 양극성 간 갈등은 종종 그 자체로 아동 안에서 드러날 수 있으며, 아동이 동일시하는 대극을 유지하는 것은 아주 많은 양의 에너지를 빨아들이고 아동의 전체론적 실체의 파편화를 이끌 수 있다. 반면에 유기체의 자기조절은 양극성의 통합을 야기한다.

치료하는 동안, 아동이 자신의 양극성과 그 양극성의 두 측면이 자신의 일부라는 사실을 알아차리도록 안내해야 한다. 또한 자기 자신의 이러한 부분들을 부정하기보다는 특정 상황에서의 자신의 행동에 대해 좀 더 현실적인 선택을 하기 위해 이 점에 대한 책임을 받아들이도록 안내해야 한다(Aronstam, 1989). Clarkson(1989, p. 105)은 다음과 같이 언급했다.

게슈탈트 치료자들은, 성격이나 열정, 특정 성향의 극단적인 면을 회피하지 않고, 사람들 간에 존재하는 그리고 한 사람 안에 있을 수 있는 여러 차이점들을 가능한 많이 발견하고 강조하며 인정한다. 현상학적으로, 게슈탈트 치료는 이러한 차이점들을 부정하지 않고, 양 극적인 측면들이 서로 화해하게 하진 못 할지라도 대화하도록 이끈다.

게슈탈트 놀이치료의 목표는 아동이 더 잘 기능하고, 양극성의 각 부분들이 잘 통합된 성격 안에 확실히 제자리를 찾도록 양극성을 통합하는 것이다(Thompson and Rudolph, 1996). 게슈탈트 놀이치료의 이론적 접근에서의 초점은 아동이 양극성을 다루고 이에 대해 책임지는 선택을 함으로써 양극성을 통합할 수 있도록, 자기 자신과 자신의 삶 안에 있는 양극성을 알아차리는 방향으로 안내하는 것이다.

아동은 또한 정반대의 것을 통해 기능을 하는데, 감정조차도 슬픔과 행복, 실망과 만족처럼 반대되는 것들로 분류된다(schoeman, 1996). 아동은 예를 들어, 성인들에게서 관찰한 양극성뿐 아니라 같은 사람에게서 사랑과 미움을 경험할 때, 자기 자신 안에 있는 양극성의 결과로 인해 혼란을 느낀다. 아동은 또한 일반적으로 자신이 받아들일 수 없거나, 아니면 자신의 부모가 비난하는 자신 안에 있는 여러 측면들을 수용하기 어려워한다. 이는 차후에 자기의 파편화에 기여한다(Oaklander, 1988). Harter(1983, p. 151)는 이 점에 관하여 다음과 같이 언급했다.

나는 한쪽 측면에 아주 치우친 자신의 감정만을 받아들이면서 자신의 정서적인 삶에 대해 이런 종류의 양자택일의 개념을 채택하는 어린 아동들을 반복적으로 만나 왔다. 즉, 이들은 지금 느끼는 것과 다른 감정이 있을 수 있다는 것을 부정하고 겉보기에 모순되는 감정들이 동시에 존재할 수 있다는 점을 받아들이는 데 아주 큰 어려움을 겪는다.

따라서 양극성은 아동에게 혼란스러운 감정을 일으키며, 이는 결과적으로 파편화된 존재의 원인이 된다. 6세 이하 아동들은 발달상 똑같은 사람에게 사랑과 화와 같은 상충되는 감정들을 동시에 경험하는 것을 이해하기 어렵다. 아동이 종종 이혼한 부모를 향한 화와 같은 부정적인 감정은 부인하고 억압할 것이기 때문에, 이러한 점은 파편화된 존재의 원인이 된다. 이러한 파편화는 양극성의 통합을 가져오기 위해 게슈탈트 놀이치료에서 꼭 다뤄져야 한다.

양극성의 통합은 역동적이고 건강한 삶의 과정을 위한 필수조건이다. 그리기, 찰흙 작업, 이야기와 같은 활동들은 게슈탈트 놀이치료에서 아동이 자신의 삶의 양극성을 통합하는 데 사용될 수 있다. 게슈탈트 놀이치료의 일부로 이러한 기법들의 사용은 3장부터 5장까지 자세히 논의된다.

5. 성격의 구조

Perls에 따르면 성격의 구조는 다섯 개의 층으로 구성된다. 이는 사람들이 자신의 삶을 어떻게 파편화시키는지 그리고 그렇게 해서 어떻게 성공하지 못하는지를 보여 준다(Clarkson and Mackewn, 1994; Thompson and Rudolph, 1996). 게슈탈트 관점에서, 성격의 층들은 허위층, 공포층, 교착층, 내파층, 폭발층으로 구분된다.

1) 인조/허위층

인조 또는 허위층은 성격의 가장 바깥쪽 층이며 사람들이 자신의 삶에서 하고 있는 역할을 나타낸다. 아이들은 자신이 아닌 것이 되고자 애쓸 때, 허위층에 사로잡힌다. 이러한 아동은 자기 자신이나 타인에 의해 만들어진 역할을 하려고 애쓴다. 해결되지 않은 많은 갈등들이 이 층에서 발견된다. 이 층에서 아동의 행동은 주로 투사 또는 아동에게 기대되는 문화적으로 받아들여지는 행동에 의해 동기 부여된다(Aronstam, 1989; Clarkson, 1989; Clarkson and Mackewn, 1994; Thompson and Rudolph, 1996).

아동은 자기 스스로 또는 다른 사람이 자신에게 기대하는 것에 따라 진짜 자기가 아닌 것에 의해 허위층에서 행동한다. 허위층에서 기능하는 아동의 자기 알아차림과 정서적 행동은 종종, 부모가 감정을 처리하는 방식 그리고 관련된 문화 안에서 감정을 표현하는 규칙들처럼, 환경에 의해 직간접적으로 영향을 받는다.

허위층에서, 아동은 마치 자신에게 기대되는 특징들을 가지고 있는 것처럼 행동한다. 아동은 이러한 외부의 기대들을 내면화한 후, 자기의 '상전' 부분으로 삼는다. '상전'은 아동이 '너는 해야 한다.'는 메시지대로 반드시 따르고 기능하도록 많은 요구들과 기대들을 만든다. '상전'의 반대는 자기의 '하인' 부분이다. '하인'은 스스로에 대해 자신이 없으며 '나는 내일 다시 해 볼 거야.'와 같은 약속과 복종으로 반응한다. '하인'은 성격의 쾌락추구('나는 원해.') 측면을 나타내며 보통 '상전'보다 우세하다. '상전'은 '만일 네가 아버지가 시키는 대로 하지 않으면, 끔찍한 일이 일어날 거야.'처럼 주로 위협을 사용하여 '하인'이 지시에 따르도록 만든다. 그래서 이러한 부분들은 계속해서 서로 갈등을 겪는다(Aronstam, 1989; Thompson and Rudolph, 1996).

Perls에 따르면, '상전'과 '하인'은 사람들에게 가장 흔한 양극성 중의 하나이다. 게슈탈트 놀이치료를 사용해 실질적인 도움 주기를 하는 동안, 개인은 이 양극성은 서로 보완할 수 있으며 보다 통합된 방식으로 기능할 수 있다는 통찰을 얻기 위해 양극성 간 갈등을 반드시 알아차려야 한다(Clarkson and Mackewn, 1995; Thompson and Rudolph, 1996, p. 146). '상전'과 '하인'은 허위층에서 지속적으로 아동 안에 갈등을 일으키는 두 개의 양극성이다. 또한 이에 대한 알아차림이 부족하면 파편화된 존재의 원인이 되지만, 알아차리면 통합으로 이어질 수 있다. 양가감정의 개념처럼 양극성은 추상적인 개념이라 아동이 이해하기에는 어렵기 때문에, 더 어린 아동의 '상전'과 '하인' 사이의 갈등을 알아차리는 능력은 아동의 발달 단계로 인해 한계가 있다. 게슈탈트 놀이치료에서, 치료자는 구체적인 방식으로 아동의 양극성 간 갈등에 대한 알아차림을 촉진시켜야 한다. 이 점에 관한 아동의 통찰은 아동이 십대가 되거나 조금 더 추상적인 사고가 가능한 연령

이후라야 보다 효과적으로 촉진될 수 있다.

2) 공포층

허위층 다음으로 공포층이나 역할층이 이어진다. 아동이 자신이 허위 게임을 하고 있다는 것을 알아차리게 되면, 이 게임을 유지하는 자신의 두려움에 대해서도 알아차리게 된다. 이러한 알아차림은 종종 불안을 동반한다(Thompson and Rudolph, 1996). Aronstam(1989, p. 636)에 따르면, 이 층에서 가장 중요한 특징은 '자신이 될 수 있는 것이 되는 것에 대한 자신의 저항'이다. 이는 게임과 역할의 층이라 여겨진다. 공포층에서, 아동은 자신에게 기대된 역할에 맞추어 행동하는데, 예를 들어 무력한 희생자, 왕따 또는 광대(다른 사람을 즐겁게 해 주려는 사람)가 있다(Clarkson, 1989; Clarkson and Mackewn, 1994).

공포층에 있는 아동은 허위층 안에서의 자신의 게임에 대해 알아차리게 되면서 불안을 경험할 수 있다. 예를 들어, 상당한 자신감을 가진 척하며 광대 역할을 하는 아동은 자신이 그것에 대해 알아차리고 실제로는 자신을 믿지 않는다는 점을 인정하게 되면 불안을 느낄 수 있다. 불안을 경험하더라도, 아동은 아마도 행동의 변화에 저항할 것이며 계속해서 이러한 역할에 따라 기능하려 할 것이다.

3) 교착층

공포층 다음이 교착층이다. Yontef와 Simkin(1989, p. 337)에 따르면, 교착은 "외부의 도움은 곧바로 오지 않으며 나는 나 자신을 스스로 지지할 수 없다고 믿는 상황"으로 설명할 수 있다. 아동은 자신의 문제를 해결하기 위해 외부의 도움을 찾고 자신은 자기지지적인 방식으로 행동할 수 없다고 생각한다(Aronstam, 1989). 교착층에 있는 동안, 자기의 두 극성은 갈등상황에 있는데, 즉 미해결 과제를 완결하기를 원하는 건강한 부분과, 수반되는 고통과 어려움을 피하고 싶어 하는 다른 부분이다. 인간은 자신이 사로잡혀 있는 것에 대한 책임을 피하고 싶어 하기 때문에 보통 교착층을 피하려 한다. 아동은 저항함으로써, 자신의 자유와 한계를 모두 알아차리게 됐을 때 경험하는 불안을 부정한다. 이 층은 혼란스러운 감정, 꼼짝할 수 없이 사로잡힌 느낌 그리고 불안이 특징이며 심한 불편감의 원인이 된다(Clarkson, 1989; Clarkson and Mackewn, 1994).

교착층에 있는 아동은 자신이 하는 역할에 대해 알아차리게 되지만, 자기지지적인 방식으로 행동하지 못하게 저항한다. 아동은 미해결된 측면을 완성하려는 욕구를 경험하기 시작하지만, 그것에 수반되는 고통을 다룰 준비가 되었다고 생각하진 않는다. 아동은 여전히 자신에게 문제해결방법을 처방 내려 주는 타인과 같은 외부 지지에 의존한다.

교착층에 있을 때의 저항은 게슈탈트 놀이치료에서 중요한 역할을 한다. 이는 아동이 치료과정에 참여하는 것을 내켜하지 않는다는 의미가 아니라, 자신에 의한 접촉 상실을 의미한다. 아동에게 어떤 유형의 치료적 경험이 필요한지에 대한 평가를 통해 중요한 정보를 얻는다. 아동은 고통에 저항함으로써 자기 스스로를 보호한다(Oaklander, 1994b).

Oaklander(1988, p. 198)에 따르면, 아동은 저항을 통해 말한다. "그만해요! 여기서 당장 멈춰야 해요. 너무 많이 했어요! 너무 힘들다고요! 너무 위험해요." 몇몇 아동은 치료 과정에서 반복적으로 저항을 드러낸다. 이는 아동이 오래된 전략을 버리고 새로운 발달 단계로 움직이고 있다는 진전을 가리킨다.

저항은 아동이 자기 자신을 보는 방식이며 이는 치료과정에서 예상되고, 인정되며 존중받아야 한다. 이는 또한 아동의 저항 뒤에 아동이 준비가 되면 곧바로 다뤄져야 할 중요한 측면들이 있음을 치료자에게 암시하는 것이다. 아동은 자신이 이러한 측면들을 다룰 수 있을 만큼 충분히 강하다는 것을 직관적으로 알고 있으며 이 점을 치료자가 알고 도움이 되게 활용해야 한다(Oaklander, 1997).

교착층에서의 저항은 아동이 새로운 처리 전략으로 옮겨 간다는 점에서 치료과정 중의 필수적인 측면이다. 아동은 저항을 고통스럽게 경험했기 때문에, 반드시 교착층을 통과할 준비가 되어야 한다.

4) 내파층

교착층의 다음은 내파층 또는 죽음의 층이다. 내파층에서 인간은 자신이 스스로를 어떻게 가두는지를 알아차리기 시작한다. 그러나 교착으로부터 스스로를 자유롭게 하는 데 필요한 행동을 할 에너지는 없어 긴장성 마비의 한 형태가 발생한다. 아동은 알 수 없는 것에 대한 두려움으로 인해 움직일 수 없을 것 같은 마비를 느낄 수 있으며, 이렇게 서로 대립되는 힘들로 인해 마비를 경험할 수 있다(Clarkson, 1989; Clarkson and Mackewn, 1994).

아동은 이 층에 있는 동안 새로운 행동으로 실험을 시작할 수 있다. 비록 무언가를 하기 위해 새로운 행동을 책임질 에너지가 부족함을 경험하더라도, 아동은 자신의 행동과 감정을 완전히 알아차리는 것 같다.

5) 폭발층

내파층의 다음은 폭발층이다. 이 층에서 아동은 자신이 표현하거나 억눌렀던 감정을 알아차리게 된다(Aronstam, 1989). Clarkson과 Mackewn(1994, p. 80)은 이 층에 관하여 다음과 같이 언급했다. '한 사람이 교착상태에서 꼼짝도 못하고 혼란스러운 실존적 불안을 실제로 마주하고 내파층의 죽음의 상태(deadness)에 계속해서 머무른다면, 그는 폭발층에서 마침내 소생하게 된다.' 새로운 행동 실험이 성공적으로 적용되면, 이전에 허위층을 유지하는 데 온통 묶였던 비축에너지와 접촉하게 되는 폭발층에 도달한다(Thompson and Rudolph, 1996). 폭발층에서 기능하는 아동은 미해결 과제 완성하기를 시작하며 자신의 진짜 감정을 표현하고 경험할 수 있다. 그래서 아동은 미해결 과제를 완성하고, 감정을 경험하고, 새로운 행동으로 실험하기 위한 에너지를 얻는다.

게슈탈트 놀이치료를 시작할 때, 아동은 자신의 행동이 주로 외부의 영향과 내사로부터 이끌어진다는 점에서 보통 성격의 허위층에서 기능할 것이다. 이 점을 알아차리자마자, 곧바로 아동은 불안과 안전의 결핍을 경험할 것이다. 왜냐하면 아동은 다르게 행동하는 법과 좀 더 효과적인 방식으로 자신의 욕구를 충족시키는 방법을 모르기 때문이다. 이러한 불안과 통제의 상실은, 아동이 치료자가 미래의 자신의 행동과 욕구의 만족에 대해 선택해 주기를 바라며, 교착층의 저항으로 이어진다. 예를 들어, 아동은 치료자에게 이렇게 말할 것이다. "저는 친구가 없어요. 그래서 선생님이 저를 위해 이 문제를 꼭 해결해 주서야 해요." 아동이 내파층으로 옮겨 가면, 그렇게 하는 데 필요한 에너지가 부족하다 할지라도, 아동은 변화해야 할 필요성을 알아차리게 된다. 아동이 폭발층에 도달하면, 아동은 자신의 행동과 감정에 책임을 지기 시작하고 새로운 행동으로 실험을 시작할 수 있다. 성격의 폭발층에 도달하기 위한 자신의 과정, 감정, 욕구를 만족시키는 방법에 대한 아동의 알아차림의 진전은 게슈탈트 놀이치료의 중요한 목표이다. 보통 아동이 이 층에 도달하면, 치료는 종결될 수 있다.

6. 결론

게슈탈트 치료는 지금 여기에서 알아차림을 얻고 인간과 환경 사이의 상호의존성을 강조하는 실존적이고, 현상학적이며 전체론적 접근이다. 게슈탈트 치료의 철학, 이론과 실제는 아동과의 치료적 작업에서도 약간씩 조정하여 사용될 수 있다. Oaklander는 게슈탈트 놀이치료의 창시자로 여겨질 수 있다.

구체적인 이론적 개념들은 전형적인 게슈탈트 이론으로 간주된다. 전체론 개념은 가장 중요한 이론적 개념이다. 이 이론에 따르면, 인간은 전체론적 실체이며, 이는 인간의 신체, 정서적·영적 측면, 언어, 사고 그리고 행동의 총합은 이들 각 부분들보다 크다는 점을 나타낸다. 아동은 지속적으로 각각 다른 본능적인 욕구를 경험하는데, 이는 그 욕구를 충족시키도록 행동이 취해질 때까지 불편함을 야기한다. 그리고 항상성으로 이어진다. 아동은 구체적인 욕구가 충족될 때까지 그 욕구를 둘러싼 자신의 감각, 사고, 인지, 행동을 조직화해야 한다.

건강한 유기체는 자기 자신 또는 욕구를 충족시킬 환경 내의 자원을 사용하기 위하여, 자신의 전경에 떠오른 가장 우세한 욕구를 알아볼 수 있다. 게슈탈트의 형성과 파괴는 구체적인 과정에 따라 일어나는데, 즉 접촉 전, 감각과 알아차림,

적절한 행동 선택과 동원, 최종 접촉, 접촉 후 그리고 철수의 전체 과정이 반복된다. 개인 내 그리고 개인 간 접촉을 만드는 능력은 욕구 충족과 유기체의 자기조절에 필수적이다. 접촉은 아동이 자신의 욕구를 충족시키고자 환경을 사용하자마자 만들어진다.

접촉경계장애는 아동이 자신의 전경에 떠오른 욕구를 효과적으로 충족시키기 위해 자신과 세상 사이의 적절한 균형을 더 이상 만들 수 없을 때 발생한다. 이것은 일곱 가지 접촉경계장애, 즉 내사, 투사, 융합, 반전, 편향, 둔감화, 자의식이 있다.

양극성은 서로 보완하거나 대립하는 반대되는 것들이다. 양극화의 서로 다른 형태들이 있는데, 즉 감정에 대한, 자기의 특성과 타인의 특성에 대한 양극성들이다. 갈등은 인간 안에 있는 양극성들 간에 종종 발생하며 파편화된 존재로 이어진다.

치료하는 동안, 아동이 자기의 통합을 이루기 위해, 자신과 자신의 삶 안에 있는 양극성에 대해 알아차리도록 안내해야 한다. 성격의 구조는 5개의 층으로 이루어졌는데, 즉 아동이 하는 역할을 나타내는 허위층, 아동이 자연스러운 것이 아닌 인위적인 것을 하고 있음을 알아차려 불안을 경험하는 공포층, 아동이 자신이 하고 있는 역할을 알아차렸지만 자기지지적인 방식으로 행동하는 것에는 저항하는 교착층, 긴장성 마비가 아동이 자신의 교착상태로부터 자유로워지는 것을 방해하는 내파층, 미해결 과제를 완결 짓도록 새로운 에너지가 획득되는 폭발층이다. 이 층에서 아동은 진짜 감정을 경험하고 새로운 행동을 실험한다.

참고문헌

Aronstam, M. (1989). 'Gestalt therapy.' In D. A Louw (ed) *South African Handbook of Abnormal Behavior.* Johannesburg: Southern.

Clarkson, P. (1989). *Gestalt Counseling in Action.* London: SAGE.

Clarkson, P. and Mackewn, J. (1994). *Fritz Perls.* London and New Delhi: SAGE.

Fagan, J. and Shepherd, I. L. (1970). *Gestalt Therapy Now: Theory, Techniques,*

Applications. California: Palo Alto.

Hardy, R. E. (1991). *Gestalt Psychotherapy: Concepts and Demonstrations in Stress, Relationships, Hypnosis and Addiction.* Springfield: Charles Thomas.

Harter, S. (1983). 'Children's understanding of multiple emotions: a cognitive-developmental approach.' In W. F Overton (ed) *The Relationship Between Social and Cognitive Development.* New Jersey: Lawrence Erlbaum.

Humphereys, T. (2002). *Self-esteem: The key to Your Child's Future.* Scotland: Newleaf.

Korb, M. P., Gorrell, J. and vad de Riet, V. (1989). *Gestalt Therapy: Practice and Theory*, 2nd edition. New York: Pergamon.

Oaklander, V. (1988). *Windows to Our Children: A Gestalt Therapy Approach to Children and Adolescents*, 2nd edition. New York: The Gestalt Journal Press.

Oaklander, V. (1992). 'The relationship of gestalt therapy to children.' *The Gestalt Journal 5,* 1, 64-74.

Oaklander, V. (1994a). 'From meek to bold: a case study of gestalt play therapy.' In T. Kottman and C. Schaefer (eds) *Play Therapy in Action: A Casebook for Practiotioners.* London: Jason Aronson.

Oaklander, V. (1994b). 'Gestalt play therapy.' In K. J O'Connor and C. E Schaefer (Eds) *Handbook of Play Therapy, Volume Two: Advances and Innovations.* New York: Wiley-Interscience.

Oaklander, V. (1997). 'The therapeutic process with children and adolescents.' *Gestalt Review 1,* 4, 292-317.

Oaklander, V. (1999). 'Group play therapy from a gestalt therapy perspective.' In D. S Sweeney and I. C. Hofmeyer (eds) *Handbook of Group Play Therapy: How to Do It, How It Works, Whom It's Best For.* San Franciscno: Jossey-Bass.

Perls, F. S., Hefferline, R. F. and Goodman, P. (1977). *Gestalt Therapy: Excitement and Growth in the Human Personality*, 3rd edition, Hamondsworth: Penguin.

Phares, E. J. (1984). *Clinical Psychology: Concepts, Methods and Profession.* Illinois: Dorsey.

Schoeman, J. P. (1996). 'The art of the relationship with children-a gestalt approach.' In J. P. Schoeman and M. van der Merwe (eds) *Entering the Child's World: A Play Therapy Approach.* Pretoria: Kagiso.

Thompshon, C. L. and Rudolph, L. B. (1996). *Counseling Children.* Pacific Grove, California: Brooks/Cole.

Yontef, G. M. (1993). *Awarness, Dialogue and Process: Essays on Gestalt Therapy.* New York: Gestalt Journal Press.

Yontef, G. M. and Jacobs, L. (2000). 'Gestalt therapy.' In R. J. Corsini and D. Wedding (eds) *Current Psychotherapies*, 6th edition. Illinois: F. E Pecock.

Yontef, G. M. and Jacobs, L. (1989). 'Gestalt therapy.' In R. J. Corsini and D. Wedding (eds) *Current Psychotherapies*, 4th edition. Illinois: F. E Pecock.

제 2 부

게슈탈트 놀이치료의 실제

•
•
•

이 장은 실제 상담장면에서 게슈탈트 놀이치료를 실시하는 것에 초점을 맞추고 있다. 아동 치료자가 치료과정에서 지침으로 사용할 수 있도록, 먼저 게슈탈트 놀이치료 목표를 서술할 것이다. 게슈탈트 놀이치료 창시자인 Violet Oaklander의 게슈탈트 놀이치료 모델이 게슈탈트 놀이치료 과정에 대한 논의의 토대로 사용될 것이다. 왜냐하면 이 모델이, 도움이 필요한 아동의 욕구를 전체론적으로 다루기 위해, 치료자에게 아동과 무엇을 어떻게 작업할지에 관한 구조화된 가이드라인을 제공한다는 점이 실제 임상에서 밝혀졌기 때문이다. 이 모델은 순서대로 따라야 하는 특정 단계들로 구성되었지만, 엄격하진 않으며, 치료자는 특정단계에서 보이는 아동의 과정에 따라, 치료과정 중에 종종 앞뒤로 오가면서 한다는 것을 알게 될 것이다.

아동의 과정에 대한 알아차림을 높이기 위해 Oaklander(1994a, 1994b, 1997)는 게슈탈트 놀이치료를 위한 모델에서 구체적인 치료과정을 제시하였다. 각각의 단계마다 다양한 경험이 아동에게 주어진다.

각각의 여러 다른 단계들과 각 단계에서 다뤄져야 하는 부분들이 부록 1에 요약되어 있다. 게슈탈트 놀이치료를 하는 동안 치료과정이 이어지지만, 각 회기마다 나타날 수 있는 몇몇 역동들이 있다. 부록 2에는 게슈탈트 놀이치료의 수평적 수직적 발달이 설명되어 있다.

게슈탈트 치료과정의 단계뿐만 아니라 그 단계에 적용할 수 있는 구체적인 기법은 2장부터 5장까지 이번 영역에서 다루어질 것이다.

치료적 관계 형성하기, 평가, 치료계획 세우기

게슈탈트 치료는 행동의 '왜'보다는 '무엇'과 '어떻게'에 집중하는 과정 치료로 볼 수 있다. 선택과 책임지기 그리고 접촉을 포함한 알아차림은 자연스러운 변화를 가져온다(Yontef and Simkin 1989). 아동을 위한 게슈탈트 놀이치료의 목표는 아동으로 하여금 자신의 과정을 알아차리도록 하는 것이다. Oaklander(1994a, p. 285)는 아동의 과정을 "내가 누구인가, 무엇을 느끼는가, 무엇을 좋아하고 좋아하지 않는가, 무엇을 필요로 하고, 무엇을 원하는가, 무엇을 하고 그것을 어떻게 하는가"라고 정의했다. 지금 여기에서의 자신의 과정에 대해 알아차리면 감정 표현과 욕구 충족에 관해 선택할 수 있으며 새로운 행동을 탐색할 수 있다는 발견을 하게 된다(Oaklander, 1994a, 1994b). 따라서 게슈탈트 놀이치료는 아동에게서 왜 특정 행동이 보이는가를 분석하기보다는 자신의 과정에 대한 아동의 알아차림을 높이는 데 초점을 맞춘다. 아동의 과정은 그들이 누구이고, 그들이 어떤 감정을 드러내고, 그들이 무엇을 좋아하고 좋아하지 않는지, 그들의 욕구는 무엇이고, 그들은 어떤 행동을 하고 그것을 어떻게 드러내는지로 볼 수 있다.

1. 게슈탈트 놀이치료의 목표

게슈탈트 놀이치료의 주요 목표 중 하나는 아동이 지금 여기에서 살아갈 능력을 높이기 위해 아동의 알아차림을 향상시키는 것이다. 다른 목표는 아동이 자기 스스로에 대한 책임을 받아들임으로써 자기지지를 할 수 있도록 가르치는 것과 개인적인 통합을 이루도록 촉진하는 것이다(Thompson and Rudolph, 1996). 이러한 측면이 게슈탈트 놀이치료의 목표이고 동시에 치료적 과정에서 드러나야 한다. 따라서 목표는 조금 더 자세히 설명될 것이다.

1) 자기지지 행동 촉진하기

게슈탈트 치료의 치료 목표는 아동이 성인으로 성장해 가기 위해 자기 자신에 대한 책임은 조금 더 받아들이고 환경의 지지는 덜 기대하도록 가르치는 것이다. 성인이 된다는 것은 환경의 지지에서 자기지지로의 변화를 가리킨다(Aronstam, 1989). 게슈탈트 놀이치료자는 문제를 해결할 때 아동이 스스로를 어떻게 지지할 것인지 정하고 자기조절과 자기지지를 가지고 문제를 해결하도록 촉진할 것이다. Yontef(1993)에 따르면, 자기지지는 자기에 대한 지식과 자기수용 둘 다를 포함한다. 아동이 자기 자신을 알고 자신을 받아들이는 방향으로 실질적인 도움이 구체적으로 제공되어야 한다. 그 결과, 아동은 자신의 실존에 대한 책임을 점차 더 수용하는 것을 배우며 자신의 행동에 대해 좀 더 현실적인 선택을 할 수 있다. 그러나 이것은 아동이 자신의 환경에서 타인을 필요로 하지 않는다는 의미가 아니라 자기와 환경 사이의 관계를 이해한다는 것을 가리킨다(Aronstam, 1989).

게슈탈트 놀이치료의 한 가지 목표인 자기지지는 아동이 자신에 대해 그리고 자신의 욕구를 충족시키는 것뿐만 아니라 자신의 욕구를 충족시키는 것과 관련된 선택을 하는 것에 대해 좀 더 책임을 지게 된다는 것을 의미한다. 아동이 자신의 욕구를 충족시키는 방법을 배워야 함에도 불구하고, 더 어린 아동은 가령 부모와 같은 환경에 여전히 많은 부분을 의존한다. 학령전기 아동의 경우 이 목표는 아동이 성인과 같은 수준으로 자기지지를 해야 한다는 것을 의미하지는 않는다. 그러나 게슈탈트 놀이치료에서 아동은 자신의 연령에 맞게 욕구를 충족시킨다는 점에서 책임감 있는 선택을 위해 자신과 자신의 욕구를 알고 이해하고 수용하도록 이끌어져야 한다. 욕구에 대한 알아차림, 자기에 대한 지식, 자기수용, 그리고 선택을 해 보고 그것에 책임을 지는 능력은 또한 아동이 정서 지능에 관해 숙달해야 하는 중요한 기술이다.

2) 자신의 과정에 대한 알아차림 촉진하기

자신의 과정에 대한 알아차림(자신이 무엇을 하고 그것을 어떻게 하는가)은 게슈탈트 치료와 게슈탈트 놀이치료의 주요 목표이다(Oaklander, 1994a, 1999b; Yontef, 1993; Yontef and Simkin, 1989). 이는 환경을 아는 것, 선택에 책임지는 것, 자기에 대한 지식, 자기수용, 접촉을 만드는 능력, 즉 인지적, 감각적 그리고 정서적 수준의 알아차림을 포함한다(Yontef, 1993; Yontef and Simkin, 1989). Perls는 알아차림이란 자신의 존재와 접촉하는 능력이며, 자기 주변에서 혹은 자기 안에서 무엇이 일어나고 있는지 알고, 환경과, 타인과 또는 자기 자신과 연결하는 능력이자, 자신이 무엇을 느끼고 감각하고 생각하는가를 아는 것이며, 바로 이 순간에 자신이 어떻게 반응하는가를 아는 능력이라 하였다(Clarkson and Mackewn, 1994).

알아차림은 내담자가 자신의 욕구와 정서에 접촉하게 하고 그럼으로써 내담자는 자신이 누구이며 무엇을 하는가에 대한 책임을 수용하도록 배운다(Aronstam, 1989). Korb 등(1989)에 따르면, 자기에 대해 책임을 지는 것은 자기와 타인에게 있는 기대, 바람, 판타지, 행동에 반응할 수 있다는 것을 의미한다. 이는 또한 자기는 타인의 행동, 태도 그리고 감정에 책임이 없음을 알아차리는 것도 의미한다. 하지만 이는 타인의 욕구에 대한 관심이 부족하다거나 타인의 욕구에 반응할 능력이 없다는 것을 의미하진 않는다. 인간이 알아차림과 책임감을 갖는 정도는 행동, 사고, 태도를 포함하여 그 사람이 자유롭게 자신의 반응을 선택하는 정도의 지표이기 때문에 책임감, 알아차림, 자유, 선택은 같은 과정의 다른 측면들이다.

아동이 치료 과정에서 자신이 누구인가, 무엇을 느끼는가, 무엇을 좋아하고 좋아하지 않는가, 무엇을 필요로 하는가, 무엇을 하고 어떻게 그것을 하는가를 보면서 자신에 대해 좀 더 알아차리게 되면, 아동은 자신의 감정 표현, 자신의 욕구를 충족시키는 방식 그리고 새로운 행동의 탐색에 관하여 선택을 해 볼 수 있다는 사실 또한 더 잘 알아차리게 된다. 알아차림은 게슈탈트 놀이치료 과정에서 다양한 경험과 실험으로 얻어질 수 있다(Oaklander, 1992, 1994a).

게슈탈트 놀이치료의 목표로서 아동의 알아차림을 촉진시킨다는 것은 아동이 인지적, 감각적, 정서적 수준에서의 자신뿐만 아니라 다른 사람들 그리고 자신의 환경과도 완전히 접촉하게 되고, 자신을 알고 수용하고, 그래서 자신의 선택에 책임을 지는 것을 의미한다. 알아차림, 책임감, 선택, 자유의 개념들은 이들의 양상이 서로서로 영향을 끼치기 때문에 게슈탈트 놀이치료 과정 안에서 상호 의존적이다. 이러한 모든 측면이 아동과의 게슈탈트 놀이치료에서 고려되어야 한다.

3) 통합 촉진하기

게슈탈트 치료(그리고 게슈탈트 놀이치료)는 증상과 분석에 관심이 있는 것이 아니라 유기체 전체의 현존 그리고 통합에 관심이 있다. 통합과 성숙은 지금 여기에서 그 사람의 알아차림과 직접적으로 연관된 지속적인 과정이다. 통합은 새로운 실체를 만들기 위한 미해결 과제의 완성을 가리킨다. 만일 아동의 기능이 통합된다면, 아동의 욕구는 좀 더 쉽게 충족될 수 있다.

통합의 목적은 아동이 자신의 욕구와 관련된 만족에 모든 주의를 기울일 수 있도록 좀 더 체계적 · 전체론적으로 기능하도록 돕는 것이다(Thompson and Rudolph, 1996). 게슈탈트 치료는 신체근육, 감각, 판타지, 사고 및 정서의 통합을 가져오도록 추구한다. Korb 등(1989)에 따르면, 전체론은 인간은 통합을 성취하고자 하는 욕구와 능력을 가지고 있다는 것을 의미한다.

게슈탈트 놀이치료의 목표로서 통합에 이르기 위해 아동은, 전체론적 실체로서, 전경에 떠오른 미해결 과제를 완성하기 위해 자신의 인지, 정서, 신체 그리고 감각을 통합하기 위한 도움을 반드시 받아야 한다. 이를 위한 실질적인 도움을 줄 때는 아동의 전체론적 실체가 가진 모든 측면에 대해 주의를 기울여야 한다. Oaklander의 게슈탈트 놀이치료 모델은 아동의 전체론적 자기의 모든 측면에 초점을 맞춘다.

2. 아동과의 치료적 관계 형성하기

게슈탈트 놀이치료를 할 때, 처음 몇 회기는 치료적 관계를 만드는 데 주로 초점을 둔다. 치료적 관계는 치료과정의 가장 기본적인 측면이며 치료적 관계가 없는 치료는 가치가 없다. 처음 몇 회기는 아동의 치료적 요구를 헤아리는 평가적 성격이다. 관계의 발달과 아동의 접촉 능력은 이후 치료를 위한 전제조건이다(Oaklander, 1988, 1992, 1994a, 1994b, 1997). 치료 과정 중 이 단계와 관련하여 중요한 역할을 하는 측면들이 논의된다.

1) 나-너 관계의 발달

아동과의 정서적 접촉하기 과정은 치료자가 아이 앞에 오는 순간부터 시작된다. 아동은 첫 번째 접촉을 하는 동안 스스로에게 다음과 같은 질문을 한다. '나는 안전한가? 내가 이것을 감당할 수 있을까? 내가 받아들일 수 있을까?'. 치료적 관계를 세우는 것은 아동이 치료자에게서 무엇을 보고 무엇을 관찰하는가로 시작하며 아동이 특정 순간에 경험하는 것에 대해 보이는 치료자의 민감성에 달려 있다(Landreth, 1991, pp. 156-157). 접촉은 치료과정 동안 아동과 치료자 사이에 나-너(I-thou) 관계를 형성함으로써 발생한다. 나-너 관계는 치료자와 아동 모두가 나이와 교육 정도에 상관없이 동등한 관계임을 의미한다(Aronstam, 1989; Clarkson, 1989; Oaklander, 1994a; Yontef and Simkin, 1989).

나-너 관계는 치료자와 아동이 연령과 지위에 상관없이 동등한 수준으로 생각하는 것을 의미한다. 이는 치료자가 어른이라는 사실에도 불구하고, 치료자 앞에서 아동이 편안하게 느끼는 데 도움이 된다. 치료자가 아동을 그와 동등한 입장에서 만났을 때 처음엔 아동이 이것을 익숙하지 않은 것으로 경험한다 하더라도, 익숙해지면 아동은 이것이 자신에게 더 편안하다는 것을 안다.

아동과 나-너 관계를 만들 때 주목해야 하는 중요한 측면은 다문화주의이다. O'Conner와 Ammen(1997, pp. 17-18)은 이 점에 대해 다음과 같이 언급했다.

놀이치료사는 반드시 인간의 문화와 다양성의 모든 측면에서 유능해지도록 부단히 노력해야 한다. 이 점은 현재 정신건강 전문가들 사이의 다양성 부족으로 인해 어려워지고 있으며, 이는 내담자와 놀이치료사가 이질적인 집단에 속하게 될 수 있는데, 그런 경우 좋은 치료를 수행하기 위해서는 문화적 다양성 역량이 더 중요함을 의미한다. 다양성과 관련해서 유능해지지 않으면 놀이치료사는 내담자가 단지 자신이 속한 문화그룹의 요구를 무시하거나 혹은 더 우선시할 뿐 자신의 욕구를 충족시킬 수 있는 방법 찾는 것을 돕기 힘들어진다. 중산층인 놀이치료자는 장기간의 계획과 스케줄 엄수를 가치롭게 여기고, 불확실한 상태를 견디는 힘도 높은 편이다. 그러한 가치들이 어떤 고유의 중요성을 갖는다고 믿든 아니든, Maslow(1970)의 욕구위계에서 상대적으로 높은 수준에 위치할 때까지 그러한 가치들이 기능할 수 없다는 점은 분명하다.

그래서 몇몇의 놀이치료자들은 내담자의 눈을 통해 세상을 보는 것이 어려울 수도 있다. 게슈탈트 놀이치료 동안 나-너 관계를 만들기 위해 치료자는 문화적 다양성의 능력을 갖추고자 노력해야 할 것이다. O'Connor와 Ammen(1997)은 놀이치료자가 문화적 다양성에 유능해지는 세 가지 방식을 제시했다. 첫째, 다른 사람들의 다양성을 인식할 수 있으려면, 놀이치료자는 여러 다양한 집단의 회원으로서의 자신의 정체성에 대한 건전한 감각을 가져야 한다. 둘째, 놀이치료자는 인간은 종종 차이를 위협적인 것으로 경험한다는 점을 받아들이고 이러한 지각을 극복하고자 노력해야 한다. 마지막으로, 놀이치료자는 편견, 신화, 고정관념의 존재를 받아들여야 한다. O'Connor와 Ammen(1997)에 따르면, "색(다양성)에 대한 무지는 개개인과 그들의 경험의 본질적인 요소를 무시하는 것이며, 이는 아주 직접적인 방식으로 본질적인 요소를 약화시킨다." 아동과의 나-너 관계를 만들기 위해 치료자는 아동이 속한 문화적 집단에 대한 단단한 기초 지식을 가지고 있어야 한다.

나-너 관계는 치료자와 아동 간 상호작용의 기본적인 토대이며 아동과의 치료 작업에 중요한 결과를 낳는다. 치료자는 솔직하고 일치하는 행동을 취해야 하며 아동을 판단하거나 조종하지 않고 존중하는 마음을 담아 만나야 한다. 교육의 정도, 경험, 연령의 차이가 있지만 그럼에도 치료자는 아동보다 우월하지 않다. 치료자가 목표와 계획을 갖고 있다 하더라도, 각 세션은 실존적 경험이기 때문에 그 세션에 관한 어떤 기대도 가져서는 안 된다. 치료자는 또한 아동에게 이것이 독특하고 새로운 경험이기 때문에 그 관계 자체로 아동에게 가치가 있는 안전한 환경을 만든다(Oaklander, 1994a, 1997, 1999b). 아동과 치료 작업을 하는 동안, 나-너 관계는 존중과 일치성을 가지고 아동을 진솔하게 대해야 함을 의미하고, 어떤 단계에서도 아동을 판단하고 조종해서는 안 된다. 마찬가지로 세션에서 일어나는 일들에 관하여 어떤 특별한 기대도 없어야 한다.

Oaklander(1997)는 나-너 관계를 다음과 같이 설명하였다. "나는 아이를 있는 그대로 받아들일 것이다. 나는 아이의 리듬을 존중하며 그 리듬 속으로 아이가 들어가도록 시도할 것이다. 나는 현존해서 접촉할 것이다. 이렇게 우리의 관계는 피어날 것이다." 치료자는 아동의 놀이짝꿍과 친구가 되며 이를 치료적 관계의 중요한 목표로 여긴다(Schoeman, 1996). 치료자가 자신을 아동에게 보여 주는 방식은 아동이 다른 치료 회기에 기꺼이 참여하게 되는 데 영향을 미친다는 점에서 중요한 역할을 한다. 아동은 때로는 한 회기에서 치료자를 신뢰하기로 결정한다. Oaklander(1998)는 아동의 부모님과 자신의 사무실에서 이야기하는 동안 절대로 아동을 대기실에서 기다리게 하지 않는다고 했다. 이는 부모가 아동에 대해 말하고 싶은 것은 아동이 있는 자리에서 말해야 한다는 것이다. 이러한 행동은 아동과의 신뢰관계의 시작으로 여겨진다. Oaklander는 또한 각 회기가 끝난 후 적은 내용들을 아동의 진행상황에 대한 일반적인 요약을 제외하고는 아동의 부모와 공유하지 않는다고 말했다. 자신이 적은 내용들은 종종 아동에게 읽어 준다.

아동과 치료자 간의 나—너 관계의 발달은 치료자가 아동의 수준에서 아동을 만남으로써 아동의 놀이친구가 된다는 것을 의미한다. 아동과의 첫 번째 만남이 다뤄지는 방식은 치료 관계의 발달과 아동과의 신뢰관계에 직접적인 영향을 끼친다. 아동이 있는 자리에서, 치료자가 부모님과 논의되는 모든 측면에 관해 언급하는 것을 아동이 본다면, 아동은 치료자와 더 쉽게 신뢰를 쌓을 것이다.

전이는 어떤 관계에서도 보통 일어난다. 그러나 Oaklander(1997)는 이를 좌절시킨다. Oaklander는 아동이 치료자가 마치 부모인 것처럼 치료자에게 행동할 수 있다고 언급했다. 그러나 치료자는 반드시 자신은 아동의 부모가 아니라, 자신만의 관점, 한계, 행동을 가진 고유한 사람이라는 점을 알아차린 채로 있어야 한다. 치료자는 또한 반드시 진솔해야 하며 열려 있어야 하고 자신의 감정과 한계를 두려워해서는 안 된다. 치료자는 자신의 한계를 반드시 인지해야 하며 자신의 인간성과 결점을 포함하여 스스로를 받아들여야 한다.

치료자가 치료에 가져오는 가장 주목할 만한 측면은 그/그녀가 자신을 보는 관점이다. 치료자는 아동에게 감정적으로 과하게 개입되지 않고 공감하며 행동할 수 있도록 정서적으로 성숙해야 한다. 더욱이 아동과 함께 작업하는 치료자는 자기 자신 안에 있는 아이와 접촉해야 한다. 자신의 창의성 및 놀이하는 능력을 가치 있게 여기는 치료자는 아동이 창의적이고 자발적으로 놀이하도록 할 수 있다(Axline, 1994, p. 58; Landreth, 1991; McMahon, 1992; Oaklander, 1997; van der Merwe, 1996; West, 1992).

치료과정에 있는 동안 게슈탈트 놀이치료자는 자신과 아동 사이의 전이를 제한하기 위해 자신의 경험과 한계들을 알아차린 채로 있어야 하며, 자신만의 권리를 가진 인간으로 행동해야 한다. 치료자는 또한 정서적인 과한 개입을 막기 위해 아동과 자신을 구분하는 경계들에 대해서도 알아차린 채로 있어야 한다. 그러나 무엇보다 치료자는 아동과 효과적인 접촉을 할 수 있도록 자신 안에 있는 아이와 반드시 접촉하고 있어야 한다.

2) 현재(지금-여기)에 대한 알아차림

게슈탈트 치료에서, 직접적인 경험이 중요한 도구로 사용되며 초점은 항상 지금 여기에 있다(Yontef and Jacobs, 2000). 게슈탈트 놀이치료는 현재에 대한 아동의 알아차림을 촉진하는 데 초점을 둔다. 과거의 사건들이 미치는 영향과 미래에 대한 기대를 부정하지 않지만, 그러나 성장은 과거를 재창조하고 미래를 예측함으로써 일어나진 않는다. 아동은 현재만 경험할 수 있기 때문에 치료자가 작업할 수 있는 유일한 현실은 지금 여기이다. 치료자는 현재 이 순간에 미해결 과제가 아동 내담자에게 어떻게 영향을 미치는가에 관심을 갖는다(Aronstam, 1989; Yontef and Simkin, 1989).

치료과정에 있는 동안 비록 아동의 과거 감정과 미해결 과제에 주의가 기울여질지라도, 현재에 대한 아동의 일아차림을 촉진하는 것에 지속적으로 집중하는 것이 치료자의 중요한 역할이다.

3) 책임감

책임감은 게슈탈트 치료 관계에서 중요한 요소로 여겨진다. 게슈탈트 치료는 내담자와 치료자 모두 자신에게 책임이 있다는 것을 강조한다. 치료자는 자신이 현존하는 양과 질, 자신과 내담자에 대한 지식, 내담자의 알아차림과 접촉과정을 유지하는 것뿐 아니라, 치료적 분위기를 만들고 유지하는 것에 책임이 있다(Yontef, 1993; Yontef and Simkin, 1989). 반면에, 내담자는 자신이 인생을 경험하는 방식뿐만 아니라, 특정 방식으로 행동하거나 하지 않기로 한 순간의 선택에 대한 책임이 있다(Clarkson, 1989). 아동들은 흔히 자발적으로 치료받으러 오진 않는다. 따라서 치료자가 첫 번째로 해야 할 일 중 하나는 아동이 치료에 대해 책임지지 않는 태도에서 벗어나 자기결정능력을 갖도록 이끄는 것이다. 치료자가 아동과 접촉을 만드는 방식, 아동을 치료에 참여시키는 방식, 회기 동안에 행동하는 방식이 아동의 책임감에 영향을 줄 수 있다는 점에서 첫 회기는 중요한 역할을 한다(Oaklander, 1992).

　게슈탈트 관점에서, 치료적 관계는 아동과 치료자 모두 자신의 경험, 선택, 행동에 대한 책임을 반드시 수용한다는 점을 기반으로 한다. 아동은 자신의 선택으로 치료에 오지 않았기 때문에, 아동과 치료적 관계를 만들 때 이 점에 세심한 주의를 기울여야 한다. 아동의 부모가 아동을 치료에 데리고 오면, 아동은 다른 사람들이 자신을 위해 선택한다는 경험을 할 수 있으며 이는 아동이 자기 자신에게 책임감을 갖는 데 부정적인 영향을 끼칠 수 있다.

4) 경험과 발견

　게슈탈트 이론의 모든 기법과 양식은 직접 경험과 실험에 초점을 맞춘다(Yontef, 1993). 게슈탈트 치료 관점에서, 직접 경험은 학습이 일어나는 유일한 방식이다. 게슈탈트 치료자는 치료가 이루어지는 동안 조언과 해석을 피하고 오히려 내담자가 무엇이 중요한지 발견할 수 있는 환경을 만드는 것에 초점을 둔다. 그다음에 내담자는 자신에게 중요한 정보에 반응할 수 있다. 치료자는 치료 과정에서 주로 촉진자이다(Aronstam, 1989; Yontef, 1993). Oaklander(1994a)는 치료자가 한 어떤 해석도 아동에게 확인되어야 한다고 덧붙였다. 게슈탈트 놀이치료자의 주 목적은 아동이 자신의 과정을 알아차리도록 돕는 것이다. 아동이 무엇을 하고 그것을 어떻게 하는지, 자신이 누구이고, 무엇을 느끼는지 그리고 무엇을 원하는지, 그 과정을 경험하는 것에 초점을 둔다. 이것을 수용하게 되면 아동은 자신이 직접 선택할 수 있고 새로운 행동으로 실험할 수 있다는 깨달음을 얻게 된다. 게슈탈트 놀이치료는 지금 여기에서의 아동의 직접적인 경험에 집중하고 치료자는 조언자로 행동하지 않는다. 치료자의 역할은 내담자가 자신의 과정에 대해 알아차리도록 촉진하는 것이므로 치료 중 모든 해석은 아동에게 확인되어야 한다.

　아동이 경험하고 발견할 수 있도록, 치료자는 아동의 모든 의사소통, 그중에서도 그 의사소통의 중요한 부분을 구성하고 있는 신체언어를 반드시 경청할 수 있어야 한다. 치료자는 아동의 언어적 의사소통보다도 진짜 감정을 보다 정확하게 의사소통한다고 여겨지는 신체증상들을 진지하게 살펴보아야 한다. 치료자의 민감한 관찰 없이는, 게슈탈트 치료의 실험적 접근은 실현가능하지 않다 (Yontef, 1993). 따라서 아동 치료자는 이를 바탕으로 아동의 알아차림을 촉진하는 행동을 유도하기 위해 치료 중 아동의 언어적 · 비언어적 의사소통을 관찰할 수 있어야 한다.

경험은 아동과의 치료 작업에서 중요한 역할을 한다. 아동에게 다양한 경험과 실험이 주어지기 때문에, 아동은 점차 자신을 알아차릴 수 있다. 아동이 새로운 방식으로 자신을 경험하기 시작하면 자기의 다양한 측면이 통합되기 때문에 경험은 매우 진지하고 집중되면서 강도가 커진다. 그래서 게슈탈트 놀이치료 동안 경험과 실험을 위한 기법 사용은 아동의 과정에 대한 알아차림을 증진시켜야 한다.

5) 저항

저항은 게슈탈트 놀이치료 과정에서 정상적이고 본질적인 측면으로 본다. 저항은 에너지가 일어나고 있음을 보여 주는 징후이자 아동의 접촉수준의 지표로 볼 수 있다. 이는 아동이 치료과정에 협조할 마음이 내키지 않는다기보다 접촉을 상실한 것으로 간주된다(Oakladner, 1994b, 1997). 일반적으로 저항을 드러내지 않는 아동은 빈약한 자기감을 가지고 있기 때문에 저항은 건강한 반응으로 여겨진다. 따라서 치료자는 아동이 어느 정도의 저항을 보일 것을 예상하고 그것을 존중한다.

그러나 높은 수준의 저항은 치료자와 아동 사이의 충분한 접촉을 만드는 데 부정적인 영향을 끼친다. 아동이 치료과정에서 좀 더 안전하다고 느끼기 시작하면, 아동은 치료과정을 통과해 움직일 준비가 되어 있어야 한다. 그러나 그 단계에서 아동이 할 수 있다고 생각한 것과 접촉하고 이를 지지할 힘이 있다면, 저항은 다시 나타날 수 있다. 따라서 저항은 치료과정에서 반복적으로 일어날 수 있다(Oaklander, 1997, 1999b).

저항은 치료과정의 정상적인 부분이며 아동의 접촉이 부족하다는 신호이다. 안전함을 느끼지 못하는 것과 같은 특정 이유들 때문에 또는 강한 자기감을 충분히 갖지 못하기 때문에, 아이들은 틀림없이 치료자와의 접촉을 깨뜨리는 방식으로 저항할 것이다. 치료과정에서 저항이 빈번하게 반복되는 것이 정상이라 하더라도, 높은 수준으로 지속되는 저항은 보통 치료자와 아동 사이의 접촉을 형성하는 데 부정적인 영향을 끼친다.

저항은 치료과정에서 다른 방식으로 드러날 수 있다. 어떤 아이들은 무의식적으로 저항을 드러내기도 하지만, 이는 좀 더 안전한 활동들을 먼저 경험해 보게 하면 줄어든다. 저항을 다루는 효과적인 기법은 아동들이 하기를 바라는 것을 치료자가 하는 것이다. 그래서 치료자는 자신의 차례에, 예를 들면, 그림을 그리거나 퍼펫 쇼를 한다. 저항을 다루는 또 다른 방식은 아동에게 말로 저항을 반영하는 것이다. 예를 들어, "나는 네가 그림을 그리지 않을 거라는 걸 알아. 하지만 나는 네가 어쨌든 그림을 그렸으면 해. 네가 무엇을 하든, 나는 네가 최선을 다하기를 원하지 않아. 우리는 최선을 다할 시간까지는 없거든." 치료자가 아동의 저항을 수용한다는 단순한 사실이 아동으로 하여금 위험을 무릅쓰고 새로운 것을 시도하게 할 수 있다(Oaklander, 1988).

어떤 아동은 관계를 만드는 데 어려움이 있으며 초기의 저항을 빨리 극복하지 못한다. 이러한 아동은, 특히 어린 나이에, 심각한 정서적 트라우마를 자주 겪었다. 이런 아동을 위해, 관계를 만드는 데 치료의 초점을 맞춘다. 치료자는 이러한 아동과의 접촉을 만들기 위해 창의적이며, 위협적이지 않은 방식을 찾아야 하는 중요한 과제가 있다. 또한 아동이 놀이치료 활동에 빠져 있는 동안, 아동의 에너지 수준이 갑자기 떨어지면서 아동이 치료자와의 접촉을 깨는 일이 일어날 수도 있다. 이것은, 예를 들어, 아동의 신체 자세로 관찰될 수 있다. 접촉을 재개하기 위해 놀이치료 활동을 멈추고 게임을 하면 이런 경우 아동과의 접촉을 회복할 수 있다.

아동은 무슨 말을 하는지 안 듣는 척하거나 치료자가 제안한 것이 아닌 다른 것을 하기 시작함으로써 치료자를 무시하는 수동적인 방식으로 저항할 수 있다. 이 경우, 치료자가 아동에게 하라고 요청한 것을 하고 싶지 않다고 말로 할 수 있도록, 아동의 자기감을 충분히 강하게 발달시키는 것이 중요하다. "저는 그것을 하고 싶지 않아요."와 같은 언어적 진술은 긍정적인 접촉을 만드는 것으로 간주되며 치료자에 의해 긍정적으로 강화되어야 한다(Oaklander, 1988).

치료과정에서 저항이 드러나는 다른 방식들도 있다. 그러나 이는 아동 성장의 필수적인 부분으로 보아야 한다. 저항을 다루는 방식은 치료과정에서 언제 그리고 어떻게 저항이 드러나는가에 달려 있다. 치료자는 저항에 적절히 반응할 수 있도록 저항이 드러나는 방식에 민감해야 한다. 트라우마의 결과로 어떤 아동은 관계를 맺는 것에 어려움을 가질 수 있다. 이는 저항으로 간주된다. 치료자는 치료적 관계를 만들기 위해 이런 아동과 더 많은 시간을 보내야 할 것이다.

6) 경계와 제한

긍정적인 부모는 자녀가 자신의 경계를 알고, 그 경계를 가지고 실험해 볼 수 있고 그래서 그것을 검증해 볼 수 있도록 자녀를 위해 연령에 적합한 경계를 세운다. 이러한 경계들이 유효하지 않을 때, 아동은 불안을 느끼는 경향이 있으며 아동의 자기감도 구조가 없다. 부모는 또한 아동이 탐색을 위한 새로운 영역을 찾을 기회를 갖도록 각 발달수준과 관련하여 경계를 넓히는 게 필요한 적절한 시기를 알아야 한다. 경계와 제한은 같은 이유로 치료과정에서 아주 중요하다 (Oaklander, 1997). 경계와 제한은 치료적 관계 발달에 구조를 제공하는데, 혼란스럽고 체계적이지 못한 관계 안에서는 성장이 일어날 수 없다(Landreth, 1991).

Landreth(1991)와 van der Merwe(1996)에 따르면, 경계를 설정하는 것은 치료과정에서 다음과 같은 이점들이 있다.

- 치료자와 아동을 매일의 일상과 접촉하게 하고, 회기를 현실에 고정시키고 지금 여기를 강조한다.
- 치료적 관계에 구조화를 제공한다.
- 아동의 자기 통제력을 키우고 아동이 치료자, 놀이 공간 그리고 자신에 대한 책임감을 알아차리게 한다.
- 경계에 의해 아동은 선택하고 책임지는 것이 어떻게 느껴지는지를 경험한다.
- 치료적 상황 안에서 안전과 예측가능성을 제공하고 놀이실에서의 일관성을

제공한다.

- 아동이 안전하게 놀이하도록 보장한다.
- 치료자가 아동을 수용하도록 도움을 주고 그래서 전문적이고 윤리적이며, 사회적으로 수용 가능한 관계를 유지하도록 한다.
- 아동에게 정서적 안전을 보장한다. 왜냐하면 경계가 없으면 아동은 불확실하고 위협적인 감정 영역으로 이동할 수 없고, 그렇게 되면 불안과 죄책감의 정서로 이어질 수 있기 때문이다.
- 놀잇감과 놀이실을 보호한다.

경계는 치료 관계의 발달을 위한 구조를 제공하며, 이는 아동이 물리적 · 정서적 안전감을 경험하는 데 기여한다. 이는 아동의 자기감을 긍정적으로 촉진한다. 놀이치료 회기에서 경계와 제한은 아동에게 선택할 수 있는 기회를 제공하며, 자신의 선택에 대한 책임감을 가질 기회를 제공한다. 이러한 측면은, 경계가 자기통제를 촉진한다는 사실과 더불어, 아동의 감정통제 기술에 간접적인 도움이 될 수 있다.

(1) 경계의 유형들

여러 종류의 경계들을 시간 경계, 재료의 사용에 대한 경계, 공격적인 행동에 대한 경계, 이동에 대한 경계, 참석하는 사람과 존중에 대한 경계, 그리고 도덕적 경계로 구별할 수 있다.

☑ 시간 경계

회기 시간을 절대 초과하지 않는다. 심지어 아동이 그렇게 하기를 요구할 때조차도. 즉, 회기는 정해진 시간에 시작하고 정해진 시간에 끝낸다(Axline, 1994; McMahon, 1992; Oaklander, 1997). 어린 아동에게 놀이치료 세션은 최대 45분인데, 아동은 제한된 시간에만 집중할 수 있기 때문이다. 과제를 완수할 시간이 정해져 있다는 점을 경험할 수 있도록 아동에게 시간이 거의 다 됐을 때 반드시 알려 줘야 한다(Landreth, 1991; van der Merwe, 1996).

저자의 임상 경험에 비추어 보면, 시간이 끝나면 특히 치료적 나-너 관계가 만들어진 경우 아동은 놀이를 끝내는 것에 종종 저항한다. 아동은 치료자가 시간이 거의 끝났다고 신호를 주는 것을 무시하거나, 다른 놀이를 시작하려고 할 것이다. 때때로 아동은 치료자에게 자신이 좀 더 있어도 되는지 물어볼 것이다. 위에 언급된 저자들에 따르면, 각 치료 회기의 시간이 거의 끝나갈 무렵 아동에게 이에 대해 알려 줄 필요가 있다.

☑ 재료 사용에 대한 경계

아동이 장난감에 손상을 입히지 않기 위해, 장난감을 다루는 것에 관한 경계가 설정되어야 한다. 게다가 아동이 장난감을 집으로 가져가는 것은 일반적으로 허용되지 않는다(Axline, 1994, p. 123; Landreth, 1991; van der Merwe, 1996). Oaklander(1997)에 따르면, 한 예로 아동은 놀이실 안에 물감을 뿌릴 수 없으며, 모래 상자에서 놀이했을 경우를 제외하고는, 치료자는 아동이 치료가 끝날 즈음에 치료자를 도와 치료실을 정리하기를 기대한다. 따라서 활동의 마무리는 아동에게 분명해야 한다. 모래 상자에 아동이 뿌릴 수 있는 물의 양 또한 제한되어야 한다. 모래 상자에 물을 너무 많이 쓰면, 모래가 완전히 다 마르기까지 몇 주가 걸리기 때문에, 다음 아동이 그것을 사용할 수 없게 될 수 있다.

저자의 경험에서, 몇몇 아동은 인형을 집으로 가져가도 되는지 물었던 적이 있다. 특히 미니카같이, 어떤 아이템에 특히나 관심 있어 하는 아동은 그것을 빌리고 싶은 마음을 표현한다. 그러나 아동에게 다른 아동이 놀이실에 온다는 것을 설명하고 장난감은 놀이실에서 사라지지 않는 것이 좋겠다고 설명하면 아동도 이해한다.

☑ 공격적인 행동에 대한 경계

치료자를 향한 공격적인 행동은 절대 허용되지 않는다. 치료자에 대한 어떤 공격이든 즉시 중단시켜야 한다. 치료적 관계는 상호 존중에서 만들어지고 아동이나 치료자의 신체적 상해는 반드시 금지되어야 한다(Axline, 1994; McMahon, 1992; van der Merwe, 1996).

만일 긍정적인 나-너 관계가 만들어진다면, 이는 상호존중으로 연결되며, 그리고 만일 다양한 놀이 활동을 함으로써 공격적인 에너지를 수용될 수 있는 방식으로 표출할 기회를 아동이 갖는다면, 아동은 치료자에게 공격적인 행동을 보일 필요가 거의 없다고 생각한다는 것을 임상 경험을 통해 알게 되었다.

☑ 이동에 관한 경계

화장실을 가고 싶어 하거나 물을 마시고 싶어 하는 특정 상황을 제외하고, 아동이 놀이실에 들어온 후, 나가는 것은 보통 허용되지 않는다. 아동은 자신의 책임에서 벗어날 수 없으며, 관계에서 책임진다는 것은 문제를 끝까지 해 내는 것을 의미한다는 점을 반드시 배워야 한다(Landreth, 1991; van ver Merwe, 1996).

저자의 경험에서, 아동은 때때로 접촉을 깨는 수단으로 반복적으로 화장실을 가겠다고 요청하는 것을 보았다. 이러한 형태의 저항은 반드시 존중받아야 할지라도, 이것을 다루는 좋은 방법은 회기를 시작하기 전에 아동에게 화장실을 다녀오라고하는 것이다.

☑ 참석하는 사람과 존중에 대한 경계

일반적으로 상담시간에는 아동과 치료자만 참석이 허용된다. 그러나 타인, 예를 들어 부모는 특정 상황하에서 허용될 수 있다. 치료자의 역할을 어렵게 만들 수 있기 때문에, 회기 사이에 사회적 상황에서 아동과 접촉해서는 안 된다. 치료자는 또한 부재한 부모의 역할을 대신하지 않도록 조심해야 한다(van der Mervwe, 1996).

실제로 아동과의 나-너 관계가 아직 확립되지 않았고 아동의 불안이 매우 심해서 혼자만 치료자와 놀이실에 들어가기에는 너무 안전하지 않다고 느낀다면 초기에는 부모와 함께 들어가는 것이 허용되어야 한다는 것이 밝혀졌다. 그러나 우호적인 관계가 만들어지고 아동이 치료자를 신뢰하기 시작하면 아동은 더 이상 부모의 존재 여부에 대해 걱정하지 않는다.

☑ 도덕적 경계

아동이 회기 중에 옷을 벗는 것은 허용되지 않는다. 셔츠나 신발은 벗을 수 있다. 아이들이 일반적으로 놀이실에서는 욕을 할 수 있지만, 방 밖에 있는 사람들이, 예를 들어 창문에 기대어 욕하는 것을 들을 수 있게 하지는 않는다(van der Merwe, 1996).

임상 경험에서 아동이 특히 신발을 벗는 것을 좋아하지만, 아동이 완전히 옷을 벗고 싶어 하는 것은 거의 일어나지 않는 것을 보았다.

치료과정의 일부로 다양한 경계들을 구별할 수 있다. 이들 경계들은 아동에게 벌을 주거나 제한하는 것이 목적이 아니라, 오히려 아동의 정서적 신체적 안전을 위해 중요하다.

(2) 경계 설정에 대한 지침

경계는 회기 중에 필요성이 생겼을 때 설정되어야 한다. 아동의 일상적인 경험들은 아동이 몇 가지 경계를 준비하게 한다. 첫 번째 회기에서 모든 경계가 설정되면 아동은 무엇을 기대해야 하는지 알지만, 치료자에게 던지는 것과 같이 스스로 생각하지 않았을 수 있는 부정적인 행동에 초점을 맞출 수 있다(Axline, 1994; Oaklander, 1997). van der Merwe(1996)에 따르면, 아동의 실망을 막기 위해 회기의 지속시간과 같은 특정 경계를 첫 회기에 설명할 수 있다. 경계가 설정되는 과정은 행동을 멈추지 않고, 오히려 좀 더 수용될 만한 방법으로 표현되도록 조심스레 이루어져야 한다. 아동이 행동을 변화시키기 위해 선택할 책임을 갖도록 경계를 설정해야 한다(Landreth, 1991).

시간 경계처럼 특정 경계들은 회기 초반에 만들어져야 하지만, 놀잇감의 사용과 같은 다른 경계들은 그러한 경계의 필요성이 생겼을 때 만들어져야 함에 동의한다. 만일 할 것과 하지 말아야 할 것의 목록들이 치료과정을 시작할 때 아동에게 주어진다면, 이는 아동이 자발적으로 행동하는 것을 방해할 수도 있다.

(3) 경계 설정의 단계

Landreth(1991)에 따르면 경계를 정할 때 다음 단계들로 이어진다.

- 1단계

아동의 감정, 바람, 욕구를 수용하고 감정이 일어나면 아동의 감정을 반영하라.

- 2단계

경계를 구체적으로 전달하라. 예를 들어, "나는 네가 화난 걸 알고 있어, 하지만 넌 그 블록을 나에게 던질 수 없어."

- 3단계

감정을 표현하기 위해 수용할 만한 대안을 정하라. 예를 들어, "인형 집 위에 서는 건 안 돼. 대신 의자나 테이블 위에는 설 수 있어." 아동이 경계를 어겼을 때, 치료자는 여전히 수용적인 방식으로 행동해야 한다. 치료자는 단계 1에서 3까지 두세 번을 참을성 있게 이행해야 한다. 만일 아동이 여전히 그 경계를 어긴다면, 단계 4로 진행하라.

- 4단계

아동이 스스로 선택한 것이라는 점을 깨닫도록 아동에게 천천히 최종 선택을 하도록 한다. 예를 들어, '만일 네가 그 총으로 나를 쏘기로 선택한다면, 그땐 너는 이 놀이실을 나가는 것/그 총으로 더 이상 놀지 않기(역자 주: 치료자의 선택에 따라, 이 두 가지 중 하나를 제시할 수 있다)를 선택하는 거야.' 아동은 자신이 선택권을 가졌으며 그 결과는 자신의 선택과 관련된다는 점을 알게 된다.

경계를 정할 때, 아동은 선택을 하고 그 선택의 결과에 대한 책임을 받아들여야 한다는 것을 경험해야 한다. 이처럼 경계를 정하는 것은 아동의 자기지지 행동을 촉진시키는 데 기여하며 아동은 자기 자신과 자신의 선택에 대해 더 많은 책임을 수용하기 시작한다.

3. 게슈탈트 놀이치료에서의 아동에 대한 평가

게슈탈트 놀이치료에서의 평가는 지금 여기에서 이뤄진다. 아동의 상황에 대한 전체론적인 개관에 도달하는 데 특정 배경정보가 중요할 수 있지만, 치료자는 오로지 지금 여기에서 아동의 상황과 기능만을 가지고 작업할 수 있다. Oaklander(1988, p. 184)는 아동이 치료받기 위해 그녀에게 왔을 때 보고서, 검사 결과, 진단 보고서, 법정 보고서, 학교 보고서들을 종종 받는다고 하였다. Oaklander는 이러한 정보는 읽을거리로는 흥미로울 수 있으나, 그녀가 실제로 작업할 수 있는 유일한 측면은 아동이 치료 상황 안에서 스스로 존재하는 방식이라고 언급한다. 만일 치료과정을 위한 근거로 치료자에게 제공된 정보에 의존한다면, 아동보다는 쓰여진 것에 주의를 기울여야 할 것이다. Oaklander는 다음과 같이 말했다. "그래서 나는 내가 듣거나 읽거나 심지어 아동에 대해 내가 진단한 것에도 상관없이, 반드시 아동이 나와 있는 곳에서부터 아동과 함께 시작해야 한다." Korb 등(1989)은 진단평가와 발달 및 양육사의 세부사항들을 적는 것이, 비록 일반적인 게슈탈트 치료의 일부는 아니지만, 기록보존의 형태는 될 수 있다고 덧붙였다. 따라서 치료회기 동안 아동이 스스로를 나타내는 방식은 평가할 수 있는 유일한 측면이다. 아동에 대한 보고서 검토는 근거 없는 해석을 하는 데 한몫할 수 있다.

아이들은 일반적으로 첫 회기가 시작될 때 부모와 함께 있게 된다. 아동이 왜 치료에 오게 되었는지 그 이유에 대한 이야기를 하게 된다. 저자는 부모가 무엇을 말하고 있는지에 대해 아동이 이해하는가를 확인하고 아동에게 자신의 의견을 말할 기회를 준다. 아동은 종종 자신이 왜 놀이치료자에게 와야 했는지 모르겠다고 말한다. 때때로 아동은 정말로 모르기도 하고 때로는 너무 부끄러워서 이렇게 말할 수 없다. '이불에 쉬를 해서요.' 또는 '맨날 학교에서 싸워서요.' 부모는 또한 때로 아동에게 치료에 데려온 이유를 말하기가 불편하기도 하다. 어떤 부모는 자녀에게 재미있게 놀러 가는 것이라고 말하거나, 아동의 학교숙제를 치료자가 도와줄 것이라 말하기도 한다. 일반적으로 부모가 아동을 치료에 데리고 오는 것을 부모 스스로가 불편해 하는 것으로 보인다. 8세인 어떤 아동은 놀이회기에 교과서를 가지고 왔었다. 아동의 부모가 치료자가 책을 더 잘 읽게 도와줄 것이라 말했기 때문이다. 게슈탈트 놀이치료자는 반드시 아동에게 솔직해야 하며 이와 같이 말할 수 있다. "여기에서 우리는 많은 놀이를 할 거야. 나는 네가 너의 감정에 대해 이야기하고 더 기분이 좋아지도록 도와줄 거야." 첫 회기에 부모에게 질문지가 건네진다. 질문지는 부모의 자녀양육 문제를 확인하는 다음과 같은 질문들이 포함되어 있다.

- 계획된 임신이었습니까?
- 임신 중 또는 출산 후 문제가 있었습니까?
- 아동의 초기 발달에 어떤 문제가 있었나요?
- 당신과 아동이 유대감을 형성하는 데 부정적인 영향을 끼친 요인이 있나요?
- 아이와 매일 얼마나 많은 시간을 함께 보내나요?
- 당신과 당신의 배우자는 아동을 훈육하는 방식이 일치합니까?
- 어떤 훈육방식을 사용하십니까?
- 아이의 행동 중 가장 받아들일 수 없는 행동을 기술하세요.
- 아이가 경험했던 외상적인 경험이 있나요?
- 아이는 만성적인 질병이 있나요?
- 당신이 화가 나고, 슬프고, 겁먹고, 행복할 때 당신의 아이는 어떻게 반응하나요? 그러한 행동에 만족하십니까?
- 아이가 죽음, 입원 등과 같은 어떤 외상적인 사건을 경험한 적이 있습니까?
- 당신이 부모로서 의논하고 싶은 어려움이 있습니까?
- 아이의 성격 특성을 몇 줄로 써 보세요.
- 아이가 이전에 어떤 치료를 받았습니까?
- 아이의 수면패턴에 대해 기술하세요.
- 아이의 전반적인 건강상태는 어떻습니까?
- 아동의 식습관에 대해 기술하세요.

- 당신 가족의 전반적인 스트레스 수준은 어느 정도입니까?
- 그 밖에 놀이치료자가 알아야 할 것이 있나요?

이 질문지는 아동과의 세 번째 회기 이후 부모교육 회기에서 부모에게 건네진다. 놀이 회기에 관한 어떤 정보도 아동의 허락 없이는 부모에게 공유되지 않는다. 이러한 부모 회기를 갖는 목적은 자녀양육에 관한 부모 자신의 문제들에 대해 말하고 부모에게 게슈탈트 놀이치료 과정과 이 과정 안에서 아동에게 필요한 구체적인 경험들에 대해 설명하려는 것이다. 부모는 약 한 달에 한 번 이렇게 만난다. 가끔 아동은 그 세션의 일원이기도 하고, 가끔은 부모 자신의 이슈를 다루기 때문에, 아동 없이 부모만 만나기도 한다.

〈표 2-1〉은 Oaklander(1999a)가 개발한 원래의 가이드라인에서 수정한 것이며, 게슈탈트 놀이치료에서 아동을 평가하는 데 쓰인다.

〈표 2-1〉 게슈탈트 놀이치료에서의 아동평가 지침

주 평가항목	하위 요소
치료적 관계	• 아동의 신뢰 수준은 어느 정도이며 치료적 관계는 형성되고 있는가? • 아동이 의미 있는 저항을 드러내는가, 혹은 혼란스러워 보이는가?
접촉과 접촉 기술	• 아동은 치료자와 좋은 접촉을 형성하는가, 그리고 접촉을 유지할 수 있는가? • 아동은 때때로 적절하게 철수하는가? • 아동은 자신의 접촉 기술을 어떻게 사용하는가?
접촉경계장애	• 아동은 자신의 욕구를 충족시키기 위해 어떤 접촉경계장애를 사용하는가? • 아동의 삶에서 내사의 영향은 무엇인가?
관심	• 아동은 참여, 관심, 흥분을 보이는가? • 아동의 목소리는 활력이 있는가? 혹은 힘이 없는가? • 아동은 자신의 호흡을 어떻게 사용하는가? • 아동의 에너지수준은 어떠하며 에너지가 넘치거나 부족할 때는 언제인가?
신체 자세	• 아동은 어떻게 걷고, 앉고, 서는가? 아동의 신체는 장애가 있는가, 또는 이완되고 유연한가? • 아동의 자세는 어떠한가? • 어깨가 구부정한가?

주 평가항목	하위 요소
유머	• 아동은 유머에 적절하게 반응하는가? • 아동은 유머감각이 있는가?
저항	• 저항의 수준은 어떠한가? • 저항은 아동에게서 어떻게 드러나는가? • 아동은 신경증의 어떤 층에서 기능하는가?
정서적 표현	• 아동은 감정이 무엇인지 아는가? • 아동은 행복, 슬픔, 분노, 두려움과 같은 기본적인 감정을 표현할 수 있는가? • 아동은 자신의 감정에 대한 이유를 찾아낼 수 있는가? • 아동의 감정 표현은 적절한가? • 아동은 감정을 표현할 수 있는가? • 아동은 치료자, 자신의 가족 그리고 친구에 대한 자신의 감정을 어떻게 처리하는가? • 아동은 자신의 분노 감정을 어떻게 처리하는가? • 아동은 다뤄져야 할 깊은 슬픔이나 분노와 관련된 오래되고 드러내지 않은 미해결 감정이 있는가?
인지적 측면	• 아동은 자신의 감정과 사고를 표현할 수 있는가? • 아동의 언어적 기술은 어떠한가? • 아동은 지시를 따르고, 게임을 하고, 선택하고, 문제를 해결하고 구조화할 수 있는가? • 아동은 자기 자신의 생각과 의견을 가지고 있는가? • 아동이 하는 말은 이치에 맞는가? • 아동은 연령과 관련된 추상적 개념과 상징을 사용하는가? • 아동은 옳고 그름에 대한 감각이 있는가?
창의성	• 아동은 창의적인 기법에 솔직하고 스스럼없이 참여할 수 있는가? • 아동은 새로운 것을 시험할 수 있는가? • 아동이 내성적이고, 제한적이며, 방어적인가?
자기감	• 아동은 어느 정도의 자기 알아차림과 자기성찰이 있는가? • 아동은 다양한 투사적 기법들로부터 자신의 투사를 소유할 수 있는가? • 아동이 자기 자신을 비난하는가? • 아동이 자기 비판적이며, 자기에 대해 확신이 없고, 수용받기를 원하는가? • 아동은 자신에 대해 진술할 수 있는가? • 아동은 선택할 수 있는가?

주 평가항목	하위 요소
자기감	• 아동은 자기주장적인가 혹은 자기억제적인가? • 아동은 부모로부터 분리될 수 있는가? • 아동은 융합 행동을 드러내 보이는가? • 아동은 힘겨루기를 하는가? • 아동은 연령에 따른 숙달감을 가지고 있는가?
사회적 기술	• 아동의 삶에서 다른 사람들과의 관계는 어떠한가? • 아동은 친구가 있는가? • 아동은 독립적인 사고와 행동을 보이는가? • 아동은 자신의 욕구에 대한 환경적인 지지가 있는가? • 아동은 자신의 욕구를 어떻게 충족시키는가? • 아동은 연령에 맞는 자아중심성이 있는가?
과정	• 아동은 어떻게 세상에 자신을 표현하는가?(조용히, 시끄럽게, 공격적으로, 수동적으로, '아주 좋아', 리더, 추종자 등) • 아동은 빠른 편인가 느린 편인가?(p. 93.2) 아동의 과정 평가하기) 참조 • 아동은 내향적인가 외향적인가?(p. 93.2) 아동의 과정 평가하기) 참조 • DISC 기질분석에 따른 아동의 기질은 무엇인가?(p. 93.2) 아동의 과정 평가하기) 참조 • 아동은 자신의 부모, 형제, 친구, 선생님에게 어떻게 행동하는가? • 아동은 어떤 행동을 드러내 보이는가? • 아동은 자신의 욕구를 충족시키고 자기감을 얻기 위해 어떤 방식으로 시도하는가? • 치료회기에서 벌어지는 일들과 바깥에서 벌어지는 일들이 일치하는가?

이 지침은 전체론적 자기의 다양한 측면을 고려하여 게슈탈트 이론적 접근법에 따라 아동을 전체적으로 평가한다. 이러한 측면들은, Oaklander의 모델에 따라, 과정에 대한 아동의 알아차림을 높이기 위해 주의를 기울여야 하는 치료과정 단계들과 밀접한 관련이 있다. 이 지침은 모든 게슈탈트 놀이치료 세션에서 다양한 주요 측면 및 하위 구성요소에 대한 아동의 과정을 평가하는 데 사용될 수 있다.

1) 게슈탈트 놀이치료 중 아동을 평가하는 실제적인 방법

〈표 2-1〉에서 언급된 측면들을 평가하기 위해 게슈탈트 놀이치료 과정에서 사용할 수 있는 실제적인 놀이 기법들이 많이 있다. 평가를 할 때, 치료자는 평가의 목표가 무엇인지 명심해야 한다. 게슈탈트 놀이치료에서 평가의 목표가 그저 아동에게서 특정 정보를 얻는 것은 아니라는 점을 기억하는 것이 중요하다. 평가의 목표는 게슈탈트 놀이치료의 세 가지 목적을 토대로 한다. 즉, 자신의 과정에 대한 아동의 알아차림 수준, 아동의 자기지지 수준, 그리고 통합된 전체가 아니라 파편화된 방식으로 기능하게 하는 아동의 미해결 과제를 알아내는 것이다. 따라서 평가를 목적으로 한 어떤 기법을 적용할 때, 치료자는 아동이 특정 활동에 참여할 만큼 충분히 안전함을 느끼는지 확인해야 한다. 평가는 현재 진행 중인 과정이고 처음 몇 회기가 본질적으로 좀 더 평가적일지라도, 실제로 모든 회기의 일부가 된다. 치료자는 각기 다른 측면들을 평가하는 방식을 결정하는 데 창의적일 수 있다. 그러나 저자는 치료의 시작단계에서 아동을 평가하는 데 특히 도움이 되었던 특정 기법들이 있음을 발견하였다. 그러한 기법은 아래에 간략히 설명되어 있다.

(1) 동물 카드

게슈탈트 놀이치료자는 모든 종류의 동물들이 그려진 자신만의 평가카드를 만들 수 있다. 각 카드의 뒷면에는 다음과 같은 질문이 쓰여 있다.

- 앞으로 네게 일어날 일들에 대해 세 가지 소원이 이뤄진다면, 무엇이면 좋겠어?
- 네가 했던 가장 버릇없는 행동이라면 뭘까?
- 겁낼 이유가 없다는 것을 알고 있는데도 겁나는 것은 뭐야?
- 너에게 일어났던 일 중 가장 큰 행운은 뭐야?
- 만일 엄마나 아빠가 이제 학교 안 가도 된다고 하신다면, 그렇게 할 거니? 학교에서 가장 싫은 건 뭐야? 가장 좋은 것은?
- 만일 가족 모두가 너의 생일을 잊었다면 어떨 것 같아? 그리고 어떻게 할 거야?

- 만일 네 부모님께 너에게 더 좋은 부모가 될 수 있는 방법 한 가지를 알려 드린다면, 뭐라고 말씀 드리고 싶어?
- 네가 오후 동안 가장 차근차근 살펴보고 싶은 방은 누구 방이야?
- 너의 가장 친한 친구는 누구야?
- 가장 최근에 어리석거나 바보 같은 짓을 했다는 생각이 들어서 네 자신을 비웃었던 때가 언제야?
- 부모님이 네 가장 친한 친구가 너에게 나쁜 영향을 주고 있으니 더 이상 같이 놀지 말라고 하신다면, 기분이 어떨 것 같아?
- 너를 가장 화나게 했던 것에 대해 말해 주렴.
- 너는 차라리 규칙이 전혀 없는 편이 낫겠어? 아니면, 지금 가지고 있는 규칙에 따라 사는 게 낫겠어?
- 네가 돈이 아주 많아서 원하는 대로 쓸 수 있다면, 그 돈으로 뭐 할 거야?
- 네 친구들은 너의 어떤 점을 가장 좋아하니?
- 네가 하루 동안 투명인간이 될 수 있다면, 뭐 할 거야?
- 네 모습 중에서 한 가지를 바꿀 수 있다면, 그것은 뭘까?

치료자와 아동은 차례로 카드를 하나씩 집어서 질문을 읽은 후 각자 특정 질문에 대답하면 토큰을 한 개씩 갖는다. 따라서 아동은 질문에 대답하지 않아도 되지만, 그러면 아동은 토큰 한 개를 받지 못한다. 가장 많은 토큰을 가진 사람이 승자가 된다. 아동은 게임을 이기는 것에 아주 관심이 많아서 질문에 편하게 대답한다.

(2) 그래픽 가족 묘사

그래픽 가족 묘사(graphic family portrayal)는 가족 묘사하기의 수정된 형태이며, 이는 1980년대에 Venter가 개발하였다. 이 기법을 사용하여, 각 가족구성원은 가족과 함께 각 구성원을 원으로 표시하여 한 장의 종이에 가족을 그린다(Venter, 1988).

저자는 이 방법이 5세 정도의 어린 아동에게 적용될 수 있음을 보았다. 이는 다음과 같은 방식으로 적용된다.

- 아동은 자기 가족을 한 사람씩 빈 원으로 그려야 한다. 마치 머리처럼 그리지만 눈, 코, 입은 없이.
- 그다음 아동에게 "가족 각각은 이들 중 누구에게 가장 많은 시간을 보이니?"라고 질문한다. (더 어린 아동에게는 누가 누구와 가장 많은 시간을 보내는지 물어보는 것으로 바꿀 수 있다.)
- 다음, 아동에게 가족 각자는 대부분의 시간 동안 무엇을 하는지 묻는다. (아동은 종종 엄마 아빠 둘 다 항상 일한다고 답할 것이다.)
- 여섯 가지 감정(행복, 슬픔, 화남, 피곤함, 질투, 두려움)이 담긴 감정 카드를 아동에게 보여 주고 각각의 이름을 지어 주게 한다. 그다음 아동에게 가족구성원들이 대부분의 시간을 어떻게 느끼는지 묻는다. 이것에 대답하면서, 아동은 또한 특정한 사람의 빈 원에 특정한 감정을 그려야 한다. 만일 아동이 모두가 행복해요라고 빠르게 대답한다면, 저자는 "네가 기억하는 엄마/아빠 등등(다른 가족구성원들)이 행복하지 않았거나 화가 났던 때를 한 가지만 나에게 말해 줘."라고 물으며 양극성을 가지고 작업할 것이다.
- 이 기법의 한 부분으로, 아동은 동물 카드에 각 가족구성원을 할당하여 그 동물이 되도록 한다. 즉, 아동이 자신의 아빠를 사자로 골랐다면, 아동은 "나는 사자다. 나는 싸우기를 좋아하고 모든 사람들을 물기를 좋아해. 나는 항상 화가 나 있으며 모든 사람들은 나를 무서워하지."라고 말할 수 있다.
- 아동은 이후 아빠와 사자 사이에 비슷한 점이 있는지 들을 것이다. [그림 2-1]은 13세 아동이 그래픽 가족 묘사를 하며 자신의 가족을 그린 것이다.

> [그림 2-1]을 그린 아동의 계부와 엄마는 결혼생활이 좋지 않았으며 소녀도 계부와 사이가 좋지 않았다. 소녀는 아기인 남동생이 계획되지 않은 임신이었기 때문에 거부당했다고 느꼈다. 소녀의 엄마는 재혼한 남편과의 갈등으로 슬펐다. 계부는 대부분의 시간에 화가 나 있었는데, 왜냐하면 모든 사람들과 싸우고 있었기 때문이다.

대안으로, 또한 아동에게 무언가를 함께 하고 있는 가족을 그려 보라고 할 수 있다. 아동이 끝내면, 치료자는 아동에게 그림 안에서 무슨 일이 일어나고 있는지 설명해 달라고 요청한다. 가족 구성체계와 그 가족이 운영되는 방식에 대한 추가적인 정보를 얻기 위해 질문을 할 수 있다. 예를 들어, 한 아동이 함께 저녁을 먹고 있는 가족을 그린다면, 치료자는 다음과 같이 물을 수 있다. "네가 아빠 옆에 앉아 있구나. 항상 그러니?" "너는 아빠 옆에 앉아 있는 것을 좋아하니?" "이 그림에서 너는 정말 화나 보이네. 화가 났니?" 마치기 전, 치료자는 아동에게 이 그림에 대해 더 쓸 것이 있는지 물어볼 수 있다(Hobday and Ollier, 2002). 게슈탈트 관점에서 이러한 활동을 할 때 양극성에 초점을 두는 것이 중요하다. 아동이 긍정적인 관점만을 드러내면, 치료자는 항상 이러는지를 물어볼 수 있고 그리고 아동에게 이러지 않았던 경우를 한 가지 생각해 보라고 할 수 있다. 다음은 예시이다. "이 그림에서 항상 웃고 있는 네가 보이네. 너희 집에서는 모두가 항상 행복하니? 네가 화나고/슬프고/무서웠던 적에 대해 말해 줄 수 있겠니?"

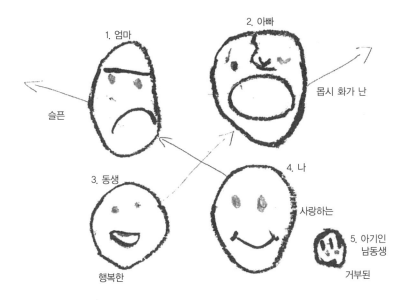

[그림 2-1] 아동의 가족 그림

(3) 장미 덤불 판타지

Oaklander(1988)와 Thompson과 Rudolph(1996)는 다음과 같이 장미 덤불 판타지를 설명한다.

아동은 눈을 감고 자신이 장미 덤불이라고 상상한다. 그다음 아동은 다음과 같은 질문을 받는다.

- 너는 어떤 종류의 장미 덤불이니? 강하니? 아니면 약하니?
- 너의 뿌리상태는 어때? 뿌리가 깊게 있어? 아니면 얕게? 아니면 하나도 없니?
- 네 덤불에는 꽃이 있니? 있다면, 그 꽃은 장미니?
- 얼마나 많은 장미를 가지고 있어? 많이? 몇 개만?
- 너의 장미는 어떤 색이야?
- 너는 얼마나 많은 가시를 가지고 있어? 많이? 몇 개만?
- 너의 잎은 어떻게 생겼어?
- 주변 환경은 어떻게 보이니?
- 너는 어디에 서 있어? 정원에? 도심지에? 사막에? 바다 한가운데?
- 네 주변엔 무엇이 있어? 다른 장미나 꽃들이 있니? 아니면 거기 혼자 서 있어?
- 네 주변에 다른 사람이나 동물들이 있니?
- 너는 장미 덤불처럼 보이니?
- 네 주변에 울타리 같은 것이 있어?
- 장미 덤불이 된 기분은 어때?
- 너는 어떻게 살아남았어? 누가 너를 돌봐 주었니?
- 네 주변의 날씨는 어때?

이 아동은 그다음 자신의 장미 덤불을 치료자에게 현재시점에서 마치 자신이 장미 덤불인 것처럼 말한다. 치료자는 아동이 기술한 것을 받아 적는다. 받아 적은 것을 아동에게 읽어 주고 아동은 기술된 하나하나가 얼마나 자신의 삶과 맞는가를 묻는 질문에 답한다. 더 어린 아동은 자신의 투사를 소유하려면 도움이 필요하다. 따라서 치료자는 "이것일 수 있을까"라는 질문을 해야 한다. 예를 들어, "이 장미 덤불이 여기 사막에서 내내 혼자 서 있는 것처럼 너도 가끔씩은 외롭다고 느낄까?" [그림 2-2]는 위탁아동의 장미 덤불 그림이다.

자신의 장미 덤불을 설명하며, [그림 2-2]를 그린 아동은 비록 나는 혼자 서 있지만, 두 마리의 개와 장미 덤불을 빙 둘러 울타리가 있다고 말했다. 또한 자신을 보호할 수 있는 아주 뾰족한 가시도 있다고. 그러더니 아동은 말했다. 자기 주변의 모든 장미 덤불은 죽었거나 다쳤다고. 그래서 자신을 보호하기 위해 뾰족한 날이 있는 높은 울타리가 필요하다고. 아동은 자신을 다치게 하려는 아이들로부터 보호가 필요하다고 느꼈고 그의 양부모가 자신을 보호하고 있다는 것을 느꼈다고 말했을 때 자신의 투사를 소유했다(Blom, 2000, p. 415). 이 투사에서 아동이 보호받을 필요가 있음이 분명했는데, 이는 아마도 아동이 원 가족에게서 신체적으로나 정서적으로 보호받지 못하고 그의 욕구가 충족되지 않았기 때문에 그랬을 것이다.

[그림 2-2]　7세 아동의 장미 덤불 그림

(4) 안전한 장소 판타지

안전한 장소 판타지는 판타지를 사용하여 아동에게 자기관리(self-maintenance)와 자기양육 공간을 만들 기회를 준다(Oaklander, 1999a).

아동은 편안한 상태로 눈을 감고, 다음의 유도된 판타지로 이끌어진다.

안전한 장소로 갈 수 있다고 상상해 보세요. 여기는 당신의 과거에서 기억나는 장소이거나 당신이 지금 살고 있는 장소일 겁니다. 여기는 또한 당신이 당신을 위해 만든 장소일 수도 있습니다. 달 위가 될 수도 있고요. 어디든 될 수 있습니다. 당신이 이미 알고 있던 장소나 당신을 위해 더 좋게 만들고 싶은 장소일 수도 있습니다. 당신이 그 장소에 갈 수 있다고 상상해 보세요. 주변을 둘러보세요. 그곳은 어떻게 보이나요? 당신은 무엇을 보고 듣나요? 어떤 냄새가 나고 어떤 맛이 나나요? 안전한 장소에서 당신은 무엇을 하나요? 당신이 준비되었을 때, 저는 당신이 당신의 안전한 장소를 그리길 원해요. 아무도 그것을 이해할 필요는 없어요. 어떤 선, 모양, 색깔로도 가능해요.

이후 아동과 이 그림에 대해 얘기한다. 아동에게 양극성, 즉 안전하지 않은 장소를 그리라고 한 다음 안전한 장소와 안전하지 않은 장소에 대해 한 줄로 적으라고 할 수도 있다.

양극성에 초점을 둔 또 다른 기법은 두 장을 아동에게 건네주고 한 장에 지금 자신의 삶은 어떤지를 그리고 또 다른 한 장에는 자신의 삶이 어떻게 되길 원하는지 그려 보라고 한다. 그러면 아동은, 예를 들어, "나는 강이에요, 평화롭고 조용하며, 사람들이 나를 보러 오는 게 좋아요."처럼, 그것이 되어 봄으로써 그려진 각각에 대해 서술한다. 그다음 아동이 지금 여기에서 자신의 투사가 자신의 삶과 어떻게 맞아떨어지는지 발견하게 한다. 예를 들어, 치료자는 "너는 너의 생활도 강같이 평온하고 조용하다고 느끼니?"라고 질문할 수 있다. [그림 2-3]은 아동이 그린 안전한 장소이다.

[그림 2-3] '나의 안전한 장소는 할아버지 농장'

(5) 가족 질문

Hobday와 Ollier(2002)는 다른 가족구성원들의 역할을 평가하기 위한 흥미로운 방식을 제시하였다. 이들은 치료자가 각 카드마다 각기 따로 가정생활에 대한 질문들을 적도록 제시했다. 질문들이 특정 아동이 사용하는 단어 및 그의 가정생활과 잘 맞는지 확인하는 것이 중요하다. 따라서 치료자는 몇 가지 질문들을 특정 아동에 맞춰 각색할 수 있다. 질문들의 예시는 다음과 같다.

가족구성원 중, 누가

- 가장 책을 많이 읽니?
- 가장 동물들을 좋아하니?

- 네가 슬플 때 너를 행복하게 해 주니?
- 가장 꼭 안아 주니?
- 가장 먼저 일어나니?
- TV를 가장 많이 보니?
- 침실을 가장 깔끔하게 하니?
- 너를 가장 웃게 하니?
- 너를 가장 무섭게 하니?
- 너와 싸우니?
- 너를 데려다주니?
- 네 자신을 스스로 돌보는 법에 대해 가르쳐 주니?
- 너를 벌주니?
- 네가 안전하다고 느끼게 해 주니?
- 너에게 용돈을 주니?
- 너를 사랑하니?
- 너와 놀아 주니?
- 학교숙제를 도와주니?
- 네 말을 들어주니?

이 질문들은 모자 안에 들어 있으며 치료자와 아동이 차례로 하나씩 집어서 질문에 대답한다. 치료자는 치료자의 차례이더라도 아동이 질문에 대답할 수 있도록 용기를 북돋아 준다. 각자가 질문에 대답하면 토큰을 하나씩 얻거나, 선택적으로 어떤 질문은 2점, 어떤 질문은 1점을 받도록 함으로써 이 활동이 게임처럼 됐을 때 아동이 조금 더 흥미 있어 함을 보았다. 이는 선택과 관련된 부분인데, 선택과 관련된 측면은 아동의 힘을 북돋아 주고 삶의 통제력을 되돌려 주기 위해 게슈탈트 놀이치료 동안 지속적으로 이뤄져야 할 중요한 이슈이다. 점수가 가장 많거나 토큰이 가장 많은 사람은 그다음에, 예를 들어 그 회기의 남은 시간 동안에 할 활동을 선택할 수 있다.

2) 아동의 과정 평가하기

아동의 과정을 평가할 때, 아동의 과정은 그들이 자신을 세상에 보여 주는 방식 그리고 자신의 욕구를 충족하는 방식을 나타낸다는 것을 기억하는 것이 중요하다. 아동의 과정을 평가할 때 주목해야 하는 점은 아동 고유의 기질이다. Papalia, Olds와 Feldman(1999, p. 237)은 기질이란 "한 사람이 사람과 상황들에 접근하고 반응하는 그 사람만의 특징적인 방식"이라고 정의하였다. 기질은 본질보다는 행동의 방식으로 설명될 수 있다. 저자는 아동의 과정을 알기 위한 도움을 얻기 위해 DISC 기질분석을 사용한다. DISC 기질분석은 아동에게 꼬리표를 붙이기 위해 사용되는 것이 아니라, 아동의 타고난 성격과 자신의 욕구를 충족시키는 방식을 더 잘 이해하기 위한 지침으로 사용되어야 한다. 기질분석에 관한 간략한 설명이 아래에 이어진다(Boyd, 1994).

- 아동은 속도가 빠르거나 느릴 수 있고, 과제지향적이거나 사람중심적일 수 있다.
- 속도가 빠른 성향의 아동은 항상 활동적이고 외향적이다. 이러한 아동은 외부환경에 대한 자신의 행동에 초점을 맞춘다.
- 속도가 느린 성향의 아동은 내향적이고, 좀 더 조용하고, 수줍어하고, 속마음을 잘 드러내지 않고, 느리며, 자립적인 경향이 있다.
- 과제 지향적인 아동은 무언가를 하는 데 초점을 둔다. 이러한 아동은 자신의 활동을 계획하고, 의견과 느낌보다는 사실과 데이터에 근거해서 결정한다.
- 사람 중심적인 아동은 사람들과 함께하는 것에 초점을 두고, 좀 더 편안하고, 따뜻하고, 매력적이며, 배려한다.
- 속도가 빠른 성향이고 과제 중심적인 아동은 D(지시적이며/단호한) 행동 스타일이다.
- 속도가 빠른 성향이고 사람 중심적인 아동은 I(상호적이며/영향을 미치는) 범주에 해당한다.

- 속도가 느린 성향이고 사람 중심적인 아동은 S(지지적이며/인정이 많은) 범주에 해당한다.
- 속도가 느린 성향이고 과제 중심적인 아동은 C(잘못된 것은 바로잡으려고 애쓰며/성실한)로 설명될 수 있다.

각 범주는 확실하고 우세한 특징들을 포함하며, 〈표 2-2〉에 요약되어 있다. 놀이치료자는 아동의 행동을 몇 회기 동안 관찰함으로써 아동의 기질을 평가할 수 있다. 아동은 한 가지 유형 이상의 특징을 보일 수 있다.

〈표 2-2〉 DISC 분석에 따른 아동의 주요 특징들

지시적인 아동(D)	상호적인 아동(I)	지지적인 아동(S)	잘못된 것은 바로잡으려 애쓰는 아동(C)
자신감이 높은 용기 있는	사람 중심적인 감정적인	변함없는 협동작업을 잘하는	높은 기준을 유지함 중요한 디테일에 세심히 주의를 기울임
결과 지향적인	말하기를 좋아하는	익숙함을 선호하는	특정 방식으로 열심히 행동하도록 스스로 자신을 통제할 수 있는
요구적인	재미를 추구하는	기꺼이 돕는	신중한
경쟁적인	낙관적인	헌신적인	분석적인
변화 주도적인	즉흥적인	실용적인	매우 직관적인
직접적인	사회적 수용을 추구하는	겸손한	완벽주의자

출처: Boyd(1994, pp. 51-84) and Rohm(1998, pp. 29-32).

아동의 특정 기질에 따라, 아동은 놀이치료 중에 자신의 독특한 욕구를 충족시키는 방법으로 특정 방식의 반응을 보일 수 있다. 게슈탈트 놀이치료 동안 모든 기질 그룹이 반응할 수 있는 욕구와 방식은 아래에 제시된다.

(1) 게슈탈트 놀이치료에서 지시적인 아동(D)에 대처하기

지시적인 아동은 보통 의지가 강한 아동으로 설명되며 쉽게 자기중심적으로

될 수 있다. 이 아동은 갈등상황에서 공격적인 경향이 있다. 이 아동은 아주 독립적이며 놀이치료자에게 자기 스스로 무언가를 할 수 있다고 쉽게 말할 것이다. 이들의 가장 큰 욕구는 상황에 대한 통제감을 느끼는 것이다.

　이러한 아동은 보통 자연스럽게 도전하고 자신에게 부과된 구조에 맞서 저항한다. 그러므로 그들은 종종 통제감을 느끼기 위해 (긍정적이든 부정적이든) 행동으로 드러낼 것이다. 게슈탈트 놀이치료자는 D 아동의 이러한 욕구에 주목하는 것이 중요하다(Boyd, 1994; Voges and Braund, 1995).

　8세의 지시적인 아동이 언젠가 그의 '고집' 때문에 저자에게 치료받으러 오게 되었다. 추가적인 탐색을 통해 알아본 결과, 내담모도 이 그룹유형에 속한다는 것을 알게 되었고, 둘 사이에 엄청난 힘겨루기가 일어났음을 분명히 알 수 있었다. 모에게 이 점을 설명하고 모가 자녀의 통제하고자 하는 욕구를 충족시켜 주도록 방법을 제시하였더니, 모와 아동 사이의 관계가 상당히 개선되었고 치료가 종결될 수 있었다.

　그들의 통제 욕구를 충족시키는 한 가지 방식은 이러한 아동들에게 많은 선택지를 주는 것뿐만 아니라 지향해야 할 구체적인 목표를 주는 것이다. 지시적인 아동은 또한 어떻게 천천히 속도를 늦추고 이완시키는지를 배울 필요가 있다. 이러한 아동은 신체활동에 대한 욕구가 있으며 따라서 크리켓(야구놀이의 일종)경기를 하거나 온갖 종류의 신체동작과 같은 활동을 아동과 치료적 관계를 쌓고 접촉을 만드는 단계의 한 부분으로 사용할 수 있다. 이러한 아이들은 경쟁적인 요소가 있는 게임들, 예를 들어 찰흙 던지기 대회와 같은 게임을 즐기며, 종종 재빨리 통제하고, 치료자에게 규칙이 무엇이고 어떻게 게임을 해야 하는지 말해 준다.

(2) 게슈탈트 놀이치료에서 상호적인 아동(I)에 대처하기

　상호적인 아동은 놀이치료에서 꿈을 꾸고 공상하기를 좋아한다. 이들은 말하기를 좋아하기 때문에 치료자와 자신의 생각, 감정에 대해 말하는 것에 어려움이 없다. 상호적인 아동은 아주 재미있는 것을 좋아하여 놀이치료에서 재미있는 활동들을 즐길 것이다. 이러한 아동은 개인의 인정과 사회적 수용에 높은 욕구를 가지고 있어 이들의 가장 큰 두려움은 사회적 거부이다. 따라서 치료자는 놀이치료에서 호의적이며 친근한 환경을 만드는 것이 중요하다. 치료자는 냉정하고, 거리를 두거나 정 없이 대해서는 안 되는데, 이러한 아동은 자신에게 무언가 잘못된 것이 있다고 쉽게 결론 내리기 때문이다(Boyd, 1994; Voges and Braund, 1995).

이러한 아동은 치료자에게 그들이 그리거나 색칠을 얼마나 잘했는지를 자주 물어볼 것이다. "네 그림이 얼마나 아름다운지 보렴,"과 같은 칭찬 반응은 일반적으로 게슈탈트 놀이치료에서 사용하지 않는다. 왜냐하면 이는 아동에게 그들의 그림이 아름답게 잘 그려졌다는 것이 중요하다는 메시지를 줄 수 있기 때문이다. 치료자는 오히려 다음과 같은 격려 반응을 사용할 것이다. "네가 이 그림 그리기를 즐거워했다는 것을 알 수 있어." 상호적인 아동은 놀이치료를 하는 동안 말을 편하게 할 것이며 실제로 외향적이다.

(3) 게슈탈트 놀이치료에서 지지적인 아동(S)에 대처하기

지지적인 아동은 인정이 많다. 이 아동은 조용하며 느긋한 경향이 있지만 타인을 즐겁게 하는 것에 관심이 있다. 이 유형의 아동은 기꺼이 남을 도우려 하기 때문에 때로는 선택하는 데 어려움을 겪기도 하며, 예를 들면, 치료자와 같은 다른 사람을 즐겁게 해 주려는 선택을 하기도 한다(Boyd, 1994; Voges and Braund, 1995).

치료에서 아동이 먼저 선택을 하도록 돕는 것이 중요하다. "파스텔로 그리고 싶니, 아니면 크레파스로 그리고 싶니?"와 같은 선택들이 초기에는 훨씬 용이하다. 지지적인 아동은 가족의 불안정에 취약하며 갈등을 싫어한다. 이들은 내성적이기 때문에 쉽게 자신의 감정을 표현하지 않아서 놀이치료자는 이 아동이 자신의 감정을 표현하기에 충분히 안전하다고 느끼는 치료적 관계를 쌓는 데 특별한 주의를 기울여야 한다. 지지적인 아동은 때때로 치료자와 의견이 일치하지 않아도 됨을 격려해 주는 것이 더 중요한데, 이는 아동의 자기감을 강화하고 의견이 다르더라도 치료자와 자신의 관계가 훼손되지 않는다는 점을 알도록 돕기 위해서다. 모든 아동에게 중요하겠지만, 치료자가 이 유형의 아동과는 약속을 지키기 위해 노력을 기울이는 것이 극히 중요하다. 예를 들어, 치료자가 아동을 위해 어떤 것을 준비해 두기로 약속했으나 그렇게 하지 못했을 때와 같이, 치료자가 약속 이행을 하지 못하는 어떤 일이 생긴다면, 이 아동은 실망감을 견디기 몹시 힘들 것이다.

(4) 게슈탈트 놀이치료에서 잘못된 것은 바로잡으려 애쓰는 아동(C)에 대처하기

잘못된 것은 바로잡으려 애쓰는 아동은 정말로 내성적이며 놀이치료에서 종종 아주 조용한 경향을 보인다. 놀이치료자는 아동을 조심스럽게 아동의 껍데기 밖으로 꺼내는 것이 중요하다. 이 아동에게 '무엇을 느끼니?'라고 물어보기보다는 '무슨 생각을 하고 있니?'라고 묻는 것이 때로는 도움이 된다. 이러한 유형의 아동은 느린 타입이어서 누군가 밀어붙이거나 빨리하라고 재촉하는 것을 싫어한다(Boyd, 1994). 아동은 일을 완수하기까지 많은 시간을 필요로 하는데 이는 자신이 제대로 하고 있는지를 확실하게 확인하고 싶어 하기 때문이다. 이 점이 종종 놀이치료에서 문제를 만드는데, 왜냐하면 제대로 하거나 예쁘게 만드는 것이 중요한 것이 아니기 때문이다. 놀이치료자가 아동에게 그림 그리는 데 딱 10분의 시간만 허락된다거나, 3살 때처럼 그려야 한다고 말하더라도, 아동은 완벽하게 하지 않으면 좌절감을 느끼게 된다.

> 8세의 한 소년은 자신이 그린 괴물이 제대로 그려지지 않았다고 말하고서 울기 시작했고 세 번이나 다시 그리고 싶어 했다. 저자가 아동에게 우리는 그냥 놀고 있는 것이기 때문에, 어떻게 보이든지 상관없다고 몇 번이고 확실하게 말해 준 뒤였는데도.

따라서 잘못된 것은 바로잡으려 애쓰는 아동은 자신이 불완전하고 결점이 있더라도 견뎌 낼 수 있도록 반드시 도와줘야 한다. 놀이치료자는 이러한 아이들에겐 반응을 요구하기 전에 시간을 주어야 한다. 왜냐하면 이 유형의 아동은 그들이 하는 모든 것에 너무 진지하기 때문에, 때로는 다른 사람들이 그들이 걱정하는 것을 놀린다.

> 어느 날 이 유형에 속한 한 소년이 저자에게 놀이치료를 받으러 오게 되었는데, 그가 초등학교 6학년 수학을 이해할 수 없을 것 같아 힘들어하는 악몽을 꾸고 있었기 때문이었다. 그때 당시에 그 소년은 초등학교 1학년이었다.

잘못된 것은 바로잡으려 애쓰는 아동은 세부적인 것에 너무나 초점을 맞추기 때문에 때때로 큰 그림을 보지 못한다. 이들은 아주 민감하며 그들에게 일어나는 모든 일을 심각하게 받아들인다. 예를 들어, 자신이 준비한 시험에서 점수를 제대로 받지 못한 경우처럼, 자신의 목표에 도달하지 못한다면 이들은 매우 부정적으로 될 수 있다.

결론적으로 놀이치료를 받기 위해 오는 모든 아동은 자신의 과정의 일부를 형성하는 특정의 타고난 존재방식을 가지고 있다는 사실에 주목하는 것이 중요하다. 어떤 아이들은 자유롭게 그들 자신이 될 수 있다고 느끼지만, 대부분의 아이들은 있는 그대로 존재하는 것이 허용되지 않는다는 메시지를 받았을 때 내면화한 부정적인 메시지(내사)로 인해 진짜 자기를 알지 못한다. 이러한 아동은 보통 자신의 욕구를 충족시키기 위해 접촉경계장애를 사용하며 치료과정이 시작될 때 자신이 특정 역할을 수행해야 했던 허위층에서 활동한다. 따라서 치료자는 아동이 자신의 역할을 알아차릴 수 있고 그러한 역할에 관해 특정한 선택을 할 수 있는 과정을 반드시 촉진해야 한다. 아동은 그들이 창조된 방식대로 존재하게 될 때만 실제로 행복해질 수 있다고 믿는다.

4. 치료계획 세우기

〈표 2-1〉에서 논의된 게슈탈트 놀이치료 평가 지침에 따라 아동을 평가한 후,

치료계획을 세우는 것이 중요하다. 치료계획을 세울 때 주의를 기울여야 하는 점은 아동의 나이와 구체적인 발달 수준, 아동 고유의 기질 그리고 아동의 트라우마 및 삶의 경험들과 관련된 특정 이슈들이다. 아동의 발달 수준을 평가할 수 있으려면 게슈탈트 놀이치료자는 아동발달에 관한 철저한 이론적 지식을 갖춰야 한다. 예를 들어, Erikson의 모델에 따르면, 첫 번째 발달 단계에서는 아동이 자기 자신, 주 양육자 그리고 아동을 둘러싼 세계를 신뢰하도록 배우는 것이 필요하다. 만일 신뢰가 불신보다 우세하다면 아동은 자신의 욕구를 충족시키고 자신이 바라는 것을 얻을 수 있다는 희망을 발달시킨다(Papalia et al., 1999). 자신의 주 양육자와 좋은 정서적 유대를 만들 기회가 없었던 아동은 타인을 신뢰하는 것이 어렵다. 이는 이후의 삶에서 관계문제를 만드는 원인이 될 수 있다. 따라서 치료 목표 중 하나는 아동과 나-너 관계를 만드는 것을 시작으로 이러한 이슈들을 다루는 것이다.

앞서 언급된 점들을 결정한 후, 게슈탈트 놀이치료자는 나-너 관계 수립하기, 접촉을 하기(contact-making)와 아동의 자기지지, 감정 표현, 자기양육, 그리고 지속되는 아동의 부적절한 과정에 집중하기에 관한 구체적인 목표를 설정한다. 예를 들어, 아동이 만일 접촉을 하는 것에 어려움을 겪는다면, 목표들 중 한 가지는 아동이 접촉을 하는 것과 접촉을 하는 기술에 집중하는 것이 될 수 있다. 아동의 저항과 접촉경계장애 또한 아동이 욕구를 충족시키는 방식이자 환경에 대처하는 방식이기 때문에 심도 있게 살펴봐야 한다.

저자의 임상 경험에서, 게슈탈트 놀이치료에 와서 증상 행동을 보이는 모든 아동은 자신의 욕구를 충족시키기 위해 적어도 하나의 접촉경계장애를 사용하는 것으로 보였다. 둔감화된 아동은 핑거페인팅, 모래 만지기, 그리고 3장에 설명된 여러 활동들과 같은 많은 감각적 경험들이 필요하다. 융합관계에 있는 아동은 차이점과 비슷한 점에 대한 알아차림을 강화시키고, 3장에서 설명된 자기작업(self-work)을 통해 자기감을 강화시킬 필요가 있다. 반전을 하는 아동은 자신의 공격적 에너지와 접촉하고, 신체작업을 함으로써 그리고 4장과 5장에 설명된 기법들로 정서적 표현을 하도록 도움을 줌으로써 '행동으로 드러내도록' 도울 필요가 있다. 아동이 투사를 할 경우, 4장과 5장에 설명된 것처럼, 이러한 투사를 '소유하도록' 게슈탈트 놀이치료를 통해 도울 수 있다. 많은 내사를 가진 아동은 파편화된 양극성에 초점을 맞추도록 도울 필요가 있으며, 5장에 설명된 것과 같이 자기양육작업 또한 필요하다.

아동을 평가할 때 중요한 또 다른 측면은 아동의 발달사 및 양육사와 관련된 특정 이슈들 가령, 아동학대, 이혼, 가정폭력, 유기, 우울, 주의력결핍 과잉행동장애 또는 아동이 경험했던 어떤 상실이나 트라우마와 같은 이슈들을 살펴보는 것이다. 각각의 이러한 이슈들은 게슈탈트 놀이치료에서 적용될 수 있는 일반적인 이슈들을 포함한다. 예를 들면, HIV/AIDS(인체 면역결핍 바이러스/후천성 면역결핍증)가 있는 아동은 질병의 어떤 단계에서 구체적인 상실을 경험했을 수 있다. 상실이나 트라우마에 노출된 아동은 일반적으로 발달단계와 자신의 환경에 따라 특정 방식으로 반응할 수 있다. 이러한 아동은 미해결된 과제를 완결하기 위해 구체적인 과제들을 끝까지 해낼 필요가 있다. 자세한 내용은 6장과 7장에서 논의된다.

마지막으로, 게슈탈트 놀이치료자는 아동이 자신의 욕구를 충족시키기 위해 어떤 방식을 시도하는가를 알아내고자, 아동의 구체적인 행동과 증상을 살펴본다. 이는 보통 아동이 사용하는 접촉경계장애를 보여 준다.

결론적으로, 게슈탈트 놀이치료 동안 아동을 평가할 때, 그리고 치료자가 치료계획을 세울 때, 아동의 건강한 유기체적 자기조절, 통합된 기능, 자기지지와 자신의 과정에 대한 알아차림에 영향을 미칠 수 있는 모든 측면을 고려하여 전체론적인 방식으로 하는 것이 중요하다(게슈탈트 놀이치료에서 전체론적인 관점으로 아동을 평가하고 치료하는 과정에 대한 도표 설명은 부록 3을 참조).

5. 결론

게슈탈트 놀이치료의 목표는 세 가지, 즉 아동의 자기지지 행동의 촉진, 아동의 자기 과정에 대한 알아차림 높이기, 통합의 촉진으로 구별할 수 있다. 이는 아동이 자신의 전경에 떠오른 미해결 과제를 완수하고 아동의 인지, 정서, 신체 그리고 감각을 총체적 실체로써 통합하도록 도움을 준다. 게슈탈트 치료는 '왜' 보다는 행동에 관한 '무엇'과 '어떻게'에 관심을 기울이는 과정치료이다. 아동이 자신의 과정에 대한 알아차림을 높이기 위해, Oaklander는 게슈탈트 놀이치료 에서 자신이 개발한 모델로 구체적인 치료과정을 제시했다. 치료과정 중 첫 번 째 단계는 치료적 관계를 쌓는 것에 초점을 두는 것이다. 중요한 측면은 나—너 관계의 확립, 지금 여기에 초점 두기, 아동과 치료자의 책임, 경험과 발견에 초점 두기, 저항 다루기 그리고 경계 설정하기가 포함된다.

처음 몇 회기에서 평가를 아주 중요하게 다루더라도 평가는 게슈탈트 놀이치 료 동안 계속해서 이뤄진다. 게슈탈트 치료의 이론적 접근에 따라 아동의 전체 론적인 자기를 다양한 측면으로 고려하여 전체론적으로 평가한다. 게슈탈트 놀 이치료에서 구체적인 측면들이 평가되는데, 즉 치료적 관계, 접촉과 접촉기술, 아동의 관심, 신체자세와 유머, 저항, 정서적 표현, 인지적 측면, 창의성, 자기감, 사회적 기술 그리고 아동의 과정이다. 게슈탈트 놀이치료에서 아동 고유의 과 정을 평가하는 부분으로 치료자는 모든 아동 고유의 기질에 주의를 기울여야 하 는데, 이것이 아동의 타고난 특성과 아동이 자신의 욕구를 충족시키는 방식들의 원인이 되기 때문이다. 평가의 결과, 치료계획 세우기는 아동의 발달 수준, 고유 한 과정과 기질, 접촉과 접촉경계장애, 저항의 수준과 아동의 생활사와 관련된 이슈들에 집중하여 이루어진다.

참고문헌

Aronstam, M. (1989). 'Gestalt therapy.' In D. A. Louw (ed) *South African Handbook of Abnormal Behaviour.* Johannesburg: Southern.

Axline, V. M. (1994). *Play Therapy,* 4th edition. Edinburgh: Churchill.

Blom, B. (2000). *A Gestalt Play Therapy Helping Programme in Social Work for Junior Primary School Children's Emotional Intelligence.* Unpublished doctoral thesis. Bloemfontein: University of the Free State.

Boyd, C. F. (1994). *Different Children, Different Needs: Understanding the Unique Personalily of Your Child*. Oregon: Multnomah.

Clarkson, P. (1989). *Gestalt Counseling in Action*. London: SAGE.

Clarkson, P. and Mackewn, J. (1994). *Fritz Perls*. London and New Delhi: SAGE.

Hobday, A. and Ollier, K. (2002). *Creative Therapy with Children and Adolescents: A British Psychological Society Book*. Atascadero, California: Impact.

Korb, M. P., Gorrell, J. and van de Riet, V. (1989). *Gestalt Therapy: Practice and Theory,* 2nd edition. New York: Pergamon.

Landrerh, G. L. (1991). *Play Therapy: The Art of the Relationship*. Indiana: Accelerated Development.

Maslow, A. (1970). *Motivation and Personality*. New York: Harper and Row.

McMahon, L. (1992). *The Handbook of Play Therapy.* London: Routledge.

Oaklander, V. (1988). *Windows to Our Children: A Gestalt Therapy Approach to Children and Adolescents*, 2nd edition. New York: The Gestalt Journal Press.

Oaklander, V. (1992). 'The relationship of gestalt therapy to children.' *The Gestalt Journal* 5, 1, 64-74.

Oaklander, V. (1994a). 'From meek to bold: a case study of gestale play therapy.' In T. Kottman and C. Schaefer (eds) *Play Therapy in Action: A Casebook for Practitioners.* London: Jason Aronson.

Oaklander, V. (1994b). 'Gestalt play therapy.' In K. J. O'Connor and C. E. Schaefer (eds) *Handbook of Play Therapy, Volume Two: Advances and Innovations*. New York: Wiley-Interscience.

Oaklander, V. (1997). 'The therapeutic process with children and adolescents. *Gestalt Review* 1, 4, 292-317.

Oaklander, V. (1999a). *Course Notes of Summer School: Psychotherapy for Children and Adolescents*. Santa Barbara: Oaklander.

Oaklander, V. (1999b) 'Group play therapy from a gestalt therapy perspective.' In D.S. Sweeney and I.C. Hofmeyer (eds) *Handbook of Group Play Therapy: How to Do it, How It Works, Whom It's Best For*. San Francisco: Jossey-Bass.

O'Connor, K. J. and Ammen, S. (1997). *Play Therapy Trearment Planning and Interventions: The Ecosystemic Model and Workbook*. San Diego: Academic.

Papalia, D. E., Olds, S. W. and Feldman, R. D. (1999). *A Child's World: Infancy Through Adolescence*, 8th edition. Boston: McGraw Hill.

Rohm, R. A. (1998). *Positive Personality Profiles*. Atlanta: Personality Insights.

Thompson, C. L. and Rudolph, L. B. (1996). *Counseling Children*. Pacific Grove, California: Brooks/Cole.

van der Merwe, M. (1996). 'Basic components of play therapy.' In J. P. Schoeman and M. van der Merwe (eds) *Entering the Child's World: A Play Therapy Approach*. Pretoria: Kagiso.

Venter, C. A. (1988). 'Grafiese gesinsbeelding.' *Fourth National Congress of South African Institute for Marriage and Family Therapy*. 6-9 April, Cape Town.

Voges, K. and Braund, R. (1995). *Understanding How Others Misunderstand You: A Unique and Proven Plan for Strengthening Personal Relationships*. Chicago: Moody Press.

West, J. (1992). *Child-centered Play Therapy*. London: Edward Arnold.

Yontef, G. M. (1993). *Awareness, Dialogue and Process: Essays on Gestalt Therapy*. New York: Gestalt Journal Press.

Yontef, G. M. and Jacobs, L. (2000). 'Gestalt therapy.' In R. J. Corsini and D. Wedding (eds) *Current Psychotherapies*, 6th edition. Illinois: F. E. Peacock.

Yontel, G. M. and Simkin, J. S. (1989). 'Gestalt therapy.' In R. J. Corsini and D. Wedding (eds) *Current Psychotherapies*, 4th edition. Illinois: F. E. Peacock.

접촉을 하기와 아동의
자기지지 형성하기

접촉을 하기(Contact-making)는 게슈탈트 치료 이론의 기본적인 개념이자 아동의 과정을 나타내는 중요한 지표이다. 좋은 접촉을 하고 그것을 유지하는 아동의 능력은 치료 과정에서 반드시 드러나야 하는 중요한 측면이다. 아동과 치료자 간의 접촉은 나-너 관계를 촉진시킨다. 나-너 관계 없이는 아무것도 일어날 수 없기 때문에 이는 각 회기에서 중요한 측면이다. 아동이 치료자와 접촉을 유지하는 것을 어려워한다면, 치료의 초점은 처음에는 그들이 편안하게 접촉하고 유지할 수 있도록 도와주는 데 있다.

치료 과정 동안, 접촉을 하기는 접촉이 일어나는 공간 안에 꼼짝 않고 남아 있기보다는 때로는 적절하게 철수하는 능력도 포함한다. 끊임없이 말을 하거나, 혼자 놀이를 할 수 없어서 항상 함께 놀아 줄 사람이 필요한 아동은 때로는 철수할 능력이 없는 아동으로 여겨질 수 있다. 접촉 기술은 접촉의 방법으로 볼 수 있다. 만지기, [대상을] 바라보기와 보기, 귀 기울여 듣기와 [들려오는 소리] 듣기, 맛보기, 냄새 맡기, [상대와] 이야기 나누기, 소리, 신체 자세, 언어 그리고 동작이 포함된다.

접촉경계장애가 있는 아동은 치료과정에서 자신의 접촉 기술을 향상시키기 위한 많은 경험을 필요로 한다. 아동은 차단된 정서를 표현할 수 있도록 내면의 구체적인 지지가 필요하다. 건강한 접촉을 위한 자기지지의 세 가지 요소가 있는데, 이는 감각 접촉을 하기, 신체 접촉을 하기, 자기 강화하기이다(Oaklander, 1994a, 1994b, 1997).

치료자와 아동 간의 긍정적인 접촉은 치료회기 동안에 적절한 접촉과 철수가 일어난다는 것을 의미한다. 아동이 접촉을 끊을 수 있는 다양한 접촉경계장애가 있다. 아동이 자신의 감각과 신체를 제한하면, 그들의 자기지지와 정서적 표현 능력은 약해질 것이다. 치료자와 아동의 접촉은 아동의 자기지지와 정서적 표현 촉진을 위한 전제조건으로 여겨진다.

1. 감각 접촉을 하기와 신체 접촉을 하기

감각과 신체 알아차림의 발달은 게슈탈트 접근에서 분명한 치료적 가치를 갖는데, 이는 아동이 사고, 정서, 신체의 전체론적 실체로 다시 기능하는 데 도움이 되기 때문이다. 인간은 그들 삶의 외상적 사건의 결과로 종종 자신의 신체 감각의 알아차림과 민감성이 크게 떨어진다(Clarkson, 1989). 아동의 감각과 신체 접촉에 초점을 맞춤으로써, 아동은 어떤 특정 순간에 자신이 경험한 감정에 대해 좀 더 알아차릴 수 있다(Thompson and Rudolph, 1996).

아기는 일차적 감각체계를 가지고 있으며 상당한 수준의 유전적 발달 잠재력을 가지고 있다. 아동은 자라면서, 감각적인 호기심이 발달하고 자신이 보는 모든 것을 탐구하고 싶어 한다. 아동은 살면서 지속적으로 사회에서 받아들일 수 있는 선택을 해야 하기 때문에, 아동에게 외부환경과 감각적인 접촉을 만들 기회를 주는 것은 중요하다(Schoeman, 1996b). Artz(1994, p. 76)는 "감각을 통해서, 우리는 경험의 생리적인 현실을 기록한다."라고 언급했다. 트라우마를 경험한 아동은 보통 자신을 보호하기 위해 감각적으로 자신을 둔감화시키는 경향이 있다. Oaklander(1988, p. 109)는 다음과 같이 언급했다. "그러나 어느 순간에 우리 중 많은 이들은 자신의 감각에 대한 온전한 알아차림을 잃어버린다. 감각은 흐릿해지고 희미해지고 자동으로 작동하는 것 같으면서 우리 자신에게서 멀어진다." 아동의 감각, 즉 시각, 청각, 미각, 후각, 촉각에 관한 경험들은 아동이 자신의 감각을 새롭게 알아차리는 데 초점을 둔다(Oaklander, 1994b).

트라우마를 경험한 아동은 더 이상의 고통스러운 경험을 피하고 자신을 보호하기 위해 감각적으로 스스로를 차단한다. 감각적인 알아차림은 아동의 삶에서 중요한 기능을 수행하는데, 이는 환경과의 접촉에 직접적인 영향을 미치기 때문이다. 따라서 아동은 치료과정에서 자신의 감각을 통해 환경과 접촉할 기회를 제공받아야 한다.

어린 아동은 세계를 탐색하기 위해 감각 기능 중에서 시각을 사용하는데, 이는 아동이 자신을 둘러싼 세상에 대한 지식을 얻는 가장 중요한 방식 중 한 가지다. 아동은 또 자신에 대한 알아차림을 향상시키고 내면의 힘을 강화시켜, [이처럼 자신을 둘러싼 세상에 대한 지식을 얻게 되면] 스스로 편안해지며 자신감을 얻는다. 듣기에 관해 말하자면, 아동은 성장하며, 자신이 듣고 싶은 것은 듣고 반면에 듣기 불편한 것은 무시하는 것을 배운다. 하지만 소리는 자극에 대한 반응으로 뇌에서 만들어지는 심리학적인 경험이라 할 수 있다(Morris, 1996). 청각을 억압하는 아동은 스스로에게서 강렬한 감각적 관찰 경험과 정서적 접촉을 박탈한다. 소리를 만들어 내는 능력은 아동에게 자신이 통제하고 있다는 것을 느낄 또 다른 기회를 부여한다. 소리를 내기 위해 아이들은 자신과 접촉해야 한다. 후각은 그 사람 주변에 어떤 일이 일어났는지에 관한 정보를 모으고, 아동의 과거로부터 즐거운 사건과 불쾌한 사건을 구분하는 데 사용된다. 이러한 방식으로 아동은 특정 감정과 접촉하게 될 수 있다. 촉각은 아동으로 하여금 만지기를 통해 사람들과 사귈 수 있게 한다. 타인이 만지는 손길 또한 아동에게 특정한 메시지가 될 수 있다. 미각과 관련된 장기는 혀다. 혀는 신체 중에서도 아주 민감한 장기이며 감정을 언어화하고 환경과 접촉하는 데 도움을 준다(Oaklander, 1988; Schoeman, 1996b).

모든 감각 기능들, 즉 보기, 듣기, 맛보기, 냄새 맡기, 만지기는 정서적 접촉을 위한 아동의 능력에 중요한 역할을 한다. 만일 아동이 한 가지 이상의 감각에 대해 자신을 감각적으로 차단한다면, 아동은 자신의 억압된 감정과 접촉하는 것이 어려울 것이다.

모든 감정은 신체와 연결되어 있고 아동은 어릴 때부터 감정에 대한 신체 반응으로서 신체패턴(body pattern)을 발달시킨다(Artz, 1994; Oaklander, 1988, 1992, 1994b, 1997). Artz(1994, p. 74)는 이 점을 다음과 같이 설명하였다.

> 우리의 신체는 감정에 대한 풍부하고 상세한 정보를 우리에게 제공하며, 감정은 우리의 신경학적 · 생리학적 각성에 의해 감소되거나 설명될 수 없지만, 그 각성은 우리가 감정적인 과정 중에 있다는 사실을 알려 줌으로써 우리에게 도움이 된다.

Artz(1994)는 또한 신체에서 감정을 경험하는 지점에 대해 주의를 기울이면 감정적 경험에 대한 이해를 증진시킬 수 있는 정보를 얻게 된다고 말한다. 정서적 문제가 있는 아동은 보통 자신의 접촉 기능에 문제를 겪는다(Oaklander, 1988, 1992, 1994b, 1997). Yontef(1993)는 게슈탈트 치료에서 보고된 내담자들이 종종 자기 자신과 감각적으로 또는 정서적으로 접촉되지 않는다고 했다. Oaklander(1997, p. 297)는 이러한 측면을 다음과 같이 언급하여 설명했다. "문제를 겪는 아동은 자신의 신체를 제한하며 신체와 분리된다."

치료과정의 접촉을 하기 단계에서, 치료자는 아동이 깊게 숨을 쉬고, 자신의 몸을 알아 가고, 자신의 몸을 자랑스러워하고, 자신의 몸에서 분명한 에너지를 경험함으로써 이러한 차단을 없애도록 돕는 것에 초점을 둬야 한다. 호흡은 신체 알아차림의 중요한 부분이기 때문에 제일 먼저 신경을 써야 한다. 불안과 두려움을 경험하는 아동은 종종 자신의 호흡을 제한하고, 그래서 자기와의 접촉을 더 제한한다. 아동과의 다양한 호흡연습과 신체 활동이 이 단계에서 이뤄져야 한다(Oaklander, 1988, 1997). 이러한 활동은 아동의 신체 기능에 대한 알아차림을 높인다. 따라서 아동은 자신이 접촉을 유지하거나 깨뜨리는 데 신체를 어떻게 사용하는가에 대해 알아차리게 될 수 있다(Yontef and Simkin, 1989). 아동의 신체자세 또한 아동의 감정 표현을 나타내고 신체 알아차림은 강한 자기감의 토대로 기능한다(Oaklander, 1988).

트라우마를 경험한 아동은 자신을 감각적으로뿐만 아니라 신체적으로 그리고 종종 감정적으로 자신을 배제하고 더 이상 전체론적인 실체로서 기능하지 않는다. 신체와 감정 사이에는 중요한 연결이 있기 때문에, 트라우마를 경험한 아동은 정서적인 접촉에서도 어려움을 겪는다. 아동의 과정의 일부로서 호흡과 신체자세에 주의를 기울이는 것은 정서적 접촉을 만드는 데 중요한 전제조건이다.

감각과 신체 접촉은 치료과정에서 다양한 놀이치료 기법들과 활동들을 이용해 다룰 수 있다(Oaklander, 1994a, 1997). 전체 회기를 꼭 감각, 호흡 그리고 신체활동에 쓸 필요는 없다.

1) 감각 접촉을 하기와 신체 접촉을 하기 위한 기법과 활동

감각 접촉을 하기는 아동이 자신과 정서적으로 접촉하게 되는 전제조건이다. 게슈탈트 놀이치료에서 아주 다양한 기법들과 활동들이 아동의 감각 접촉을 높이는 데 사용될 수 있다. 대부분의 감각 경험은 여러 감각들이 섞인 조합일 수 있으며 아동에게 감각들 중에서 한 가지만의 경험을 제공하기란 어렵다(Oaklander, 1988). 감각 접촉을 하기의 초점은 아동의 보기, 듣기, 맛보기, 냄새맡기 그리고 만지기에 있다. 감각 접촉을 위한 활동들에 필요한 대부분의 매체는 치료자 혼자서도 쉽게 모을 수 있다.

(1) 만지기

아동의 만지기 기능은 아동이 감각 접촉을 하는 데 중요한 역할을 한다. 아동의 만지기 기능과 관련된 감각 접촉을 촉진하기 위해 다양한 활동들을 사용할 수 있다. 이러한 활동들은 아동이 치료자와 감정적으로 고통스러운 정보를 공유하지 않고도 놀 수 있는 방식으로 시행될 수 있다는 점에서 본질상 위협적이지 않다. 따라서 이러한 활동은 치료적인 나-너 관계를 촉진시키는 데 활용될 수 있다.

Blom(2000), Cooke(1996), McMahon(1992), Oaklander(1988, 1994b, 1997), Schoeman(1996b), Senior와 Hopkins(1998) 및 Thompson과 Rudolph(1996)에 따르면, 다음에 이어지는 매체, 기법 그리고 활동들은 아동의 촉각 기능을 높이는 데 사용될 수 있다.

- 핑거페인팅, 모래, 물, 젖은 찰흙, 발로 칠하기는 촉각에 긍정적인 경험을 제공한다. 예를 들면, 아동과 치료자는 이야기를 나누며 모래 안에서 손으로 놀이할 수 있다.
- 아동과 놀이치료자는 모래, 사포, 나무, 돌 그리고 조개껍질들처럼 촉감이 달리 느껴지는 물체들을 만지면서 각각의 물체가 어떻게 느껴지고 이러한 물체들이 아동에게 무엇을 떠오르게 하는지 이야기 나눌 수 있다. 또한 아동에게, 예를 들면, "나는 이걸 좋아하지 않아요. 왜냐하면 이건 … 느껴지기 때문이에요."처럼 말함으로써 언어로 설명하도록 요청할 수 있다.
- 이러한 물체들을 작은 가방 안에 넣어 두고, 아동에게 매끄럽게 느껴지는 것, 거칠게 느껴지는 것 또는 부드럽게 느껴지는 것을 가방 밖으로 꺼내도록 할 수 있다.
- 연필, 미니카, 지우개 등등 많은 물건들을 가방 안에 넣고 아동에게 글자 'ㅈ'로 시작하는 물건을 찾도록 한다.
- 아동과 함께 촉각을 묘사하는 예를 들면, 딱딱한, 부드러운, 거친 그리고, 매끈한 등 모든 단어들을 적는 활동을 한다.
- 신문지, 쿠션, 사포, 금속, 돌, 물처럼 다양한 표면 위를 맨발로 걸어 본다.
- 피부에 닿았을 때 아픈 것에 대해 말해 본다.
- 치료자와 아동은 자신의 얼굴, 머리, 팔, 다리 또는 다른 신체부위를 만지고 그 느낌을 설명한다.
- 아동에게 스스로 마사지하는 것을 가르쳐 준다.
- 아동에게 물건이 자신의 피부에 와닿는 느낌, 의자에 앉아 있는 자신의 몸무게가 어떻게 느껴지는지, 신발 안에 있는 발은 어떤 느낌인지, 어떤 장소가 더 따뜻하거나 더 차갑게 느껴지는지에 대해 5분간 집중하게 한다.

(2) 보기

아동의 보기 기능은 세상에 대한 정보와 지식을 모으는 중요한 방식이다. 결국 이는 아동의 자신에 대한 알아차림을 높일 수 있다. Blom(2000),

McMahon(1992), Oaklander(1988, 1997), Senior와 Hopkins(1998) 및 Thompson과 Rudolph(1996)에 따르면, 다음에 이어지는 매체, 기법들 및 활동은 아동의 시각기능을 촉진하는 데 사용될 수 있다.

- 아동에게 어떤 물체를 찾으라고 한 다음 대략 3분간 그 물체를 자세히 살펴보게 한다. 그런 다음 아동은 떠오른 자신의 감정과 기억을 오로지 선, 색깔, 형태만을 사용하여 그린다.
- 눈을 떴다 감았다 하는 방식으로 그때의 느낌과 촉각을 실험한다.
- 유리, 물 또는 셀로판지를 통해 물체를 자세히 살펴본다.
- 가까이, 아주 멀리 또는 거꾸로와 같이 다양한 관점에서 물체를 관찰한다.
- 플라스틱 병 안에 물, 식용 색소, 반짝이 그리고 플라스틱 물체를 붓고, 아동에게 통을 흔들었을 때 반짝이가 물 안에서 어떻게 움직이는지 보라고 한다.
- 셀로판지를 통해 다양한 물체를 살펴본다.
- 물 안에 다양한 색깔의 얼음 조각을 넣고 아동에게 얼음이 녹으면서 물의 색이 어떻게 변하는지 보게 한다.
- 두루마리 화장지로 선글라스를 만들고 아동이 다양한 물체를 관찰할 수 있도록 렌즈에 셀로판지를 사용한다.
- 아동에게 말하지 않고 30초간 거울 앞에서 자신을 자세히 살펴보라고 한다. 그런 다음 아동에게 자신이 본 것을 말하게 하고, 좀 더 자세히 말할 수 있도록 격려한다.

(3) 듣기

감각 기능 중 듣기는 아동이 자신이 듣고 싶은 것에 집중하는 데 사용될 수 있으며, 반면에 그들이 듣고 싶지 않은 불쾌한 것들을 감각적으로 차단하는 데 또한 사용할 수도 있다. 듣기의 감각적 기능을 높임으로써, 자신의 감정과 더 쉽게 접촉하게 된다는 것을 아동은 알아야 한다. 듣기에 관한 다양한 활동들이 아동의 감각 접촉 기능을 높이는 데 사용될 수 있다. 몇 가지 활동들은 정서적인 기억이나 사건과 연관되지 않는다는 점에서 덜 위협적일 수 있으나, 다른 활동들은 게슈탈트 치료단계의 감정 표현과 연관된다. 가령, 음악은 아동의 감정 알아차림과 감정 접촉을 하도록 촉진시키는 데 사용될 수 있다. 따라서 아동의 듣기 기능을 촉진시키기 위해 감정 알아차림 및 접촉하기와 관련된 활동을 활용하면 감정 접촉을 하기와 표현에도 도움이 될 수 있다.

Blom(2000), McMahon(1992), Oaklander(1988, 1994a, 1997), Schoeman (1996b), Senior와 Hopkins(1998) 및 Thompson과 Rudolph(1996)는 듣기 기능을 향상시키기 위한 다음의 기법들과 활동 및 매체를 제안하였다.

- 아동에게 눈을 감고 조용히 앉아 들리는 모든 소리들을 알아차리게 한다. 아동에게 각각의 소리가 들릴 때 자신의 감정을 알아차리게 한다. 이후 감정에 대해 논의한다. 이 활동은 다양한 장소에서, 공간 안 또는 밖에서 이뤄질 수 있다.
- 물소리가 부드럽게 들리는지, 딱딱하게 들리는지, 유쾌하게 들리는지, 또 달리 들리는지 아동과 이야기 나누는 것처럼 각기 다른 소리에 대해서도 같은 활동을 한다.
- 아동이 비슷한 소리들을 구별할 수 있도록 돕는다. 다른 물체들 가령 쌀, 콩, 단추들을 병 안에 넣고 뚜껑을 닫는다. 아동은 병을 들어 흔들고, 똑같은 소리를 내는 것이 담긴 다른 병을 찾아내게 한다.
- 소리에 대한 아동의 민감성을 높이기 위해 가정용품들을 서로 부딪혀 탁탁 소리를 낸다.
- 장난감 실로폰과 같은 다양한 악기소리를 가지고, 치료자는 아동이 어떤 음들은 비슷하고, 어떤 음들은 더 높거나 낮은지를 경험하도록 다양한 음들을 연주한다. 또는 드럼을 가지고, 아동에게 슬픔이나 행복감과 같은 감정들을 연주하게 할 수도 있고, 혹은 아동이 한 가지 감정을 연주하면 치료자가 어떤 감정인지 알아맞힌다.
- 테이프에 녹음된 멜로디를 듣거나 그 멜로디를 피아노로 연주할 수 있다. 들

었던 소리에 대해 이야기를 나누고 아동에게 음악을 듣는 동안 경험한 감정과 기억들을 그려 보라고 하거나 그 음악이 어떻게 느껴지는지 적어 보고, 그 음악을 들을 때 무엇을 생각하는지 그리고 그 음악이 좋은지 아닌지에 대해 적어 보도록 한다.

- 음악을 들으면서 그림을 그린다.
- 아동이 음악을 듣는 동안 모양, 선 및 기호를 그리게 하거나, 손가락이나 찰흙으로 칠하는 동안 음악이 배경으로 나오게 한다.
- 아동의 뒤에서 유리잔에 물 붓기와 같은 소리를 내면서 아동이 소리를 구별할 수 있도록 도와준다. 아동은 그 소리가 어디에서 나는지 알아내야 한다.
- 아동과 행복한 소리, 슬픈 소리, 또는 무서운 소리에 대해 이야기를 나눈다.
- 아동에게 신체 동작을 가지고 여러 다른 감정들을 표현하는 것을 보여 주고 그것에 대해 이야기를 나눈다.

(4) 맛보기

혀는 맛을 보는 감각의 접촉 기능과 연결되고, 또한 감정을 언어화하는 기능도 수행한다. 만일 어떤 특정한 냄새가 아동에게 무엇을 떠올리게 하는지 말하게 한다면, 그러한 지시는 아동의 감정 표현에 다리를 놓는 것일 수 있다. Blom(2000), Cooke(1996), McMahon(1992), Oaklander(1988, 1997), Schoeman(1996b) 및 Senior와 Hopkins(1996)에 따르면, 다음에 이어지는 기법들과 활동 및 매체는 놀이치료에서 아동의 맛보기 기능을 높이는 데 사용될 수 있다.

- 아동과 여러 다른 맛에 대해 이야기 나누기
- 아동과 입과 혀의 기능에 대해 이야기 나누기
- 아동에게 자신의 혀를 내밀어 보라고 한 다음 거울로 보라고 한다. 혀, 입술, 치아 및 입에서 음식의 질감을 느껴 보고 다양한 질감을 구별하게 한다. 아동에게 어떤 맛이 났는지 알아맞혀 보라고 한다.

- 아동이 좋아하고 싫어하는 맛을 이야기해 보기.
- 아동에게 시고, 짜고, 달고, 쓴 것처럼 여러 다른 맛을 가진 것을 준다.
- 오렌지의 여러 다른 조각들을 맛을 보고 각각의 맛을 비교한다.
- 우묵한 그릇에 다양한 사탕들을 섞어 둔다. 아동에게 자신이 어렸을 때 좋아했던 사탕 하나를 선택하게 하고 이 맛을 떠올리게 하는 사건을 설명해 보도록 한다.

(5) 냄새 맡기

냄새 맡는 기능을 가지고, 아동은 자신의 환경으로부터 과거의 유쾌한 일 및 불쾌한 일과 접촉하는 데 도움이 될 만한 정보를 모을 수 있다. Blom(2000), Cooke(1996), McMahon(1992), Oaklander(1988, 1994b), Schoeman(1996b) 및 Senior와 Hopkins(1998)에 따르면, 다음의 기법들과 활동 및 매체는 아동의 냄새 맡는 기능을 높이는 데 사용될 수 있다.

- 코, 콧구멍, 숨쉬기의 기능을 논의하고 아동에게 거울로 자신의 코를 관찰하게 한다.
- 코, 입, 콧구멍을 통해 호흡하는 것을 실험한다.
- 아동이 좋아하고 싫어하는 여러 가지 냄새들에 대해 논의한다.
- 작은 병들에 각각 다른 냄새가 나는 것들을 넣어두고, 아동이 그 냄새들을 구별하게 한다. 치료자는 그 냄새가 아동에게 어떤 것을 떠올리게 했는지 물어볼 수 있다.
- 아동에게 각각 다른 꽃들의 향을 맡아 보게 하고 가장 좋은 향을 선택하도록 한다. 아동의 선택에 대해 최소한 두 가지 이유를 말해 보도록 한다.

아동의 감각 접촉을 촉진하기 위한 어떤 활동들은 덜 위협적인 특성을 지니고 있는 반면, 다른 활동들은 아동이 감정과 접촉할 준비가 되면, 자기감과 감정 표현을 강화하는 데 기여할 수 있음이 분명해 보인다.

(6) 신체 접촉을 하기 위한 기법과 활동

모든 감정은 신체에 접촉지점이 있으며 신체 접촉을 하기는 게슈탈트 치료과정 동안 집중해야 하는 아주 중요한 측면이다. 신체 접촉을 하기에 관해서는 신체의 알아차림 촉진을 위한 기법, 호흡 기법, 이완 기법으로 구분된다.

☑ 신체 알아차림을 촉진하기 위한 기법과 활동

게슈탈트 놀이치료에서 아동의 신체 알아차림을 촉진하기 위한 다양한 기법과 활동이 사용될 수 있다. 이들 중 일부는 대부분 위협적이지 않은 성질을 지니고 있으며, 감정과 연결시키지 않고 여러 가지 행동을 극화시키는 것처럼, 편안한 느낌이 들도록 도움을 주어야 한다. 그러나 신체와 특정감정의 연결에 초점을 맞춘 기법들은 감정 표현 단계에서 도입부로 사용될 수 있다. 이러한 기법은 또한 아동이 자기 알아차림, 즉 특정 감정에 대한 자신의 신체 반응을 알아차려야 한다는 점을 다룬다.

Fontana와 Slack(1998), Oaklander(1988, 1997), Senior와 Hopkins(1998), Shapiro(1997), Stone—McCown 등(1998) 및 Weston과 Weston(1996)은 아동의 신체 알아차림을 높이는 기법들과 활동을 다음과 같이 제시하였다.

- 예를 들어, 서두르는 사람, 게으른 사람, 포근한 잔디를 걷고 있는 사람, 산을 오르는 사람 또는 눈 위를 걷는 사람처럼 여러 방식을 따라 걸어 보기. 아동은 신체의 다양한 부분을 과장하여 움직일 수 있다.
- 어떤 행동을 연기하기: 테이블에 살며시 내려놓기, 케이크 굽기, 강아지에게 음식 주기 또는 집안일 하기.
- 아주 크거나 아주 작은 박스 안에 자신이 들어가 있다고 상상하기.
- 다음의 지시사항대로 실험하기: 아주 급한 사람처럼, 학교에 늦은 아이처럼 또는 거인처럼 걷기.
- 종이를 자르거나 포장을 싸는 것처럼 손가락을 다르게 움직이도록 하기.
- 아동에게 동물처럼 걸어 보게 하고 치료자는 그 동물이 어떤 동물인지 맞추기.

- 아동에게 굴러 보고, 기어보고, 둥글게 돌아보고, 발가락으로 걸어보고, 흔들며 걸어 보고, 신체로 다른 움직임 해 보기.

- 어떤 동작을 과장해 보거나 축소해 보고 그런 다음 그 동작이 무엇을 기억나게 하는지 치료자에게 이야기해 보기.

- 거울 앞에서 자신을 보고 얼굴을 찡그리거나, 팔을 들거나 다양한 포즈를 취해 보는 것처럼 어떤 동작을 해 보기.

- 아동과 함께 거울 앞에 서서 다양한 감정을 비언어적으로 표현해 보기. 행복과 슬픔 같은 감정들을 묘사할 때 얼굴표정이 어떻게 다른지 이야기해 보기.

- 특정감정을 묘사하기 위해 아동에게 다른 방식으로 움직여 보게 하고 일부러 그 움직임들을 과장해서 해 보도록 한다. 예를 들어, 행복(박수치며 크게 웃기), 슬픔(우는 척하기), 두려운(떨면서 손톱 물어뜯기), 놀란(펄쩍 뛰며 팔을 번쩍 들기), 화난(쿵쿵 발 구르기) 등이 있다(Shomburg and Sharapan, 1999).

- 감정을 묘사한 많은 카드들 중 한 장을 뽑아서 방안에서 움직이며 얼굴표정과 자세로 그 감정을 표현해 보도록 한다. 다음 차례는 치료자이다.

- 아동에게 이야기를 들려준다. 예를 들면, 아동을 화나게 하는 어떤 일이 벌어졌다. 아동에게 화난 것처럼 방안을 돌아다녀 보고 자기만의 '화난 춤'을 춰 보라 한다.

- 아동이 그림을 그렸을 때 특정 포즈나 자세를 취하도록 하고 그림으로 더 표현해 보도록 한다.

- 신체와 감정 간의 관계에 대해 아동에게 말해 주고, 모든 감정은 신체 감각에 의해 경험되며 신체 자세로 표현된다고 설명하기.

- 종이에 아동의 신체 그리기. 그런 다음 아동에게 다양한 잡지를 주고 신체를 그린 그림에 아동이 여러 가지 다른 감정들을 자신의 신체 어느 부분에서 경험하는지를 보여 주는 콜라주를 만들도록 한다.

- 알아차림 연속이라 불리는 기법 사용하기. 이 게임은 치료자와 아동이 차례로 내부와 외부의 알아차림을 서로에게 이야기하는 것이다. 예를 들어, '나는 너의 파란 눈을 알아차리고 있어(외부)', '나는 너의 심장이 뛰고 있다는 사실을 알

아차리고 있어(내면)' 또는 '나는 빛이 창을 통해 어떻게 비추는지 보고 있어 (외부)' 그리고 '입이 건조해(내부)'. 아동은 신체 감각은 계속해서 변화한다는 것을 배운다.

- 아동에게 몸으로 특정 동작을 해 보라 한다. 예를 들어, 다리로 계속해서 차기, 자신을 더 크게 만들어 보기 또는 치료자가 신체의 각 부분의 명칭을 부르면 아동이 그 신체부분을 따라 자신의 알아차림을 옮겨 보기. 예, '왼쪽 무릎을 알아차려 보렴, 그다음 오른손 중지, 코 그리고 등등'
- 발부터 시작해서 위쪽의 나머지 신체부위로 이동하며 아동 신체의 다른 부분들로 자신의 알아차림을 옮겨 가도록 한다. 그런 다음 치료자는 특정 단계에서 아동이 어떤 부분에 집중하고 있는가를 맞출 수 있다.

☑ 호흡 알아차림과 사용에 관한 기법과 활동

게슈탈트 놀이치료 과정에서 아동이 자신의 호흡에 대한 알아차림을 높이도록 촉진하고 이것이 감정과 긴장을 다루는 데 미칠 수 있는 효과를 증진시킬 때 많은 즐거움을 경험할 수 있다. 이러한 알아차림을 촉진함으로써, 아동은 두려움이나 화와 같은 특정 감정을 조절하는 데 자신의 호흡을 보다 적절하게 사용할 수 있다. 따라서 아동이 호흡하는 방식에 대한 알아차림은 아동의 자기 알아차림을 높이며 감정을 다루는 기술을 촉진시킨다.

아동의 호흡은 아동의 신체 알아차림에 관한 또 다른 중요한 측면이다. Blom(2000), Fontana와 Slack(1998), Oaklander(1988, 1997) 및 Schoeman (1996b)은 호흡에 관한 기법들과 활동을 다음과 같이 추천한다.

- 얕은 호흡과 심호흡을 비교하는 것 등 호흡 연습하기.
- 아동에게 신체의 여러 부분에 미치는 심호흡의 효과를 경험하도록 가르치기.
- 아동이 평소 숨을 쉴 때 감정적으로 경험하는 것에 관해 이야기 나누기. 예를 들면, '자기를 보호하는 방법이 될 수 있다'와 같은.
- 아동이 그냥 평소처럼 숨을 쉴 때와 깊고 충분히 호흡할 때 할 수 있는 것들

을 차이를 비교하며 실험해 보기.

- 아동에게 몸 전체를 계속해서 이완시키고 호흡연습을 하도록 가르쳐 준다. 심호흡은 더 많은 양의 산소를 쓸 수 있게 해 주고, 아동이 자신의 몸을 더 잘 통제할 수 있도록 해 주기 때문이다. 규칙적인 리듬의 호흡은 이완에 도움이 된다.

- 아동과 풍선을 불고, 여러 가지 호흡 연습으로 풍선이 공기 중에 떠 있게 한다.

- 테이블 위에 솜뭉치를 올려 두고 불기 시합을 하여 누구의 솜이 제일 먼저 반대편으로 가는지 본다.

- 명상 활용하기. 아동에게 눈을 감고 자신의 호흡을 알아차려 보도록 한다. 아동에게 숨을 들이쉴 때 코로 들어오는 시원한 느낌과 숨을 내쉴 때 따뜻한 느낌에 집중해 보도록 한다. 출입을 주의 깊게 감시해야 하는 마을 입구의 경비원처럼, 폐로 들어가는 공기가 아니라, 공기를 들이마시고 내쉬는 호흡에만 집중한다. 아동에게 공기가 처음 들어오고 나갈 때 일부터 세도록 한다. 10까지 세면 다시 1부터 시작한다.

☑ 이완 기법과 활동

신체 접촉을 하기 과정의 일부로 아동은 이완시키는 법을 배워야 한다. 긴장은 종종 복통과 두통 같은 정신신체 증상의 원인이며, 이것이 결과적으로 증상을 보이는 행동의 원인이 되기 때문이다. 긴장은 또한 아동이 구부정한 자세로 걷는 것과 같은 아동의 자세에도 영향을 미친다. 긴장은 종종 아동이 신체적 또는 정신적 공격으로부터, 몸에서 발생하는 소위 투쟁 또는 도주반응으로부터 자신을 보호하는 방법이다. 긴장의 또 다른 원인은 감정의 억압일 수 있는데, 이는 아동이 감정 표현을 하도록 허락해 주지 않았기 때문이다. 아동이 이완하는 것을 배우면, 아동은 또한 좀 더 쉽게 긴장의 원인을 표현할 수 있다(Fontana and Slack, 1998; Oaklander, 1988). 아동은 긴장되는 어떤 상황에도 이것을 적용시킬 수 있도록 이완 기술을 배워야 한다. 이완하는 능력은 아동이 자신의 감정을 억압하기보다는 적절한 방식으로 감정을 표현하는 기술을 획득한다는 점에서 아동에게 효과적인 감정 관리를 촉진시킨다.

　Blom(2000), Fontana와 Slack(1998), Oaklander(1988), Schoeman(1996b), Shapiro(1997) 및 van der Merwe(1996b)는 아동을 이완시키는 데 도움을 주는 다음의 기법과 활동을 제시하였다.

- 은유 활용하기. 아동에게 이제 막 만들어진 눈사람인데 따뜻한 햇볕이 내리쬐는 것을 상상해 보도록 한다. 아동에게 눈사람은 천천히 그러나 확실히 녹기 시작하며, 머리끝부터 발끝까지, 땅바닥이 물웅덩이로 변할 때까지 녹는다고 말한다. 치료자가 이처럼 아동에게 은유를 전달하는 동안, 아동은 치료자가 말한 것을 몸을 사용하여 과장되게 표현한다.
- 아동에게 구부리거나 쫙 펴는 연습을 하도록 한다.
- 음악이 나오는 동안 숨을 깊게 내쉼으로써 아동에게 자신의 몸을 발부터 얼굴 근육까지 계속해서 이완시키는 법을 가르쳐 준다.
- 회기 초반과 끝에 아동이 이완되도록 음악을 사용한다. 아동은 수동적으로 음악을 들을 수도 있고, 혹은 음악과 동작이 합쳐질 수도 있다.
- 명상 활용하기. 예를 들어, 아동은 눈을 감고 자신이 바다에서 수영하며 파도처럼 위로 아래로 움직이는 모습을 상상하도록 한다. 그때 아동은 녹아 바다 속으로 사라진다고 느끼기 시작한다. 그때 그들은 바다와 하나이며 소음이 사라지고 파도가 다시 올 때까지 머릿속에서 들리는 바다 소리를 듣는 상상을 한다.
- 아동을 편안하고, 유도된 판타지로 데리고 간다. 아동에게 눈을 감고 자신이 알고 좋아하는 편안한 장소로 또는 아동이 생각하기에 재미있을 것 같은 장소로 가는 상상을 해 보라고 한다.

　아동의 신체 알아차림을 촉진하는 기법과 활동, 호흡 알아차림과 사용 그리고 이완 기법은 아동이 자신의 감정과 접촉하는 것에 이어서 게슈탈트 놀이치료 과정의 일부인 감정 표현 단계를 준비하게 한다.

2. 아동의 자기감 강화하기

게슈탈트 치료 관점에서, 아동의 자기는 접촉경계에 의해 환경과 구분되며, 접촉경계는 어느 부분이 자신의 일부이고 어느 것이 자기 밖에 있는 것인지를 구분하는 지점이다. 아동의 자기감은 아동 발달에서 가장 중요하다. 아동의 자존감은 그들이 감히 세상에 보여 준 실제 자기의 양이다. 강한 자기감을 가진 아동은 자신의 욕구를 충족시키기 위해 접촉경계장애를 사용할 필요가 없다. 강한 자기감을 가진 아동은 지금 여기에 집중하는 능력을 지녔으며, 실패와 실수를 배움의 기회로 받아들인다. 이들은 비판을 견뎌 낼 수 있고, 자신의 강점과 약점을 인정할 수 있다. 또한 강한 자기감을 가진 아동은 점수와 성취로 자신의 중요도를 측정하지 않는다. 그들은 자신의 외모를 받아들이고, 용기를 가지고 새로운 일을 시도하며, 타인에 대한 사랑과 수용을 보여 준다. 강한 자기감을 가진 아동은 자신만의 독특성을 수용받는다고 느낀다. 만일 초기 아동기 경험이 애정이 없고 냉혹했었다면, 아동은 빈약한 자기감을 갖게 되며 앞으로의 고통으로부터 실제 자기를 보호해야만 한다. 이러한 아동은 더 많은 상처로부터 자신을 보호하기 위해 한두 가지 이상의 접촉경계장애를 사용한다(Humphreys, 2002; Wright and Oliver, 1995).

아동은 빈약한 자기감을 가지고 태어나지 않는다. 아동의 자기감은 유아기에 발달하기 시작한다. Oaklander(1988, p. 280)는 이를 다음과 같이 설명했다.

아기는 자기에 대해 부정적인 감정을 가지고 태어나지 않는다. 모든 아기는 자신이 아주 훌륭하다고 생각한다. 그러나 시간이 지나 아이가 스스로를 어떻게 느끼는지는 대부분 부모로부터 초기에 받은 자신에 관한 메시지에 의해 확실히 결정된다. 그러나 최종분석에서, 그 메시지를 자신에게 옮기는 사람은 아이 자신이다.

아동의 빈약한 자기감의 구체적인 근원을 찾는 것은 쉽지 않다. 아동이 환경으로부터 받은 메시지가 때로는 모호하고 미묘하기 때문이다. 부모는 일부러 자녀가 빈약한 자기감을 갖도록 의도한 것이 아니다(Oaklander, 1988; Wright and Oliver, 1995). 치료에 온 대부분의 아동이 빈약한 자기감을 가지고 있으며 또한 이미 아동 존재의 일부가 된 이러한 부정적인 메시지들을 바꾸기란 어려운 일임을 경험한다.

강한 자기감을 발달시키도록 아동에게 실질적인 도움을 주는 것은 아동으로 하여금 억압된 감정을 표현하도록 돕기 위한 주요 선결 조건으로 간주된다. Humphreys(2002, p. 4)에 따르면, "변화는 그림자 자기(the shadow self)를 필요악으로 수용하는 것에서 시작될 수 있다. 이것이 진정한 자기로 돌아가는 여정의 첫 번째 발걸음이다." 이는 아동이 스스로를 좋아하지 않고 나는 나쁘다 혹은 좋은 것을 할 수 없다고 믿는 것을 수용하도록 도와주는 것이 먼저임을 의미한다. 정서적인 문제를 가진 아동은 보통 자기감에 상처를 입어서 자신의 욕구를 충족시키기 위한 역기능적인 방법을 발달시킨다. 그리고 이것이 이후 아동 과정의 일부를 이룬다. 좋은 자기감은 타인 그리고 환경과의 좋은 접촉을 위한 선결조건이다. 아동이 접촉 기능을 사용하는 방식은 아동의 자기감 강도의 지표이다. 강한 자기감을 가진 아동은 행동할 수 있으며 자기지지적인 방식으로 접촉할 수 있지만, 자기감이 약한 아동은 접촉하는 데 어려움을 겪는다(Oaklander, 1992, 1994a).

아동의 자기감은 두 가지 차원을 가지고 있는데, 즉 사랑스럽다고 느끼고 싶은 욕구와 유능하다고 느끼고 싶은 욕구이다. 과도하게 소심하고, 내성적이고, 관심받고 싶어 하고, 매달리고, 공격적이며 괴롭히는 아동은 자신의 사랑스러움을 의심하는 것일 수 있다. 무서워하고, 새로운 변화에 저항하고, 실패를 두려워하거나 실수하면 쉽게 마음이 상하는 아동은 자신의 능력을 의심하는 것일 수 있다(Humphreys, 2002). 다양한 증상 행동과 접촉경계장애는 아동이 더 이상의 고통으로부터 실제 자기(real self)를 보호하고자 그리고 수용받고 싶은 욕구를 충족시키고자 사용하는 전략의 일부일 수 있다.

다음은 이러한 경우에 아이들이 보이는 접촉경계장애와 다양한 증상행동들이다.

- 투사를 사용하는 경우: 타인을 향한 공격적인 행동, 자신의 실수에 대해 계속해서 타인 비난하기, 타인을 괴롭히기 및 타인이 가진 것을 망가뜨리는 행동을 보인다.
- 편향을 사용하는 경우: 부끄러워하고 철수하기 및 주기적으로 짜증 내거나 멍하니 있음으로써 빈약한 접촉을 한다.
- 반전을 사용하는 경우: 어떤 신체적인 이유 없이 계속해서 두통과 복통이 있다고 투정부린다.

내사 또한 아동의 빈약한 자기감의 원인이 될 수 있다. 내사는 아동에게 조건부로만 수용된다는 느낌을 주기 때문이다. 예를 들어, 그들은 과도하게 양심적으로 행동할 수 있고 잘못된 점을 바로잡아 주면 쉽게 속상해할 수 있는데, 이는 아동이 그 당시에 자신을 나쁘다고 받아들이기 때문이다. 이러한 아동은 자신을 깎아내릴 것이다. 융합은 자기감이 약한 아동에게 종종 보이는데, 계속해서 다른 사람의 기분을 맞춰 주려 노력하고, 스스로 선택하는 것을 어려워하며 종종 자신이 사랑받고 있는지 물어본다.

아동의 자기감은 다음의 여섯 가지 주요 주제들로 구분될 수 있다(Humphreys, 2002).

- 신체적 자기감(외모)
- 정서적 자기감(자신이 사랑스럽고 재밌는 사람인지의 여부)
- 지적 자기감(자신이 세상의 어떤 측면을 충분히 이해할 수 있는지의 여부)
- 행동적 자기감(자신이 능숙하고, 능력 있고, 독립적인지의 여부)
- 사회적 자기감(자신이 독창성 또는 열등감을 가지고 있는지의 여부)
- 창의적 자기감(자신이 규칙이나 관습에 순응하는지 혹은 저항하는지의 여부, 사람들을 기쁘게 해 주는지 아니면 자기방식대로 행동하는지의 여부)

여섯 가지 측면 모두에 대해 빈약한 자기감을 갖지 않은 아이들도 있다. 이들은 아마도 자신이 사랑스러운 존재라는 것은 경험했을 수 있지만, 수학문제를 푸는 데 있어서는 어려움을 겪고 있기 때문에 지적 자기감은 빈약할 수 있다. 또는 어떤 아동은 사회적 자기감이 빈약해서 끊임없이 열등하다고 느끼지만 학업성적은 우수한데, 왜냐하면 그것이 아동이 수용과 인정을 얻을 수 있는 방식이기 때문이다. 아동은 자신의 몸은 특별하고, 정상적이고 다른 사람의 몸과 같을 필요가 없다는 말을 들을 필요가 있다. 따라서 아동이 신체 접촉 작업을 할 때, 치료자는 이러한 측면에서 아동의 자기감에 주의를 기울여야 한다.

> 6세인 아동에게 자신을 그린 다음에 자신에 대해 설명해 보라고 했다. 아동은 자신이 갈색 눈동자를 가졌지만, 못생겼다고 말했다. 왜냐하면 파란색 눈이 더 아름답기 때문이다. 아동은 자신의 여동생은 파란 눈을 가졌고 모든 사람들이 여동생의 파란 눈을 항상 칭찬한다고 말했다. 이것을 말한 후에 아동은 자신이 갈색 머리카락을 가졌지만, 여동생처럼 금발을 가지고 싶었다고 말했다. 왜냐하면 금발이 더 이뻤기 때문이다. 이 아동은, 파란색 눈과 금발만이 아름답고 수용될 수 있다는 내사가 있기 때문에, 신체에 대한 빈약한 자기감을 가지고 있음이 명백해졌다.

Humphrey(2002, p. 133)는 이것을 다음과 같이 설명했다.

아동의 신체적인 자기가치를 무시하는 방법에는 여러 가지가 있다. 즉, 신체사이즈와 몸매에 대한 말들, 타인과의 부정적인 비교, 그들의 옷차림에 대해 과도하게 까다롭게 대하기, '완벽한 꼬마정장'을 망쳤을 때 과도하게 반응하기 등등이다.

아동의 자기감 강화하기에 관해 다뤄져야 하는 측면은 시간 순서대로 꼭 이어지는 것은 아니다. 치료과정에서 어떤 것은 앞으로 갈 수도 있고, 뒤로 갈 수도 있다. 가령, 찰흙을 가지고 작업하면서 감각 접촉을 하기에 집중할 때 아동의 자기감이 동시에 강화될 수 있는데, 이것은 그다음에 자발적인 감정 표현이 잘 되도록 돕는다. 자기 강화하기는 감각과 신체 경험 둘 다를 포함한다(Oaklander,

1997). 따라서 아동의 자기감은 치료과정의 여러 단계에서 강화될 수 있다.

1) 아동의 자기감을 강화할 때 다뤄야 할 부분

아동의 자기감 강화를 위한 Oaklander(1997) 모델은 선택, 숙달 및 통제, 그리고 자신의 투사를 소유할 수 있는 기회와 함께 스스로를 정의할 수 있어야 한다는 것을 포함한다. 아동의 자기감을 강화할 때 경계와 제한, 놀이성 및 유머 분위기, 공상에 잠길 기회는 더욱 중요한 측면이다.

(1) 자기 정의

자기에게 힘을 실어 주기 위해서는 자기지식(self-knowledge)이 선결조건이다. 아동이 스스로에게 편안해지고 자신의 독특성을 수용하도록 격려해 줄 필요가 있다(Humphreys, 2002). 아동이 자기진술을 할 수 있도록 게슈탈트 놀이치료 과정에서 다양한 경험들이 주어진다. 그 결과 아동은 "이것은 나이고 이것은 내가 아닌 거예요."라고 표현할 수 있다. 이러한 측면들은 또한 아동의 알아차림으로 통합된다. 아동의 사고, 의견, 생각과 제안을 존중하는 것은 아동의 자기감 강화에 중요한 측면이다. 아동이 스스로를 정의하도록 도움을 받으면 아동의 자기감은 더 강화되며, 이는 결과적으로 건강한 성장의 기회를 제공한다(Oaklander, 1994b, 1997). 게슈탈트 놀이치료 과정에서, 아동이 자신이 누구인지 그리고 다른 사람과 어떻게 다른지를 알아차리도록 도와줘야 하며, 아동의 독특성은 항상 존중받아야 한다. 또한 아동에게는 끊임없이 자기 진술을 할 기회를 제공해야 한다.

(2) 선택

아동에게 다양한 선택권을 주는 것은 그들에게 내면의 힘을 쌓을 기회를 주는 것이다. 전형적으로 아동은 가족 내에서 가장 약한 힘을 가졌기 때문에 아동은, 예를 들어, 다른 아이들을 괴롭히거나 떼쓰고 성질부리기 같은 한 가지 이상의 행동 전략을 통해 힘을 찾고자 시도할 것이다. Landreth(1991, p. 120)는 "자기통제란 성인의 간섭이나 지도 없이 아동이 결정하고 선택한 것에 대한 책임과 허용할 수 없는 행동을 통제가능하고 수용가능한 경로로 방향을 수정하는 것 그 둘 사이의 상호작용에서 생긴다."고 말했다. 성인이 아동을 대신해서 결정을 하면, 그 아동은 책임감을 발달시키는 데 방해를 받는다.

아동은 자신이 잘못된 선택을 할까봐 두려워서 간단한 선택을 하는 것도 자주 불안해한다. 감각을 알아차리게 되면, 아동은 다시 자신의 신체를 알아차리게 되어, 그 신체를 인정하고 받아들일 수 있고, 상실감을 탐색할 수 있다. 아동은 선택을 할 수 있고 이용가능한 선택권들을 찾아볼 수 있다는 것을 배운다. 그 결과 아동은 새로운 행동을 실험할 수 있고 그러면 자신이 부정하고 자신의 삶을 향상시키는 선택을 하지 못하게 한 그 두려움을 인정하고 처리할 수 있게 된다(Oaklander, 1988, 1997). Axline(1994, p. 89)은 "회기 초반부터, 치료자는 스스로 결정을 내리는 아동의 능력을 존중하고 아동의 결정대로 따른다는 사실을 아동이 알게 해야 한다."라고 덧붙였다.

치료과정에서 아동에게 제시되는 선택들은 다음과 같다. "의자에 앉을래 아니면 바닥 카펫에 앉겠니?" "분필로 색을 칠하고 싶니, 아니면 파스텔로 하고 싶니?" 치료과정이 진행되면서, 다음과 같이 더 복잡한 선택들이 아동에게 주어질 수 있다. "어떤 크기의 종이가 필요하니?" 또는 "오늘은 무엇을 하며 놀고 싶니?" 아동이 선택하기를 거부한다면 치료자는 아동이 선택을 너무 고통스럽게 경험하지 않는 한 아동이 선택하도록 요구해야 한다(Oaklander, 1997, p. 29). 치료과정 동안 아동에게 선택할 기회를 주는 것은 아동의 자기감 강화에 도움이 되며 새로운 방법과 행동으로 실험해 보는 것에 도움이 된다. 아동이 좀 더 복잡한 선택을 할 수 있을 정도로 아동의 자기감이 강화될 때까지는 초기에는 좀 더 간단한 선택들이 아동에게 주어져야 한다.

(3) 숙달감과 통제

모든 아동은 자신 삶의 문제를 완전히 이해하고 적절하게 푸는 법을 배울 수 있다고 느끼는 것이 필요하며 그렇게 할 수 있는 기회를 부여받아야 한다. 숙달 경험은 스스로에 대한 아동의 믿음을 강화시키며 긍정적인 자기개념에 기여한다(Oaklander, 1988; Papalia and Olds, 1996; Seligman, 1996). Shapiro(1997)에 따르면, 숙달은 내면의 통제감을 말하는데, 이는 환경을 이해하는 능력이며 환경에 효과적으로 반응하는 것을 가리킨다. 숙달감 없는 아동의 자기감은 명료하지 않다.

역기능적인 가정의 아동은 건강한 발달에 필수적인 숙달감을 경험할 기회를 종종 박탈당한다. 어떤 경우는, 부모가 아동에게 너무 많은 것을 해 주어서 실험하고 싶은 아동의 욕구를 박탈시킨다. 다른 경우는, 부모가 너무나 엄격하게 행동해서 아동이 실험하고 발견해 가는 것이 절대 허용되지 않는다(Oaklander, 1994a, 1997). 부모는 종종 직접적인 상호작용을 통해 또는 간접적인 메시지를 통해 자녀가 잘하고, 완벽하고, 영특하고, 형이나 언니나 동생처럼 하고, 뛰어나며, 착하거나, 예쁠 때만 허용될 것이라는 메시지를 준다. 아동은 특정 역할을 완수했을 때만 조건적으로 수용된다고 느꼈기 때문에 이러한 메시지들이 아동의 삶에서 내사가 되어 아동의 자기감에 부정적인 영향을 미친다. 이와 같은 내사는 아동의 좋은 자기감을 깎아내리고, 약화시키고, 왜곡시키며, 심지어 파괴시키기도 한다. 조건적인 사랑은 아이보다 행동이 더 중요해진다는 것을 의미한다. 무조건적인 사랑은 수용, 돌봄, 지지 그리고 비교하지 않는 것뿐만 아니라, 자신감을 키우는 행동 또한 격려하는 반면, 행동과 그 사람은 분리되어 있다는 것을 의미한다(Humphreys, 2002).

부모는 때로 활동의 성공적인 수행을 칭찬하는 것이 자녀로 하여금 의존성을 키운다는 것을 깨닫지 못하는데, 이 아이들은 자신이 부모를 기쁘게 하기에 충분하지 않다는 두려움을 경험할 수 있다. 따라서 치료자와 부모는 아동이 자신의 노력으로 어떤 활동을 숙달하도록 격려하는 법을 배우는 것이 중요하다. 성과가 아니라 아동의 노력이 중요하다(Humphreys, 2002). 숙달 경험은 다양한 놀이치료 기법들과 활동에 의해 아동에게 주어질 수 있다.

아동은 다른 사람들이 자신을 보고 존중하길 바라는 욕구도 있고, 자신의 말과 행동으로 변화를 일으키고도 싶다. 그래서 아동은 자신의 삶에 대한 책임을 지고 그것에 대해 선택권을 행사할 수 있는 동의를 얻어야 한다(Shoeman, 1996a).

Oaklander(1997)는 아동이 치료자를 신뢰하기 시작함에 따라, 아동은 회기에서 통제하기 시작한다고 설명한다. Oaklander(1997)는, 치료를 받는 대부분의 아이들이 자신의 삶에서 통제력과 힘이 없으며 그들 중 대부분은 이것을 위해 싸우기 때문에, 이러한 행동을 긍정적인 진전으로 본다. 치료 회기에서 아동이 경험하는 통제의 유형은 힘겨루기에서 얻어지는 통제력과 같은 것이 아니라, 오히려 치료자와 그때 통제력을 경험하고 있는 아동 간의 상호작용에 의한 접촉을 하는 것으로 간주된다.

따라서 아동의 자기감을 강화하고 그들에게 통제력을 주기 위해 치료과정을 통해 아동이 숙달감을 경험해야 함은 분명한 사실이다. 아동이 치료회기 동안 통제하기를 시작한다면, 이는 치료자와 아동 사이에 힘겨루기가 아닌 접촉하기와 긍정적인 성장으로 보아야 한다. 이를 위한 선택과 책임질 기회는 아동의 통제와 숙달 경험을 촉진한다.

(4) 투사의 소유

게슈탈트 놀이치료에서 사용되는 몇 가지 기법들은 투사적 특성이 있다. 예를 들어, 모래 상자나 찰흙놀이에서 보이는 아동의 투사는 흔히 아동 삶의 비유적인 표상이다. 아동이 투사를 할 수 있다면, 아동은 스스로에 대해 그리고 자신의 과정에 대해 진술할 것이며, 그렇게 함으로써 자신에 대한 알아차림이 향상되고 경계도 강화된다(Oaklander, 1997). 놀이치료 기법으로서의 투사는 4장에서 자세히 논의된다. 아동이 투사를 소유하는 능력은 자기감의 지표이다. 아동이 투사를 할 수 있다면, 아동은 자신의 과정의 일부로 투사를 가지고 자신이 욕구를 충족시키는 방식에 대해 진술한다.

(5) 경계와 제한

Oaklander(1997)에 따르면, 경계와 제한은 놀이치료 회기에서 아동의 자기감을 강화시키는 더 많은 기회를 제공한다. 이는 2장에서 자세히 논의되었다.

(6) 놀이성, 상상 그리고 유머

게슈탈트 놀이치료는 아동의 자연스러운 발달을 따르며, 이를테면 아동의 자기감을 강화하기 위해 놀이성, 상상, 유머 요소가 포함되어야 한다. 저자는, 많은 경우, 아동이 부끄러워하고, 제한되어 철수되었을 때조차도 나-너 관계를 만드는 데 놀이성과 유머가 기여한다는 점에 주목했다. 아동이 심각한 트라우마를 겪었을 때, 자신과 그리고 자신의 감각과 접촉이 안 되기 때문에 처음에는 유머와 놀이성에 반응하기란 어렵다. 이러한 아동은 보다 심한 상처와 고통으로부터 자신을 보호하고자 보통 접촉경계장애를 사용한다. 그러나 저자의 경험에 비추어 보면, 이 아이들의 접촉 기술이 다시 최적의 방법으로 사용될 때, 더 재미있는 방식으로 반응할 수 있고 치료자에 의해 시작된 유머에도 반응할 수 있다는 것이 밝혀졌다.

어린 아동은 놀이성과 상상을 위한 타고난 느낌을 가지고 있으며 재미있는 것을 보고 웃는 것을 즐긴다. 어린 아동은 보통 억누르거나 제한하지 않는다. 상상력이 풍부한 놀이는 또한 아동 발달의 필수적인 부분이다. 놀이는 아동의 자연스러운 자기표현, 즉 그 순간 아동에게 무엇이 중요한지에 대한 표현 방법이기 때문에 즐거움의 요소는 아동의 놀이에 항상 존재한다(McMahon, 1992; Oaklander, 1997; Schoeman, 1989; West, 1992). 그러나 트라우마를 경험한 아이들은 흔히 공상에 빠지거나 웃는 것을 어려워한다. 그래서 상징적이며 즐거운 놀이를 위한 다양한 경험을 제공하는 것은 게슈탈트 놀이치료에서 아동의 자기감을 높이기 위해 반드시 다뤄져야 하는 필수적인 측면이다.

따라서 아동의 자기감은 게슈탈트 놀이치료 과정에서 다양한 방식으로 강화될 수 있다. 이러한 측면은 정서적인 접촉을 하는 데 중요한 선결조건이다. 자기진술, 선택, 숙달과 통제를 경험할 기회 그리고 투사 소유하기와 같은 앞서 언급한 모든 측면들이 게슈탈트 놀이치료 과정 동안 지속적으로 그리고 반복적으로 일어나야 하기 때문에, 아동의 자기감을 강화하는 것은 치료과정에서 한 단계로 제한되지 않는다.

2) 아동의 자기감 강화를 위한 기법과 활동

아동은 판타지, 그림, 찰흙 작업, 퍼펫, 극화된 놀이, 음악, 은유 또는 꿈을 활용하여 자신에 대해 이야기할 수 있도록 도움받을 수 있다. 이러한 기법과 활동들은 아동의 자기감을 강화하며 아동에게 자기진술과 선택을 할 수 있는 기회를 제공할 뿐만 아니라, 경계 안에서 숙달감을 경험할 수 있는 기회를 제공한다. 4장에서 논의되는 투사기법은 아동이 자신의 투사를 소유할 때 더 강한 자기감을 갖도록 도움이 될 수 있으며, 아동이 자신의 투사를 소유하기 위한 충분한 내적인 힘을 획득할 수 있도록 돕기 위해, 특히 접촉과 자기지지 단계에서 사용할 수 있는 확실한 기법과 활동들이 있다. 그러한 기법은 다음과 같다.

(1) 의미의 명료화

의미의 명료화(Semantic clarifications)는 아동이 점점 더 자기지지적인 방식으로 행동하도록 이끌기 위해 게슈탈트 놀이치료에서 성공적으로 쓸 수 있다. 그러나 이는 아동의 인지 발달 수준을 고려하면서 지속적으로 실행되어야 하는데, 그렇지 않은 경우 의미의 명료화는 아동에게, 특히나 어린 아동에게는, 단어의 단순한 추상적인 반복이 될 것이다. 의미의 명료화는 치료과정의 어떤 단계에서도 사용할 수 있으며, 이는 아동이 자기진술을 하는 것으로 이어진다는 점에서 아동의 자기감 강화에 도움이 된다.

Aronstam(1989)과 Yontef(1993)에 인용된 내용에 따르면, Perls는 치료과정에서 의미의 명료화를 강력히 강조하였는데, 의미의 명료화가 내담자로 하여금 더 많은 책임감을 받아들이게 하고 이에 따라 자기 진술에 기여하기 때문이다. 치료에서, 내담자는 특정 단어들을 대체하거나 강조하도록 자주 요구된다. Thompson과 Rudolph(1996)는 5~12세 사이의 아동과 의미의 명료화를 사용하는 것에 관하여 다음과 같은 예시를 주었다.

- '나' 언어('I' language): 예를 들어, "네가 덧셈을 이해하지 못하는 게 얼마나 나쁜

지 너도 알고 있지. 그래서 선생님도 너에게 화가 난 거야."처럼, 아동이 일반화된 '너'를 사용할 때, 아동에게 '나'를 사용하도록 격려한다. 치료자는 아동이 오히려 이렇게 말하도록 돕는다. "내가 덧셈을 이해하지 못하는 게 얼마나 나쁜지 나는 알아. 그래서 선생님은 나에게 화가 났어." '너'를 '나'로 대체하도록 도움을 받으면, 아동은 자신의 생각, 감정, 행동에 대해 책임을 진다(Fagan and Shepherd, 1970). '나' 언어의 사용은, 아동이 자신에 대해 점차 더 많은 책임을 지도록 배운다는 점에서, 아동의 자기지지적인 행동을 촉진시킨다.

- '할 수 없는(can not)'을 '안 할 거야(will not)'로 대체하기: "나는 수학을 할 수 없어."를 "나는 수학을 하고 싶지 않아."로 대체하기. 이와 같은 의미의 명료화는 또한 아동이 자신의 행동과 감정에 대한 책임을 받아들이는 데 도움이 된다.

- '왜'를 '무엇'과 '어떻게'로 대체하기: 왜라고 묻는 질문 대신에, 다음의 질문들처럼 물어본다. "그게 딱 일어났을 때 너는 어떻게 느꼈어?" 또는 "우리가 너의 행동에 대해 이야기를 나누는 동안 발로 무엇을 했었어?" 이를 확장하여, 아동에게 다음과 같이 물을 수도 있다. "이 순간 나는 [감정 단어]을 느끼고 내가 어떻게 느끼는지에 대해 책임을 [어느 정도]% 진다." 일단 아동이 무엇과 어떻게에 대한 질문에 대답하면, 아동은 자신에 대한 책임을 질 수 있다. 유치원과 초등학교 1~2학년 아이들은 자신의 감정에 대해 몇 퍼센트의 책임을 질 것인지 보여 줄 수 없는데, 이것이 그들에게 추상적인 개념일 수 있기 때문이다. 그러나 왜 질문들을 무엇과 어떻게로 대체하는 것은 가능하다.

- 질문들을 진술로 대체하기: 이 방법은 아동이 자신의 감정과 생각을 좀 더 직접적으로 표현하도록 도움을 준다. 아동에게 "당신은 내가 그 친구들과 더 이상 놀면 안 된다고 생각하세요?"라고 질문하는 것 대신에, 아동이 다음과 같이 말하도록 장려한다. "나는 내가 그 친구들과 더 이상 놀지 않아야 된다고 생각해요."(Fagan and Shepherd, 1970; Yontef, 1993). 이러한 의미의 명료화는 결과적으로 자기감을 강화하는 자기 진술을 아동이 점차 더 할 수 있도록 돕기 위해 아동에게 성공적으로 활용될 수 있다.

- 뒷공론하지 않기: 아동이 그 공간 안에 없는 누군가에 관해 이야기를 할 때, 그

사람을 빈 의자에 두고서, 현 시점에서 그 사람에게 이야기할 것을 권장한다. 이것의 예시로, 아동은 "나는 선생님이 나를 불공평하게 대한다고 생각해." 대신에 그 선생님을 빈 의자에 두고 선생님께 말하는 것이다. "선생님, 저는 선생님이 저를 불공평하게 대한다고 생각해요." 이후 아동은 다른 의자로 옮겨 가 그 선생님을 대신해서 이야기하도록 하고 이 대화는 모든 측면에서 이야기가 다 다뤄질 때까지 이어진다(Fagan and Shepherd, 1970; Yontef, 1993). 빈 의자 기법은 4장에서 자세히 다뤄진다. 이 원리는 아동이 더 많은 자기진술을 할 수 있도록 돕는다. 아동이 자신의 감정을 어른에게 직접적으로 표현하는 것은 아동이 그렇게 하는 것을 방해하는 내사로 인해 어려운 일이다. 이런 점에서 빈 의자 기법의 사용은 아동이 자신의 미해결감정을 표현하도록 도움을 주는데, 이것이 보다 위협적이지 않은 방식이기 때문이다.

(2) 아동의 자기감 강화를 위한 다른 기법과 활동

Blom(2000), Hobday와 Ollier(2002), Oaklander(1988, 1997, 1999), Schilling(1996), Schoeman(1996b) 및 Schomburg와 Sharapan(1999)이 설명한 아동의 자기감 강화에 사용될 수 있는 기법들의 요약은 다음과 같다.

☑ 양극성에 초점 맞추기

아동이 자기감을 강화할 때, 다양한 기법들, 활동 및 매체가 아동이 스스로 경험하는 양극성들에 초점 맞춰 사용될 수 있다. 양극성의 통합은 이 단계에서 일어날 수 있으며 게슈탈트 치료의 목표인 통합을 달성하는 데 기여할 뿐만 아니라 아동의 자기감 강화에도 도움이 된다.

- 치료자는 아동이 얘기한 대로, 아동이 좋아하고 싫어하는 음식의 리스트 또는 학교에서 아동이 좋아하는 점과 싫어하는 점들의 리스트를 만들 수 있다.
- 아동에게 잡지에서 자신이 좋아하고 싫어하는 것들을 보여 주는 사진들을 자르도록 하고, 아동은 그것들로 자신이 좋아하는 것들의 콜라주와 자신이 좋

아하지 않는 것들의 콜라주를 만든다.

- 아동에게 자신이 좋아하는 것과 싫어하는 것, 자신을 행복하게, 슬프게, 화나게 또는 두렵게 하는 것, 혹은 아동이 하고 싶은 모든 것들을 그리게 한다.
- 공을 던질 때마다 아동은 자신에 대해 진술하고 그때 공을 타겟에 던지게 한다.
- 자신이 기분이 좋을 때 그리고 기분이 좋지 않을 때 자신을 나타내는 사람 모습 또는 추상적인 상징을 만들어 보게 한다.
- 아동에게 찰흙으로 자신이 보는 자기모습과 타인이 보는 자신을 만들어 보게 한다.
- 아동에게 동그라미 하나를 그리게 한다. 그 안을 여러 부분으로 나눠, 각 부분에 자신의 일부를 표현하는 단어를 쓰거나 그림을 그린다. 그런 다음 각 부분의 양상들과 갈등을 분명하게 정리하고 설명하기 위해 여러 부분들 간의 대화가 진행될 수 있다.

☑ 숙달감에 초점 맞추기

회기 중에 예들 들어, 그림 맞추기 퍼즐을 하거나 레고 블럭으로 구조를 만듦으로써 아동이 숙달감을 경험하도록 한다. 그림이나 찰흙 만들기와 같은 몇 가지 투사 기법들은 아동의 창작품에 대한 누군가의 칭찬이 없어도 아동에게 내면의 숙달감과 만족감을 제공한다. 이러한 기법들과 활동 및 매체의 사용으로 부여된 숙달감의 경험은 긍정적인 방향으로 아동의 자기감을 촉진시킨다. 게슈탈트 놀이치료 과정에서, 아동은 끊임없이 숙달감을 경험할 기회를 가져야 하는데, 이러한 측면은 특히 아동의 자기감 강화에 초점을 맞춘 단계에만 한정되진 않는다.

☑ 자기 진술에 초점 맞추기

- 아동에게, 뚱뚱한/날씬한, 직모/곱슬머리, 아름다운 코/크고 못생긴 코 등등, 외모를 표현하는 단어들의 목록을 준다. 그리고 현재 자신을 묘사하는 단어에 동그라미를 치게 한다. 아동에게 또 다른 리스트를 주는데, 예를 들어, 갈색머리/금발처럼 그들을 묘사하는 단어 리스트, 그리고, 예를 들어, 책 읽기/

음악 듣기처럼 즐길 수 있는 것들, 그리고 덧셈/컴퓨터 게임처럼 그들이 잘할 수 있는 활동들을 표현하는 단어들의 목록이다. 아동에게 자신을 묘사하는 단어들에 빨간색 동그라미를 치고, 자신이 즐길 수 있는 것엔 파란색 동그라미, 자신이 잘할 수 있는 활동을 표현하는 단어들엔 초록색 동그라미를 치게 한다.

- 아동에게 다음의 말을 완성하도록 한다.
  - 내가 가장 좋아하는 색은…
  - 내가 가장 좋아하는 냄새는…
  - 내가 가장 좋아하는 맛은…
  - 내가 가장 만지기 좋아하는 것은…
  - 내가 가장 좋아하는 소리는…
- 아동에게 거울 앞에서 자신을 보고 거울에 비친 자신의 상과 이야기하도록 한다.
- 아동의 새로운 사진과 오래된 사진을 본다.
- 큰 종이에 아동의 실루엣을 그리고 판타지를 사용하여 아동 신체의 특정 부분에 집중하거나 그려지는 대로 신체의 각 부분에 대해 이야기한다.
- 아동에게 종이 한가운데 자신을 그리고 맨 위쪽에 자신의 이름을 쓰고 "나는…"을 쓰도록 한다. 만일 아동이 이렇게 할 수 없다면, 치료자가 할 수 있다. "이건 네가 어떤 사람인지, 네가 좋아하고 싫어하는 것을 보고 너에 대한 모든 것을 알아가는 활동이야."라고 설명한다. 그림 주위에 받아 적을 수 있는 모든 질문을 아동에게 한다. 다음은 질문의 예시이다.
  - 가장 좋아하는 음식은 뭐야?
  - 너의 가장 친한 친구는 누구니?
  - 방과 후에 뭐 하고 싶어?
  - 뭘 잘하니?
- 아동이 자신의 아이디어, 생각 또는 의견을 반드시 표현해야 하는 '말하기, 느끼기, 행동하기' 게임과 같은 보드게임을 활용한다. 이 게임은 다음과 같다.

아동과 치료자는 던져서 나온 주사위의 숫자만큼 게임판의 진행방향을 따라 이동한다. 만일 주사위를 던진 사람이 흰색 칸에 가게 되면, 말하기 카드를 가져간다. 노란색 칸에 가게 되면 느끼기 카드를 가져가고, 빨간색 칸은 행동하기 카드를 가져간다. 치료자는 치료적 상호작용을 위한 각 질문에 대한 아동의 반응을 활용한다. 말하기 카드는 특히 아동이 인지적 반응을 하도록 장려하며, 느끼기 카드는 정서적인 측면에 집중한다. 행동하기 카드는 신체활동에 초점을 둔다. 몇 장의 카드는 "가장 좋아하는 아이스크림은 무엇입니까?"와 같은 낮은 수준의 불안을 경험하게 할 수 있는 질문들이 적혀져 있다. 그러나 대부분의 카드는 "당신에 대해 두 사람이 이야기를 하고 있는데 그들은 당신이 듣고 있다는 사실을 알지 못하는 상황에 대해 이야기해보자. 이때 그들이 무슨 이야기를 할 거라고 생각합니까?"와 같이 중간 정도의 불안을 겪게 하는 질문들이다(Gardner, 1983; van der Merwe, 1996a). 이 게임은 현대 생활에서 아동과 좀 더 연관된 것들로 질문을 대체하기 위해 1998년에 개정되었다.

☑ 판타지 사용하기

장미 덤불 판타지와 안전한 장소 판타지를 구체적으로 참고하여 판타지를 활용하라. Oaklander(1999)에 따르면, 이 두 가지 판타지는 아동의 자기감을 강화하는 데 성공적으로 활용될 수 있다. 이 두 가지 판타지는 2장에서 논의되었다(pp. 70-73).

3. 결론

아동의 접촉 기술과 자기지지를 향상시키는 것은 게슈탈트 치료과정에서 중요한 단계이다. 감각 접촉과 신체 접촉 그리고 아동의 자기감 강화에 특히 집중해야 한다. 아동의 자기감 강화에 관하여, 자기 정의, 선택, 숙달감, 권한과 통제, 투사 소유하기, 경계와 제한, 그리고 놀이성, 상상, 유머에 집중해야 한다. 자기지지와 강한 자기감은 다음 단계인 감정 표현을 위한 선결조건이다.

찰흙 만들기 및 모래놀이와 같은 아주 다양한 매체와 활동은 아동의 감각 접촉을 촉진시키는 데 사용될 수 있다. 활동은 모든 감각들, 즉 만지기, 보기, 듣기, 맛보기 그리고 냄새 맡기에 초점을 둔다. 한 가지 이상의 감각 접촉 기능을 동시에 다루기 위해 몇 가지 활동을 조합하여 사용할 수 있다. 예를 들어, 핑거페인팅을 하면서 음악을 듣는 것은 만지기와 듣기 기능 둘 다를 포함한다.

신체 접촉을 하기 위한 기법과 활동에 관해서는, 특정 동작이나 감정을 극화하기처럼 신체 알아차림을 촉진시키는 기법과 활동, 호흡에 대한 알아차림과 효과적 사용을 향상시키기 위한 기법과 활동 그리고 이완 기법과 활동으로 구분된다. 아동의 자기감을 강화하는 기법은 아동이 좋아하고 싫어하는 측면들처럼 아동의 양극성에 초점을 맞추는 것을 포함한다. 예를 들어 조각그림 맞추기 퍼즐을 완성해 냈을 때의 숙달감 경험은 아동의 자기감 강화에도 기여할 수 있으며, 아동이 자신의 신체 및 특성과 접촉하게 하는 기법이 될 뿐 아니라 자신의 고유성을 이해할 수 있게도 한다. 다른 활동들로는 '말하기, 느끼기, 행동하기' 보드게임이나 장미 덤불 판타지 그리고 안전한 장소 판타지를 활용할 수 있다.

'나' 언어의 사용 및 질문을 진술문으로 대체하기와 같은 의미의 명료화는 또한 아동의 자기감을 강화할 수 있다. 그러나 이는 더 어린 아동에게는 단순히 추상적인 말의 반복으로만 경험하는 것을 막기 위해 구체적인 방식으로 설명되어야 한다. 의미의 명료화는 아동이 자신에게 더욱 책임을 지고 결과적으로 자기지지적인 행동을 긍정적으로 증가시키는 데 도움이 된다.

참고문헌

Aronstam, M. (1989). 'Gestalt therapy.' In D. A. Louw (ed) *South African Handbook of Abnormal Behaviour*. Johannesburg: Southern.

Artz, S. (1994). *Feeling as a way of Knowing: A Practical Guide for Working with Emotional Experience*. Toronto: Trifolium.

Axline, V. M. (1994). *Play Therapy*, 4th edition. Edinburgh: Churchill.

Blom, B. (2000). *A Gestalt Play Therapy Helping Programme in Social Work for Junior Primary School Children's Emotional Intelligence*. Unpublished doctoral thesis. Bloemfontein: University of the Free State.

Clarkson, P. (1989). *Gestalt Counseling in Action*. London: SAGE.

Cooke, J. (1996). *Early Sensory Skills*. Chesterfield: Winslow.

Fagan, J. and Shepherd, I. L. (1970). *Gestalt Therapy Now: Theory, Techniques, Applications*. California: Palo Alto.

Fontana, D. and Slack, I. (1998). *Teaching Meditation to Children: A Practical Guide to the Use and Benefits of Meditation Techniques*. Shaftesbury: Element.

Gardner, R. A. (1983). 'The talking, feeling and doing game.' In C. E. Schaefer and K. J. O'Connor (eds) *Handbook of Play Therapy Techniques*. London: Jason Aronson.

Hobday, A. and Ollier, K. (2002). *Creative Therapy with Children and Adolescents: A British Psychological Society Book*. Atascadero, California: Impact.

Humphreys, T. (2002). *Self-esteem: The Key to Your Child's Future*. Scotland: Newleaf.

Landreth, G. L. (1991). *Play Therapy: The Art of the Relationship*. Indiana: Accelerated Development.

McMahon, L. (1992). *The Handbook of Play Therapy*. London: Routledge.

Morris, C. G. (1996). *Understanding Psychology*, 3rd edition. New Jersey: Prentice.

Oaklander, V. (1988). *Windows to Our Children: A Gestalt Therapy Approach to Children and Adolescents*, 2nd edition. New York: The Gestalt Journal Press.

Oaklander, V. (1992). 'The relationship of gestalt therapy to children.' *The Gestalt Journal* 5, 1, 64-74.

Oaklander, V. (1994a). 'From meek to bold: a case study of gestalt play therapy.' In T. Kottman and C. Schaefer (eds) *Play Therapy in Action: A Casebook for Practitioners*. London: Jason Aronson.

Oaklander, V. (1994b). 'Gescalt play therapy.' In K. J. O'Connor and C. E. Schaefer (eds) *Handbook of Play Therapy Volume Two: Advances and Innovations*. New York: Wiley-Interscience.

Oaklander, V. (1997). 'The therapeutic process with children and adolescents.' Gestalt

Review 1, 4, 292–317.

Oaklander, V. (1999). *Course Notes of Summer School: Psychotherapy for Children and Adolescents*. Santa Barbara: Oaklander.

Papalia, D. E. and Olds, S. W. (1996). *A Child's World: Infancy Through Adolescence*, 7th edition. United States of America: McGraw-Hill.

Schilling, D. (1996). *50 Activities for Teaching Emotional Intelligence: Level 1 Elementary*. Torrance: Innerchoice.

Schocman, J. P. (1989). 'Spelterapie–middel tot 'n doel.' In S. M. van Staden, I. J. J. van Rooyen, E. A. K. Hugo and W. F. van Delft (eds) *Maatskaplikewerk-opleiding Oor Sestig Jaar*. Hillcrest: Owen Burgess.

Schocman, J. P. (1996a). 'Handling aggression in children.' In J. P. Schoeman and M. van der Merwe (eds) *Entering the Child's World: A Play Therapy Approach*. Pretoria: Kagiso.

Schoeman, J. P. (1996b). 'Sensory contact with the child.' In J. P. Schoeman and M. van der Merwe (eds) *Entering the Child's World: A Play Therapy Approach*. Pretoria: Kagiso.

Schomburg, R. and Sharapan, H. B. (1999). *We All Have Feelings*. Huntington Beach: Creative Teaching.

Seligman, M. P. E. (1996). *The Optimistic Child*. New York: Harper Perennial.

Senior, L. and Hopkins, K. (1998). *Growing Up with a Smile*. Florida Hills: Smile.

Shapiro, L. E. (1997). *How to Raise a Child with a High EQ: A Parent's Guide to Emotional Intelligence*. New York: Harper Collins.

Stone-McCown, K. S., Freedman, J. M., Jensen, A. L. and Rideout, M. C. (1998). *Self-science: The Emotional Intelligence Curriculum*. San Mateo: Six Seconds.

감정 표현

감정 표현은 게슈탈트 놀이치료 과정에서 또 하나의 중요한 단계이다. 치료자들은 종종 아동이 자신의 표현되지 않은 감정과 접촉할 수 있는 이 단계에 오려고 서두르는데, 왜냐면 정말로 진전을 보이고 있다고 생각하기 때문이다. 그러나 아동들이 먼저 자신의 접촉 기능을 효과적으로 사용할 수 있어야 하고 치료과정의 초점이 감정 표현으로 넘어가기 전에 자기감이 충분히 강해야 한다는 것을 기억하는 것이 중요하다.

Oaklander(1994a, 1994b, 1997)는 그녀의 모델에서 다루어져야 하는 감정 표현의 두 가지 주요 측면, 즉 공격적인 에너지의 표현과 감정 표현을 구분해서 설명하였다. 이 두 가지 측면과 각각에 대한 내용이 이 장에서 설명될 것이다.

1. 공격적 에너지의 표현

Oaklander(1994b)에 따르면, 행동으로 옮기고 욕구를 만족시키기 위해서는 공격적인 에너지가 필요하다. Oaklander는 공격적인 에너지를 "강력한 에너지 또는 주도적 힘을 끌어내기 위해 분출되는 것"으로서 정의했다(Oaklander, 1997, p. 304). 그녀는 또한 '공격적 에너지는 행동과 관련된 힘의 의미 이상(Oaklander, 1994b, p. 150)'이라고 언급했다. 이 개념은, 예를 들어 사과를 한 입 베어 물거나 강한 감정을 표현하는 데 필요한 에너지를 말하며, 이는 아동이 행동을 취할 수 있도록 자기지지가 되어 준다. 정서적인 문제를 가진 아동들은 종종 자신의 에너지로부터 일어나는 일에 대해 혼란스러워한다. 예를 들어, 빈약한 자기감으로 두려움을 겪고 있는 아동은 공격적인 에너지가 부족하다는 것이 드러나므로 종종 그것을 처리하기 위해 반전을 사용한다. 그래서 그들은 이 에너지를 안으로 돌리므로 두통이나 위장병과 같은 심인성 신체화 증상이 생기게 된다. 아동들이 공격적으로 행동하고 그것을 조절하기 위해 싸울 때, 그들은 경계를 넘어서는 행동을 하기 때문에 에너지 부족을 겪게 된다. 그들은 접촉경계장애로 편향을 이용한다.

이 단계의 치료 과정에서는 아동이 공격적인 에너지를 경험하고 그것을 편안하게 느끼도록 하기 위해 다양한 기회를 제공해야 한다. 그래서 억압된 감정을 표현하기 전에 자기지지를 획득하는 것이 선행되어야 할 조건이지만, 공격적인 에너지를 표현하기 위한 활동은 치료자와의 상호 작용을 통해 이루어져야 한다. 이것은 대개 어떤 내용이든지 관계없이 놀이라는 방식 안에서 우선적으로 이루어지게 된다(Oaklander, 1994a, 1994b, 1997). 문제가 있는 아동들은 종종 공격적인 에너지에 당황하여 접촉경계장애로 처리하기 때문에, 게슈탈트 놀이치료 과정 내의 놀이 안에서, 위협적이지 않은 방식으로 이 에너지를 표현할 수 있는 다양한 기회를 가져야 한다. 공격적 에너지의 표현은 건강한 감정 표현을 위한 전제 조건이다. 그동안의 많은 임상 경험에서 저자는 아동이 공격적인 에너지와 접촉하게 되면, 그간 표현하지 못한 자신의 감정과의 접촉을 훨씬 더 편안하게 느낀다는 것을 발견해 왔다. 이 단계에서 사용된 활동은 치료자가 적극적으로 작업에 참여할 때, 치료적 나-너 관계에 도움이 된다.

> 주의력결핍 과잉행동장애로 진단받은 7세 아동은 전체 놀이 회기를 모두 공격적 에너지 표출을 하면서 보냈는데, 6회기 전까지는 저자와의 접촉이 매우 어려웠다. 그러나 그 회기가 끝난 후, 아동은 자발적으로 저자에게 "계속 치료를 오고 싶다."라고 말했다. 그의 접촉하기 및 접촉 기술은 향상되었고, 긍정적인 나-너 관계를 위한 기초가 형성되었다.

1) 공격적 에너지 표현을 위한 기법 및 활동

공격적 에너지 표현은 아동의 건강한 감정 표현의 전제 조건으로 간주된다. 찰흙으로 만들기와 인형극과 같은 재미있는 활동을 통해 아동들은 공격적 에너지를 표현할 수 있다. 찰흙을 던지거나 라켓으로 쿠션을 치는 것과 같은 몇 가지 활동들 또한 이 과정에서 몇몇 단계를 거치면서 사용될 수 있고, 아동들은 이런 감정들을 다루기 위한 가능한 전략으로서 자신의 미해결 감정과 접촉할 수 있도록 도움을 받는다. 예를 들어, 그들은 화가 났을 때, 누군가를 때리는 대신 벽을 향해 찰흙 공을 세게 던지면서 분노를 표현해야 한다는 것을 안다. 저자는 종종 '실제로 해 보는 경험'을 세션에서 한 후에 부모가 집에서 같은 종류의 활동을 하도록 하기 위해 찰흙 또는 다른 '도구'를 사 줄 것을 제안한다.

실제로 해 보는 경험으로써 둥근 구멍이 있는 나무 틀(프레임)에 망치로 여러 가지 둥근 나무 블록을 쳐 넣는 활동은 이 단계에서 효과적으로 사용될 수 있음을 발견하였다.

> 새로 태어난 여동생 때문에 많은 공격성을 보이는 6세 아동은 이 활동을 아주 좋아해서 실제로 부모에게 자신의 것을 사달라고 요청했고, 가족들은 이것을 '가족 분노 기계'라고 부르기로 했다.

Blom(2000), Oaklander(1988, 1994a, 1994b, 1997) 및 Schoeman(1996b)은 공격적 에너지를 표현하기 위한 다음과 같은 기술과 활동을 제안한다.

- 신문을 물에 적셔서 아동이 주먹으로 칠 수 있을 정도의 위치에서 잡고 있다.
- 아동이 쿠션을 치도록 한다.
- 아동이 블록 주변을 돌며 뛰어다니게 한다.
- 아동이 찰흙으로 모형을 만들고 부수도록 한다.
- 찰흙 던지기 게임을 통해 아동과 치료자가 찰흙을 아주 세게 던지도록 한다.

치료자는 찰흙을 던질 때마다 소리를 크게 내고 아동도 그렇게 하도록 촉진한다.

• 퍼펫으로 싸움을 하면서 서로 먹고 먹히게 한다. 예를 들어, 치료자는 퍼펫을 들고 "너를 먹어 버리고 싶어. 하지만 너의 큰 발로 나를 차지는 마!"라고 하면서 아동과의 상호작용을 자극한다. 그러면 아동이 쫓아다니면서 치료자의 퍼펫을 치려고 도전할 것이다.

• 다트 총으로 서로 쏘는 놀이를 한다.

• '바타카와 싸워라'(폼 고무로 덮여있는 크리켓 방망이처럼 생긴 것, [그림 4-1] 참조).

• 물을 넣은 풍선을 벽에 던지게 한다.

[그림 4-1] 공격적인 에너지 표현 단계에서 아동과 '싸움'을 하는 게슈탈트 놀이치료자의 사진

Oaklander(1970)에 따르면 공격적 에너지를 표현하는 활동이 더 효과적이기 위해서는 특정 전제 조건을 충족해야 하는데, 다음과 같은 것들이 있다.

- 치료자가 수동적으로 바라보기만 한다면 치료자가 적극적으로 참여할 때와 같은 효과가 일어나지 않으므로 치료자는 이런 활동에 반드시 참여해야 한다. 이렇게 참여함으로써 아동은 두려움으로 가득한 내면의 힘과 더 쉽게 접촉할 수 있다.
- 이 활동들은 익숙하고 안전한 환경에서 이루어져야 하는데, 치료자가 환경을 잘 통제하고 있으므로 상처를 입어 놀이가 멈추는 일이 없도록 잘 조절하고 있다고 느끼게 해 주는 것이 필요하다. 활동을 시작하기 전에 예를 들어, '바타카' 싸움에서 치료자와 아동은 "서로의 얼굴을 칠 수 없다."와 같이 활동과 관련된 특별한 경계들(specific boundaries)에 대해 알려 준다.
- 활동은 재미있고 놀이하는 기분으로 해야 한다.
- 아동은 이전에 이런 에너지 경험을 피해 왔으므로 게임을 과장해야 한다. Oaklander(1997, p. 305)는 "균형을 잡으려면 먼저 그 중심점을 넘어서야 한다."고 말한다.

따라서 치료자는 아동과 치료자를 보호하기 위해 특별한 경계 안에서 게임을 해야 하면서도, 아동이 더 편하게 느끼도록 하기 위해 공격적 에너지를 표현하는 단계에서 적극적으로 참여해야 한다. 활동이 위의 전제요건을 잘 충족시키면 아동들의 자기감을 강화시키는 데 도움이 된다. 경계와 재미와 놀이성은 아동의 자기감 면에서 중요한 역할을 한다.

2. 감정 표현

감정 표현 단계에서 치료자는 처음에는 어떤 감정인지, 감정의 종류와 여러 가지 감정에 반응하는 신체에 초점을 맞춘다. 이는 그동안 미해결된 감정을 억제해 온 아동들에게 덜 위협적이고, 아동들이 자신의 억압된 감정을 투사해서 표현하도록 준비시킨다. 다양한 놀이치료 기법은 아동들이 감정을 표현하고 자신의 감정을 투사하고 감정을 처리하는 전략을 배우며, 감정을 표현하는 방법을 선택할 수 있도록 도와준다.

아동들의 감정 표현은 과정에서 나타나는 자연스러운 본성을 보여 주는 중요한 지표이다. 몇몇 아동들은 자신이 어떤 감정을 느끼는지 알지 못한다. 이것은 그들이 감정을 경험하지 못한다는 것을 의미하지는 않는다. 그들은 종종 언어로 표현하는 방법을 모른다. 많은 경우, 아동들은 부정적인 감정을 억제하는 경향이 있고, 치료 회기 중에 정서적으로 고통스러운 이야기를 자발적으로 표현해 내지는 못한다. 그러나 정서적 고통과 미해결된 감정은 종종 아동의 행동과 과정에 반영된다. 아동들에게 억압된 감정을 확인하고 경험하도록 돕는 것은 그들과의 치료 과정에서 필수적이다(McMahon, 1992; Oaklander, 1988, 1997; Schoeman, 1996d). 많은 아동들이 자신의 감정을 수용하고 경험할 수 있고, 감정은 자연스러운 인간 본성의 한 부분이라는 사실에 대해 통찰력을 얻으면 얻을수록, 아동들은 건강하고 사회적으로 받아들일 수 있는 방식으로 감정을 표현하는 기술을 쉽게 습득할 수 있다(Fontana and Slack, 1998).

아동들이 자신의 감정을 표현하는 방식은 그들의 과정과 관련이 있고, 종종 말보다는 행동으로 표현된다. 따라서 아동들은 부정적인 감정을 억제하는 경향이 있지만, 대부분 자신의 행동으로 보여 준다. 내사와 같은 접촉경계장애는 아동들이 종종 부정적 감정을 솔직하게 표현하지 못하고 감정을 수용받지 못하기 때문에, 감정을 억제하는 경향이 있다는 사실에 기인한다. 어떤 아동들은 감정 표현 단계 내내, 긴 시간 동안 감정에 대해 이야기하면서도 표현하지 못하고 억제하였다. 어떤 감정인지, 다양한 감정의 강도, 여러 가지 다른 감정에 대한 신체 반응과 같은 특성들은 상담초기에 인지적인 방법으로 탐색할 수 있다. 아동이 특정 감정에 대한 신체 반응을 구별하는 것에 성공하면, 그것들은 아동이 감정을 알아차리게 되는 가이드라인으로서 사용될 수 있다.

아동들과 감정에 대해 대화할 때, 반드시 자동적으로 자신의 감정 표현까지 넘어가야 하는 것은 아니다. 게슈탈트 놀이치료 중에는 그림, 찰흙 작업, 판타지, 극화된 놀이, 음악, 동작, 이야기, 모래 및 은유 등의 다양한 기법을 사용하여 아동이 억압된 자신의 감정을 표현하도록 돕는다. 아동들은 종종 자기와 자신의 과정에 관련된 것뿐만 아니라 자신이 필요로 하고 바라는 것, 그리고 표현되지 않은 감정을 투사한다(Oaklander, 1988, 1994b, 1997; Schoeman, 1996d). 감정 표현 단계에서 아동이 스스로 경험한 감정과 접촉하도록 안내해야 한다.

이 단계에서 다루어져야 하는 또 다른 내용은 아동들이 자신의 분노를 사회적으로 수용되는 방식 안에서 표현하는 것처럼 특정 감정을 어떻게 처리할지를 배우는 것이다. 이런 활용가능한 전략은 대개 놀이치료자의 방에서 기록되고 연습하게 된다. 따라서 아동들은 자신의 감정에 대해 이야기해야 하고, 감정을 표현하는 것을 선택하는 것을 배워야 하고, 감정을 처리하는 기술을 습득해야 함에 동의해야 한다. 이 단계에서 치료자가 부드럽고 존중하는 방식으로 질문하는 것이 중요하다. 또한, 치료자가 아동이 울 때 눈물에 초점을 두게 되면 몰아세우는 것처럼 느끼기 때문에 그렇게 해서는 안 된다. 만일 눈물에 초점을 두면, 아동들은 아마도 울음을 멈추려고 할 것이다. 치료자는 오히려 계속해서 이야기해야 한다(Oaklander, 1988, 1994b, 1997).

결론적으로, 감정 표현 단계에서 아동들이 일반적인 감정에 관해 그리고 다른 여러 가지 감정에 대한 신체 반응에 관해 이야기할 수 있도록 지지해 주어야 한다. 즉, 아동들은 놀이치료 기법과 활동을 통해 감정을 경험하고 투사하고 소유하고 표현할 수 있는 기회를 얻고, 다양한 감정을 처리하는 전략을 배워야 한다. 이와 관련하여, 두 가지 주요 사건, 즉 일반적인 감정에 관한 대화 기법 및 활동과 게슈탈트 놀이치료의 이론적 관점 안에서 감정 표현을 위한 무대 역할을 하는 투사 기법 간에는 차이가 있다.

1) 일반적인 감정에 대한 대화 기법과 활동

다양한 활동, 기법 및 매체들은 아동과의 일반적인 감정에 대한 대화를 위해 사용될 수 있다. 이것들은 아동들의 감정적인 어휘와 감정에 대한 이유를 말할 수 있는 능력, 그리고 비언어적인 다른 사람들의 감정을 알아차릴 수 있는 능력을 증진시킨다. 이렇게 아동들은 자기 알아차림에 집중하게 된다. 아동이 여러 가지 감정에 대한 자신의 신체 반응을 알아차리도록 돕는 기술과 활동은 3장에서 논의하였다. Blom(2000), Hobday와 Ollier(2002), Jensen과 Freedman(1999), Oaklander(1988, 1997), Schilling(1996), Schoeman(1996d), Shaprio(1997), Stone-McCown 등(1998), van der Merwe(1996a, 1996b) 및 Weston과 Weston(1996) 등이 제안한 것처럼 아래에서 논의되는 기법과 활동들은 일반적으로 아동이 자신의 감정을 알아차리는 능력을 향상시키는 데 사용될 수 있다.

- 아동에게 다양한 잡지와 흥미로운 그림, 가위, 풀을 주어라. 그들 자신의 여러 가지 감정을 경험할 수 있는 콜라주를 만들도록 요청하라. 사고와 관련된 자동차 사진이 상처받은 감정을 표현할 수 있다. 만들고 난 후 치료자에게 콜라주에 대해 설명하게 하라.
- 여러 가지 감정을 표현하는 사람들의 사진을 잡지에서 골라 콜라주를 만들고 각 그림 옆에 감정을 적도록 하라. 만일 아동이 감정을 표현하는 것이 어렵다면 나중에 치료에서 감정을 명명하기 위해 이 사진들을 이용할 수 있다.
- 아동에게 위쪽에는 행복한 표정이 있고, 아래쪽에는 슬픈 표정이 있는 감정 온도계를 주어라. 이것은 특정 사건과 관련하여 자신의 마음 상태 또는 감정을 평가하는 데 사용할 수 있고 이후 대화를 위해 사용될 수 있다.
- 아동과 함께 생각할 수 있는 만큼의 감정을 열거해 보라. 각 감정을 별도의 색인 카드에 적어라. 아동이 각각의 감정을 표현하는 표정을 그려 보도록 하라. 그리고 나서 아동이 카드를 뽑고 말하지 않고 감정을 표현하면 치료자가 맞추는 게임을 하라. 그러나 Schoeman(1996d)은 어린 아동들에게 너무 많은 감정은 그들을 혼란시키므로 치료자는 최대 다섯 개의 감정에 초점을 맞추라고 제안하였다. 다섯 가지 기본 감정(예: 행복, 슬픔, 혼란(cross), 자랑스러움, 두려움과 같은)이 있는 카드를 아동에게 보여 주고 아동은 언젠가 느꼈던 자신의 감정 표정을 선택한다.
- 얼굴을 나타내는 여러 개의 원 모양의 종이를 아동에게 주어라. 가능한 한 많은 여러 감정을 그 종이 얼굴에 그리도록 요청하라. van der Merwe(1996b)

는 이 기법은 아동의 감정 언어를 효과적으로 평가할 수 있다고 했다.

- 감정 목록을 만들고 그 감정을 끌어 낼 수 있는 사건들에 대해서 이야기하라.
- 아동에게 시나 이야기를 읽게 하고 이 이야기에서 가능한 한 많은 감정을 구별하도록 요청하라. Oaklander(1988)는 감정을 다루는 이야기 책이 특히 적합하다고 하였다.
- 여러 가지 감정이 그려진 종이 접시로 가면을 만들고 아동이 그 감정을 느꼈을 때에 대해서 대화를 나눈다.
- '나를 기분 나쁘게/행복하게/슬프게 만드는 것'이라는 제목으로 목록을 만든다. 그것을 상황과 사람, 그리고 내가 이것에 대해 어떻게 할 수 있는지에 대해 두 가지로 나누어라.
- 화, 슬픔, 행복과 같은 여러 가지 감정을 묘사하는 찰흙 모형 만들기를 사용하라. 예를 들어, 아동에게 찰흙으로 이런 각각의 감정들을 묘사하는 상징을 만들도록 요청하라.
- '감정단어 게임'은 Kaduson(1997)에 의해 소개되었다. 치료자는 아동에게 자신의 연령에서 경험할 수 있는 모든 감정을 목록으로 만드는 게임을 할 것이라고 말한다. 각 감정들을 별도로 준비된 종이 조각에 적는다. 치료자는 아동에게 이야기를 들려줄 건데 그 이야기 속 등장인물이 느꼈을 것으로 생각되는 특정 감정에 포커칩을 놓으면 된다고 설명한다. 아동 또한 비슷한 상황에서 자신이라면 어떻게 느꼈을지를 칩으로 놓을 수도 있다. 게임을 변형하여 어린 아동이 쉽게 할 수 있도록 감정을 글 대신 표정으로 그릴 수 있다. 어린 아동은 감정을 묘사하는 단어보다 감정의 시각적 표현을 더 잘 이해할 것이다.
- McDowell(1997), Meagher(1997) 및 O'Connor(1983)는 감정을 색깔과 연결시켜 다양한 감정 게임을 설명한다. O'Connor(1983)에 따르면 "너의 생활 기술을 색칠해 봐(Color your life technique)"라는 활동을 할 수 있다. 이 게임은 아동에게 감정을 이해하는 구체적인 방법을 가르치기 위해 고안되었고 특히 6~12세 아동들에게 효과적이다. 따라서 이것은 아동중기 연령에게 적합하다. 게임의 목적은 다음과 같다.

- 여러 가지 감정에 대한 아동의 알아차림을 향상시키기
- 아동이 자신의 정서적 수준에서 사건을 애기할 수 있도록 격려하기
- 아동이 단순하게 행동으로 표현하기보다 언어로 표현할 수 있도록 변화를 돕기
- 치료자가 아동으로부터 과거와 현재의 감정에 대한 일상 정보를 언어로 얻지 않고 보다 덜 위협적인 방법으로 접근하기 위한 것

다음의 방법이 사용된다. 치료자는 아동에게 특정 색깔을 특정 감정과 연결하여 말해 보라고 요청한다. "감정이 빨간색으로 변할 때에 대해 말해 주겠니?"라고 예를 들어 준다. 만일 아동이 모른다고 말을 하면, 사람들이 얼굴이 빨개질 때 어떻게 느끼는지 상상할 수 있겠냐고 물어볼 수 있다. 그런 다음 아동이 이것을 기분이 나쁠 때(cross)라고 말하면 빨간색을 화(angry)와 연관시킬 수 있다. 이런 식으로 색깔은 화, 분노, 슬픔, 매우 슬픔, 질투, 지루함, 외롭고 행복과 같은 감정과 연결된다. 아동은 종종 다음의 색깔과 감정을 연결한다. 붉은색(분노), 보라색[격렬한 화(furious)], 푸른색(슬픔), 검은색(매우 슬픔), 녹색(질투), 갈색(지루함), 회색(외로움), 노란색(행복). 또한 아동에게 실제적이고 구체적인 예를 들려주어 같은 감정의 강도 내에서 구체적인 방식으로 그 강도를 구별하도록 도움을 준다. 아동은 한 장의 흰색 종이를 받고 일상에서 그들이 경험하는 여러 가지 감정들을 종이 위에 표현한다. 예를 들어, 아동에게 이렇게 말할 수 있다. "네가 네 인생의 반 정도가 행복하다면, 종이의 절반은 노란색이 될 거야." 아동은 어떤 선이나 모양을 사용하여 종이 위에 색을 칠할 수 있다. 그런 다음 아동의 그림에 대해서 이야기한다.

- Meagher(1997)는 '감정 나무' 게임을 추가하였다. 이 게임에 의하면 색깔은 감정과 연관이 있다. 각각의 색이 있는 과일 공 4개는 여러 가지 감정을 나타내기 위해 찰흙으로 만들어 둔다. 이 과일 감정은 회색 감정 나무에 매달려 있고 아동은 과일을 골라 따는 기회를 가지고 그 특정 감정에 대해 이야기하

게 된다. 저자는 이 게임을 변형하여 퍼펫을 사용하여 아동에게 이야기를 들려주고, 이야기의 주인공이 특정 감정을 경험할 때마다 아동에게 찰흙으로 만든 공을 선택하라고 한다. 다른 주인공의 감정은 이후에 다루고 아동들도 이런 식으로 느낀 적이 있는지 물어볼 수 있다.

McDowell(1997)에 따르면, 'Pick-up sticks' 게임에서 스틱은 감정을 여러 가지 스틱 색깔과 연결지어 비슷한 방식으로 사용될 수 있다. 게임은 평소와 같이 진행되는데, 즉 아동과 치료자는 다른 사람의 스틱을 건드리지 않고 빼내야 한다. 스틱을 성공적으로 빼낸 사람은 자신의 삶에서 특정 감정을 경험했을 때에 대해 이야기할 수 있는 기회를 얻는다.

2) 감정 표현을 위한 투사 기법

아동들은 감정의 언어화가 되기 전 단계부터 감정을 소유하는 단계에 이르기까지 항상 자동적으로 움직이지 않는다. 이런 점을 비추어 볼 때, 투사 기법은 게슈탈트 놀이 이론적 관점에서 감정 표현을 위한 하나의 무대처럼 사용된다. 모래, 이야기, 판타지 및 은유, 퍼펫과 퍼펫쇼놀이, 창의적 무대 연극 그리고 그림과 같은 창의적이고 투사적인 기법은 감정 표현 단계에서 아동들이 자신의 감정을 투사하고 소유하고 직접 표현하도록 돕는다(Oaklander, 1994b, 1997). Oaklander(1997, p. 306)는 이러한 관점에서 다음과 같이 말했다. "이 방식들은 강한 감정을 불러일으킬 수 있는 강력한 투사에 도움이 된다. 아동이 만드는 모든 것은 그들 안의 무엇, 또는 적어도 그들이 관심을 가지는 그 무엇에 대한 투사이다."

이 장에서는 그리기와 칠하기(drawings and paintings), 모래 놀이, 찰흙 놀이, 꿈과 빈 의자 기법을 투사 기법으로 처리하기, 퍼펫, 퍼펫쇼, 이야기와 은유 등이 이 단계에서 적절하게 적용될 수 있는 투사 기법으로 간주된다는 점에 초점을 맞춘다. 그러나 이 기술은 5장에서 아동의 부적절한 해결 과정을 다루는 기술로 설명되어 있지만 독자는 감정 표현 단계에서 투사를 위해 사용할 수 있는 강력한 도구임을 기억해야 한다.

투사는 자기에게 일어난 것을 환경의 탓으로 돌리는 접촉경계장애로 간주된다. 그러나 자기의 일부가 투사되고 소유된다는 점에서 이것은 치료 중에 적극적으로 활용될 수 있다(Clarkson, 1989; Hardy, 1991). 투사는 아동의 삶에서 다양한 기능을 한다. 그것은 그들에게 기대되는 것을 가려내는 공간을 제공하고, 직접 맞닥뜨릴 수 없는 것은 좀 덮어 두려는 시도이다. 또한 투사는 비판과 거부를 받아들일 준비가 되지 않았을 때 아동이 자기존중감을 유지하면서 탈출할 수 있는 방법을 제공해 준다(Schoeman, 1996c).

Schoeman(1996c)에 따르면, 게슈탈트 놀이치료 중에 투사를 긍정적으로 사용하는 것은 다음과 같은 목표를 달성한다.

- 투사는 현재 아동을 힘들게 하는 것이 무엇인지를 알아차리도록 촉진한다. 다시 말해, 투사에 의해 그들은 지금 여기에서의 문제를 해결할 수 있다. 이 목표는 게슈탈트 놀이치료의 원리 중 하나로, 즉 지금 여기에서 아동의 알아차림을 촉진시키는 것과 관련이 있다.
- 아동은 자신인 것과 자신이 아닌 것에 대한 투사를 통해 자기진술을 함으로써 자기 성장을 촉진한다. 이 부분은 자기감을 강화시키는 단계 동안 다루어지는 자기 정의와 관련이 있다.
- 이것은 아동이 미해결 과제를 완결하고 삶에서 트라우마를 극복하도록 돕는다. 아동들이 경험이 부족하면 다른 사람에게 그리고 자신의 신체에 미해결 과제를 투사하게 된다. 이로 인해 아동의 신체 및 기타 증상이 유발될 수 있다.

Oaklander(1999)는 게슈탈트 놀이치료 중 투사 기술의 사용과 관련해 다음의 치료 단계를 구분한다.

- 아동은 그리기, 찰흙 놀이, 퍼펫 또는 모래 놀이, 이야기하기와 같은 투사적

기법에 기꺼이 참여해야 한다.

- 아동은 활동을 하는 동안 어떻게 느꼈는지를 이야기하며 투사에 대한 정보를 나눈다.
- 아동은 그림이나 퍼펫과 같은 투사의 일부가 되어 그 대상 또는 전체 중 부분의 관점에서 그 상황을 바라보는 식으로 은유나 이미지 속으로 침투해 들어간다.
- 이야기는 아동이 투사한 특정 대상과 동일시하고 대상들 간에 대화가 이루어지는 식으로 서술된다.
- 투사는 다음 두 수준으로 소유된다.
  - 상징적 수준: 아동은 상황에 대한 정보를 공유하지만 은유적 수준에서만 공유한다. 파편화는 여전히 일어날 수 있다.
  - 현실/개인적 수준: 아동은 은유에서 일어난 것과 생활에서 경험한 것과의 연결을 발견한다. 질문은 "너도 또한 그렇게 느끼니?", 또는 "이것은 너의 삶과 어떻게 일치하니?"
- 치료자는 처음부터 끝까지 패턴, 주제, 양극성(polarities) 및 저항이 일어난 지점에 주목해야 한다.

　아동은 투사가 가진 개인적인 의미로 옮겨가기 전에, 상징적 차원에서 자신의 투사를 소유해야 한다. 일단 아동이 그들의 감정을 투사하고 소유하게 되면, 예를 들어, 화와 같은 일상의 감정을 처리하기 위한 전략 및 기술 습득을 다뤄야 한다. 따라서 그들은 새로운 행동을 시도하기 위한 도움을 받아야 한다(Oaklander, 1997; Thompson and Rudolph, 1996). 활동 목록은 치료 전략으로서 사용될 수 있고, 아동은 놀이실에서 치료자와 함께 이것들을 연습할 수 있다. 예를 들어, 아동은 기분이 나쁠 때 종이를 찢거나, 베개에 대고 소리를 지르거나, 찰흙을 던지는 것과 같은 다른 신체활동을 하는 것을 배울 수 있다(Oaklander, 1997, 1999; Schomburg and Sharapan, 1999).

　게슈탈트 놀이치료적 관점에서 이 단계에서 사용할 수 있는 다양한 투사 기법은 다음에서 논의된다.

(1) 그리기와 칠하기 기법

다양한 그리기와 칠하기 기법을 사용하여 아동들이 감정을 표현할 수 있다. 단순한 그리기 활동은 아동의 자기 정체성을 표현하는데 유용한 자기표현이다(Oaklander, 1988). McMahon(1992), Nickerson(1983) 및 Thompson과 Rudolph(1996)에 따르면, 그리기와 칠하기는 다음과 같은 장점이 있다.

- 아동이 자신의 생각과 감정을 위협적이지 않은 방식으로 표현하도록 도와줌으로써 행동의 긍정적 변화를 일으키는 새로운 전략을 습득하게 된다.
- 아동과의 의사소통을 원활하게 한다.
- 그리기와 칠하기는 창의성, 자기표현 및 자발성을 격려한다.
- 그리기와 칠하기는 아동의 감정과 생각이 투사되어, 탐색되고 이해받는다는 점에서 카타르시스를 불러일으킨다.
- 그리기와 칠하기는 숙달 경험을 제공한다.

그리기나 칠하기 기법의 사용은 위협적이지 않은 방식으로 아동의 감정과 미래의 해결 전략과 접촉시킬 수 있으므로 아동의 자기 알아차림을 증진시킨다. 그리기와 칠하기 기법을 사용하면 아동의 자기감을 강화시키는 데 필요한 숙달 경험을 얻을 수 있다.

☑ 게슈탈트 놀이치료 중에 그리기와 칠하기 기법의 사용

아동들에게 다양한 그리기 재료, 즉 분필(초크), 파스텔, 색연필 및 일반 연필을 주고 다양하게 선택하도록 한다. 낙서 기법(scribbling)은 아동의 내적 자기의 일부분을 표현하는 데 유용하면서도 위협적이지 않은 그리기 기법이다. 아동에게 앞에 큰 종이 한 장이 있고, 양손에 분필(초크)을 잡고 큰 종이 위에 전체가 꽉 차도록 낙서를 하는 것을 상상해 보라고 한다. 그런 다음 눈을 뜨거나 감

고 종이에 낙서를 해 보라고 한다. 낙서한 것을 같이 보면서 그림을 찾아보고 색칠을 해 보라고 한다. 그리고 그림에 대해 이야기해 보도록 요청해 볼 수도 있다(Oaklander, 1988).

그리기 대신 칠하기를 사용할 수도 있다([그림 4-2] 참조). Oaklander(1988)에 따르면, 칠하기의 사용은 특별한 치료적 가치가 있고 중기단계의 아동들은 칠하기(painting)를 좋아한다. McMahon(1992), Mills와 Crowley(1986) 및 Oaklander(1988)는 아동들과 사용할 수 있는 은유적 역할을 할 수 있는 그리기나 칠하기 기법의 다른 예를 제시한다.

- 분노, 행복, 슬픔 또는 두려움과 같이 아동이 경험하는 감정을 그리거나 색깔로 칠한다(Schomburg and Sharapan, 1999).
- 아동이 좋아하는 다른 방법이 있다면 두려움이나 기분이 나쁜 것과 같은 감정을 어떤 방법으로든 표현하고 싶은 대로 그린다.
- 자유롭게 그리기, 달리 말해 아동은 자신이 좋아하는 것을 그릴 수 있는 기회를 얻는다(Nickerson, 1983).
- 기분이 나쁘거나, 두려움, 외로움, 질투 등을 느낄 때 무엇을 할 것인지, 아니면 무엇을 하고 싶은지를 그린다.
- 무서운 장소를 그린다.
- 현재 자신의 모습이나 되고 싶은 자신의 모습을 그린다.
- 이상적인 장소를 그린다.
- 행복하거나, 슬프거나, 기분이 나쁜 선을 그린다.
- 이야기, 판타지 또는 한 곡의 음악에 반응하면서 그린다.
- 약하거나 강한, 행복하거나 슬픈, 좋거나 나쁜 감정 등과 같은 양극성을 그린다.
- 어제는 어떻게 느꼈고, 오늘은 어떻게 느끼며, 내일 어떻게 느낄 것 같은지 그린다.
- 자신의 비밀을 그린다.
- 종이 한 장에 집, 나무, 사람을 그린다(Schoeman, 1996c; van der Merwe,

1996a). 그리고 나서 치료자는 그린 것이 아동의 어떤 부분을 말하는지를 말해 주고, 치료자는 그림과 관련된 가설을 아동에게 제안하고 아동은 그것이 맞는지를 확인하거나 논박한다(Schoeman, 1996c; van der Merwe, 1996a).

• 아동에게 기분이 어떤지. 너의 문제점은 어떤 모습인지. 그리고 힘든 것이 나아졌을 때는 어떤 모습인지 다르게 그려 본다.

• 오늘 집중하지 못했을 때의 그림과 기분이 나아졌을 때의 그림을 그린다.

[그림 4-2] 게슈탈트 놀이치료를 하는 동안 집 그림을 부지런히 그리는 아동의 모습

그리기와 칠하기 기법은 아동들이 감정을 투사할 수 있다는 점에서 자기에 대한 알아차림을 향상시킨다. 치료자는 이렇게 감정을 다루는 더 적절한 전략에 초점을 맞출 수 있고, 결국 아동의 감정처리에 긍정적인 영향을 줄 수 있다. 그리기와 칠하기 기법은 3장에서 언급한 대로 이 단계에서 적절하게 사용될 수 있다. 그리기 및 칠하기 과제 중, 현재 자신의 모습은 어떤 것인지, 원하는 자신의 모습은 어떤 것인지 등은 양극성에 초점을 맞춘 작업들이다. 이는 아동의 자기감을 강화시키는 단계에서 효과적으로 사용될 수 있고 감정 그려 보기와 같은

다른 기법들은 감정 표현 단계에서 효과적으로 사용될 수 있다.

☑ Oaklander의 그리기를 활용한 투사 다루기 단계

아동이 그린 것으로 치료 작업을 할 때 목표는 아동이 성인에게 그림을 그려서 보여 주거나 치료자가 전문적으로 해석하기 위한 것이 아니라 아동과 함께 그린 것을 탐구하는 것이다(McMahon, 1992). Oaklander(1988)에 따르면, 게슈탈트 치료 중에 아동들의 그리기는 다음과 같은 방법으로 다루어질 수 있다.

- 아동이 그리는 동안 경험했던 것 그리고 그 그림을 생각하고 다 그리기까지 어떻게 해냈는지 자신의 경험을 나눌 수 있도록 동기를 부여하라.
- 자신만의 방식으로 표현하면서 치료자와 그림을 공유하게 하라.
- 아동이 형태와 색깔, 사물을 그리면서 더 상세하고 더 다양하게 표현하면서 확장하도록 동기화시키라.
- 아동이 자신이 마치 그 그림인 것처럼 예를 들어, "나는 그림이다. 나는 온통 빨간 선으로 되어 있다."와 같이 묘사하도록 요청하라.
- 아동이 그림 안에서 동일시할 수 있는 부분을 구체적으로 선택하라. 예를 들어, "파란색 사각형이 되어 너 자신을 표현해 봐."
- 아동에게 이 과정을 도와줄 질문을 하라. "너는 무엇을 하고 있니?" 또는 "누가 너를 돕고 있니?"
- 그림의 어떤 특정 부분을 강조하고 과장하게 하여 아동이 자신의 지각을 선명하게 하는 데 집중하게 하라. 예를 들어, "지금 너는 어디로 가고 있니?" 또는 "그녀는 이것 다음에는 무엇을 하니?"라고 묻는다. 만일 그들이 모른다고 말하면 치료자는 어떤 것을 제안해 보고 이것이 맞는지 물어볼 수 있다.
- 자동차와 도로처럼 아동이 그린 부분들 간에 대화하도록 요청하라.
- 아동이 사용하는 색깔에 주의를 기울이도록 격려하라. "밝은 색은 너에게 어떤 의미니?"
- 아동의 목소리 톤, 자세, 표정, 호흡 및 침묵에 주의를 기울이라.

- 아동들이 그린 것이나 그것의 부분들을 받아들이도록 도와주라. 다음 질문을 해 보라. '이렇게 느껴 본 적이 있니? 이것이 네 생활과 잘 맞는 거 같니?' (몇 몇 아동들은 투사를 소유할 수 없는데, 치료자는 이것을 존중해 주어야 한다.)
- 그 투사에서 전면에 드러난 미해결 과제에 주의를 기울이라.
- 그림에서 생략된 부분을 찾고, 이것에 주의를 기울이라. 아동의 전경과 함께 머물라.

이 단계들을 적용할 때, 아동은 상징적인 차원에서 먼저 그림과 색칠하기를 하게 되는데, 치료자는 일상과 유사한 것을 발견하기 위해 현실적 수준으로 진행한다. 치료자는 아동의 투사에 대해 어떠한 해석도 하지 않고 오히려 그들과 함께 가능한 가설을 검증한다. 아동의 생활과 어떻게 연결되는지를 알아차리도록 도와줌으로써 현실에 적합한 생각을 가질 수 있도록 안내하는 것은 아동의 알아차림과 통합을 촉진한다. 저자의 임상 경험에서 Oaklander 단계는 게슈탈트 놀이치료 중 아동의 어떠한 투사에도 사용될 수 있음을 발견해 왔다. 또한, 아동이 현실적 수준에서 자신의 투사를 소유할 수 없더라도 자신의 감정을 투사할 수 있는 기회를 가지는 것만으로도 카타르시스를 얻고, 미해결 과제를 완결시키는 데 도움이 된다는 것을 알 수 있었다. [그림 4-3]은 게슈탈트 놀이치료에서 위에서 언급한 Oaklander 단계들이 적용된 분노 그리기에 대한 것이다.

(2) 모래 놀이

Miller와 Boe(1990)의 연구에 따르면, 아동이 자신이 선택한 소형 피겨들을 젖은 모래나 마른 모래 위에 놓는 놀이는 비지시적 투사 놀이 기법의 하나로 간주된다. Weinrib(1993, p. 1)은 다음과 같이 개념을 정의한다.

모래 놀이는 정신의 깊은 언어 이전의 수준까지 도달하는 비언어적이고 비합리적인(비이성적인) 치료이다. 이 심리치료 방식 안에서 환자는 모래, 물, 수많은 현실 세계를 반영하는 소형 피겨들을 사용하여 정해진 크기의 상자 안에 3차원 장면이나, 그림 또는 추상적

[그림 4-3] 7세 소년의 분노 그림

디자인을 만들어 낸다.

다시 말해, 모래 놀이는 아동들이 정해진 크기의 모래 상자에 자연풍경, 그림 또는 추상적인 개념을 만드는 비언어적 투사놀이의 한 형태로 간주될 수 있다.

☑ 모래 놀이의 치료적 가치

Allan과 Berry(1993), Carey(1990, pp. 197-198), Miller와 Boe(1990), Oaklander (1988, 1997) 및 West(1992)에 따르면, 모래 놀이는 다음과 같은 이유로 치료 효과가 있다.

• 모래를 만지면 기분 좋은 촉각에 대한 감각자극을 제공한다.
• 아동들에게 주어지는 경계, 즉 모래 상자 크기는, 자신의 경계 안에서 행동하도록 돕는다.
• 모래 놀이는 모래 상자 안에 특정 상황을 묘사하기 위해 세우고 옮기고 묻는 방법으로 할 수 있다는 점에서 아동들이 자신의 행동과 경험을 온전히 통제하도록 한다.

- 이것은 아동이 언어화 기술이 부족할 때 언어적 대화를 촉진하거나 만약 아동이 방어기제를 사용한다면 비언어적 의사소통을 촉진할 수 있다.
- 이것은 아동에게 판타지를 외적으로 표현하게 함으로써 트라우마를 처리할 수 있는 기회를 제공한다. 즉, 그들은 내적 충동에 대한 통제감을 발달시킨다.
- 때로는 아동이 접촉하기 힘들어하는 공격성과 불안과 같은 감정 표현을 가능하게 도와준다.
- 소형 장난감들이 진열되어 있으므로 아동들이 그리기 활동 때처럼 스스로 재료를 만들지 않아도 된다.
- 모래 상자 놀이에서는 아동이 상징물들에 투사하여 그들 내면에 있는 것들을 표현하기 때문에 치료적 가치를 지닌다. 아동이 그들의 모래 상자에 만들어진 장면에 대해 이야기할 때, 그들은 다른 수준에서 자신에 대해 더 많이 표현하고, 모래 상자 안의 여러 가지 부분들을 자신의 것으로 소유했을 때, 통합이 일어난다.

모래 놀이는 하나의 투사 기법으로서 모래 상자라는 안전한 공간에서 감정을 투사하고 소유할 수 있는 방법이다. 이는 미해결 과제에 대한 아동의 알아차림을 촉진시킬 수 있는 여러 가지 장점을 지닌다. 이 활동은 아동에게 통제감을 키우도록 돕는데, 모래 상자는 아동에게 경계를 제공하는 것뿐만 아니라 아동의 자기감도 향상시킨다.

☑ 모래 상자와 놀이 재료

모래 상자는 예를 들어, 플라스틱 통(용기)처럼 생긴 용기로 구성된다. 보통 두 가지 종류의 방수기능이 있는 통이 있다. 하나에는 마른 모래가 있고 다른 하나에는 젖은 모래가 들어 있다(Allan and Berry, 1993; Oaklander, 1988; West, 1992). 모래를 한쪽으로 밀면 모래 상자 바닥은 파란색으로 칠해져 있어 물의 느낌을 표현할 수 있다. 아동들은 모래 놀이 중에 다양한 소형 피겨를 가지고 모래에 장면을 만들 수 있고, 자신이 원하는 것을 선택할 수 있는 기회를 얻는다. 저자의 임상 경험에 따르면, 8세 이하의 아동들은 종종 모래 상자에 가능한 한 많은 소형 피겨들을 넣으려고 한다는 것을 알게 되었다. 예를 들어, 치료자가 아동에게 모래 장면을 만들기 위해 열 가지 피겨를 고르도록 안내하는 것도 유용하다. 아동이 여전히 무엇인가 더 필요하다고 표현하면 다른 피겨를 추가할 수 있다. 놀잇감은 예를 들어, 바구니와 같은 통에 담아 선반 위에 놓거나 대형 테이블에 배치할 수 있다.

　Allan과 Berry(1993) 및 Oaklander(1988)에 따르면, 모래 상자용 장난감으로 선택되는 범주는 다음과 같다.

- 사람들: 가족, 군인, 그리고 신화적 인물. 예를 들면, 방위군, 배트맨, 백설 공주와 일곱 난쟁이, 괴물, 마녀 등
- 건물: 예를 들어, 주택, 학교, 교회, 성
- 동물: 야생동물, 아주 옛날 시대에 살았던 동물, 새, 뱀, 상어
- 교통 수단: 예를 들어, 자동차, 트럭, 보트, 오토바이, 기차, 헬리콥터, 구급차, 전쟁 차량
- 식물: 예를 들어, 나무, 식물, 채소
- 구조물: 예를 들어, 다리, 울타리, 문, 가구, 블록, 정지 신호, 깃발, 레고 블록
- 자연물: 예를 들어, 조개껍질, 돌, 뼈, 알
- 상징적인 물건: 예를 들어, 소원을 비는 샘이나 보물 상자

☑ 투사 기법으로서의 모래 놀이

　모래 놀이 과정은 다음과 같다. 놀이치료자는 아동을 모래 놀이로 초대하고 그들이 모래 상자에 놓고 싶은 소형 피겨들을 선택하도록 한다. 아동들에게 모래 상자에 장면을 만들어 보라고 안내한다. 또한 그들에게 모래 장면이 어떤 의미를 지닐 필요는 없고, 그들이 원하는 것은 무엇이든지 만들 수 있다고 안내한다(Allan and Berry, 1993; Oaklander, 1988, 1999). '부모의 이혼을 나타내는 장면'이나 '학교에서 놀리는 아동들'과 같은 특정 주제에 초점을 맞추어 장면을 만들도

록 아동들에게 요청할 수도 있다. 치료자는 아동에게 음악을 들려주고 음악으로부터 생각난 것을 만들도록 요청할 수도 있다.

어린 아동들은 대개 모래 상자에 전쟁과 같은 것을 만들기 시작한다. 연령이 높은 아동들은 그 장면을 좀 더 의도를 가지고 작업하고, 그들이 작업할 재료를 아주 신중하게 선택하기도 한다. 치료자는 가능한 한 말을 적게 하고, 아동은 모래 상자에 자신의 장면을 만들고, 만약 아동이 필요한 것을 찾고자 도움을 요청할 때만 그 과정을 방해해도 된다. 장면을 빠르게 스케치하거나 각각을 사진을 찍어 기록을 간직할 수 있다(Allan and Berry, 1993; Oaklander, 1988, 1997; West, 1992).

게슈탈트 이론적 관점에서 보면, 모래 놀이는 그리기와 같은 방법으로 다루어질 수 있다. 아동에게 장면을 묘사하거나 그것에 대해 이야기를 만들거나, 어떤 일이 일어날지를 물어볼 수 있다. 대부분의 아동은 완성된 모래 장면을 보고 의미를 찾으려고 노력한다. 이는 통합을 이루기 위한 게슈탈트의 목적과 관련하여 중요한 단계이다. 아동에게 다른 대상들과 동일시하거나 대상 간에 대화를 하도록 요청할 수 있다. 때로는 그 장면을 전체적으로 보고, 아동에게 그것에 대한 일반적인 생각을 이야기해 볼 수도 있다. 예를 들어, "너는 피겨를 고르는 것을 어려워하고 있구나. 이렇게 일상생활에서 무엇을 결정할 때 어려움을 느끼니?"

치료자는 투사 기법으로서 모래 놀이를 사용하는 동안 다음과 같은 면에 주의를 기울여야 한다(Oaklander, 1999).

• 아동의 과정
 – 아동의 에너지 수준은 어떠한가?
 – 아동은 종종 자신이 결정한 것을 바꾸는가?
 – 아동이 자신이 원하는 것을 위해 선반에 구비된 모든 재료를 활용하는가?
 – 아동은 몇 가지만 사용하는가? 아니면 많은 것을 사용하는가?
 – 아동은 모래를 느끼는 데 많은 시간을 보내는가?
 – 아동은 물을 많이 쓰는가?

- 일반적인 모래 상자(장면: picture)
  - 정돈되어 있는가?
  - 강박적으로 정돈되었는가?
  - 어지럽혀져 있는가?
  - 무엇이든 간에 조직화된 것이 있는가?
  - 화난 장면인가, 평화로운 장면인가?

- 상징적 수준
  - 조직화되었는가?
  - 어떤 상징이 나타나 있는가?(해석하지 않도록 조심할 것)

- 분야(영역)
  - 전반적인 모래 장면의 모습은 어떤 것인가?

- 의미 수준
  - 모래 장면 안에서 각각의 영역들에 대해 아동은 어떤 의미를 붙이는가?
  - 아동은 각각의 영역들을 어떻게 묘사하는가?

- 각각의 대상에 대해 묘사하기 예:
  - "사자가 되어 너에 대해 나에게 말해 보렴."
  - 치료자는 사자에게 질문을 할 수 있다. "너는 어디에 있니? 무엇을 하고 싶니?"

- 대화
  - 아동은 두 개의 대상들 사이에서 대화에 참여하게 된다. 예를 들어, "사자가 호랑이에게 뭐라고 하니?"

- 소유하기
  - 어떤 부분이 아동의 삶에서 무언가를 생각나게 하는가? 예를 들면, "가끔 너

도 이 호랑이처럼 뒤에 숨고 싶은 기분을 느끼니?"

• 대상을 움직이면서 장면 변경하기

　예를 들어, 아동들은 모래 상자에서 전쟁을 벌이기 위해 인물들을 빼거나 옮기는 것이 허용된다.

• 실존적 메시지 얻기

　- "이 장면이 너 자신과 너의 생활에 대해 무엇을 말해 주니?"

　(어린 아동들은 종종 추상적인 방식으로 생각하기가 어렵기 때문에, 치료자가 이것들을 말하고 아동과 함께 확인하면 더 의미가 있다.)

　앞에서 언급된 것들은 게슈탈트 놀이치료 관점에서 아동의 투사를 다루는 방식과 일치하는데, 이미 논의한 Oaklander의 그리기 단계에서 했던 것처럼, 처음엔 상징 수준에, 그다음엔 개인적 수준에 초점을 둔다. 그러나 모래 놀이는 그리기나 칠하기 투사 기법과는 구별되는 점이 있다. 즉, 아동들이 장면을 바꿀 수 있다는 점이다. 그들은 모래 상자 안에서 어떤 주인공을 추가하거나 빼내거나 전쟁을 하는 것처럼 행동을 할 수도 있다. 이런 부분은 아동들이 그림을 그릴 때보다 자신의 감정을 더 확장하여 느끼게 되는 장점이 있다. 모래 놀이는 '미해결 과제'를 완결하는 데 효과적인 수단이 된다. 모래 상자 모델은 또한 움직일 수도 있어 통제경험을 할 수 있게 하고, 나아가 아동의 자기감을 증진시킨다. 어떤 아동들은 몇 주 동안 계속해서 모래 상자를 사용하여 수많은 사건들을 경험할 수도 있다. 어떤 아동들이 몇 주를 계속해서 모래 상자를 사용하는 것을 여러 번 경험해 왔는데, 거기서 그들은 투사를 소유하지 않은 채 반복적으로 같은 장면을 꾸미고 놀았다.

아버지가 교통사고로 사망한 5세 아동은 자동차 사고가 발생한 곳과 부상당한 사람들이 병원에 이송되는 사건을 매주 연출하였다. 몇 주 후에 그는 아버지가 죽어서 모래 상자 안에서 장례식을 꾸몄다고 하였다. 질문을 하였으나 그는 아직 이런 투사를 할 준비가 안 되어 있었다. 치료자가 "너도 아빠가 돌아가셨으니 이 아이처럼 느끼니?"라고 물었을 때 접촉을 끊어 버리고자 하였다. 그런 다음 약 10주 후에 어느 날 그는 같은 모래 상자를 꾸미고 오랫동안 쳐다보았다. 차와 사람들을 모래 상자에 넣은 후, 그는 치료자에게 "이제 끝났다."라고 하고, 모든 피겨들을 꺼내면서 다른 것을 하면서 놀아도 되는지를 물었다. 아동은 이와 관련해 단 한 번도 투사를 드러내지 않았으나 어머니는 아동이 이불에 오줌을 싸는 것과 분리불안 문제가 해결되었다고 보고하였다.

(3) 찰흙 만들기 놀이

게슈탈트 놀이치료 과정의 모든 단계에서 찰흙은 매체로서 효과적으로 사용될 수 있다. 찰흙 만들기는 촉각 기능과 관련하여 감각 접촉하기를 위한 매체로서 사용될 수 있다. 이것은 또한 아동이 상징적 수준에서 그들의 감정을 투사할 수 있는 기회를 제공하기 때문에, 감정 표현 단계에서 투사 기법으로 사용될 수도 있다. 동시에 찰흙 놀이를 할 때는 특별한 규칙이 따로 없기 때문에 이것은 숙달 경험을 촉진한다. 나아가, 이것은 아동의 자기감을 향상시킨다. 찰흙 놀이는 분노와 같은 감정을 표현하는 데 사용될 수도 있지만 감정을 투사하고 소유하는 데도 사용할 수 있기 때문에 아동의 자기 알아차림과 감정 통제 기술을 위한 장점을 가진다. 청소년들도 자신의 좌절감을 다루는 방법으로 찰흙 던지기를 좋아한다는 점이 밝혀졌다.

게슈탈트 놀이치료 과정에서 찰흙 놀이의 장점은 다음과 같이 요약할 수 있다 (Blom, 2000; Oaklander, 1988; Schoeman, 1996d; Webb, 1991; West, 1992).

- 찰흙은 유연하고 부드럽고 모든 연령대의 아동들이 사용할 수 있다.
- 기분 전환과 감각 자극을 제공하여 아동의 감정 표현을 촉진한다.

- 공격적인 아동들은 찰흙을 던지거나 치는 것과 같은 다양한 방법으로 공격성을 표출할 수 있다.
- 아동은 찰흙을 이리저리 만지면서 원하는 모양을 만들어 숙달감을 느낄 수 있다. 찰흙을 사용하는 특별한 규칙은 없다.
- 이는 치료자에게 아동의 과정을 관찰할 수 있는 기회를 제공한다.
- 치료자는 아동이 찰흙으로 어떻게 노는지를 관찰함으로써 아동에게 일어나는 일을 알 수 있다.
- 특히 언어화에 어려움을 겪는 아동들을 위해 언어표현을 위한 연결다리 역할을 한다.
- 이것은 아동이 상징적이고 3차원적으로 묘사할 수 있도록 한다.

☑ 투사 기법으로서 찰흙 만들기 활용

찰흙은 감정 표현 단계에서 다양한 방법으로 사용될 수 있다. 찰흙용 고무 망치, 치즈 자르는 도구 등의 찰흙 도구를 아동에게 줄 수 있다. Oaklander(1988, pp. 69-70)는 아동들의 찰흙 경험을 위해 다음과 같은 활동을 제안했다.

눈을 감고 손으로 찰흙에 대한 느낌을 알아차려 보렴.
깊게 2번 숨을 쉬어.
지금 내가 말하는 대로 따라와 보렴.
지금처럼 찰흙을 느껴 봐.
미끄러운 느낌이 드니? 결이 거친가? 단단한가? 부드러운가? 울퉁불퉁한가? 차가운가?
따뜻한가? 젖었나? 마른 느낌인가?

찰흙을 들어 올려봐. 가볍니? 무겁니?…… 이제 찰흙을 내려놓고 꼬집어 보렴. 양손을 사용해 봐. 천천히 그것을 눌러 보자…… 이제 더 빨리, 조금 꼬집어도 보고 많이 잡고 꼬집어도 봐. 잠시 동안 계속 그렇게 해 봐…… 찰흙을 눌러 봐…… 이제 부드럽게 만져 봐. 엄지손가락, 손바닥, 손등으로 해 보렴. 찰흙이 매끄러울 때, 너는 매끄러운 부분을 느껴 봐.

찰흙을 공처럼 덩어리로 뭉쳐 볼까? 찰흙을 바닥에 내려치고 평평해지면 다시 뭉쳐서 내리쳐 봐. 다른 손으로도 해 봐. 찰흙을 뭉치고 내리치고…… 평평해지면…… 두드리고…… 그리고 내리치고…… 네가 두드렸을 때 부드럽게 만들어진 부분이 있으면 그 부분을 느껴 봐.

찰흙을 뜯어내 봐. 작게도 뜯어내 보고 크게도 뜯어내 봐. 찰흙을 다시 뭉쳐서 들고 아래로 내리쳐 봐. 그걸 한번 더 해 봐…… 더 세게 해 보자. 소리가 나도록 세게 해 봐. 세게 치는 것에 대해 두려워하지 않아도 돼.

다시 뭉쳐서…… 이번에는 너의 손가락으로 한 번 찔러 봐. 손가락으로 찰흙에 구멍을 한 개 만들어 봐. 이번엔 더 많은 구멍을 뚫어 봐. 한쪽 끝에서 다른쪽 끝으로 지나갈 수 있게 해 보자. 네가 만든 한쪽 구멍을 느껴 보자…… 다시 뭉쳐서 이번에는 선을 한번 만들어 볼까? 너의 손가락과 손톱으로 작은 구멍을 만들어 보고 네가 만든 것들을 한번 느껴 봐. 손가락에 있는 뼈마디로도 해 보고 손끝으로도 해 보고, 손바닥으로도 시도해 봐.

네가 할 수 있는 것을 보자…… 너는 팔꿈치로도 해 볼 수 있어.
지금 조금 떼어 내어 뱀을 한번 만들어 봐. 네가 밀면 밀수록 점점 더 가늘어지고 길어질 거야. 찰흙을 너의 손이나 손가락에 한번 감아 볼까? 한 조각 떼어서 네 손바닥 사이에서 비벼서 작은 공을 만들어 보자. 다시 뭉치고 네 양손을 찰흙 안으로 넣어 봐…… 이제 너는 이게 꽤 괜찮은 놀이라는 걸 알게 될 거야.

이 놀이를 한 후에 아동의 경험을 이야기해 본다. 그들이 가장 좋았던 것은 무엇이고 가장 별로였던 것은 무엇인지, 그 이유는 무엇인지를 질문한다. 아동에게 가장 좋았던 것을 한 번 더 해 보라고 요청해 볼 수 있다. 아동은 치료자에게 그들이 한 활동이 무엇을 생각나게 하는지에 대해 말할 수 있다. 이 활동은 그들이 좋았던 것과 싫었던 것에 대한 자기진술을 하게 한다는 점에서 아동들이 자기감을 다루는 과정에서 감각 접촉을 촉진시킨다.
찰흙을 활용할 수 있는 또 다른 방법은 아동에게 눈을 감고 손가락만을 움직여서 찰흙으로 무엇인가를 만들어 보라고 하는 것이다. 그것은 그 순간에 하나의 모양이 되거나, 아니더라도 무엇이든지 간에 아동의 마음에 떠오르게 할 수 있다. 그것을 완성하는 데 약 3분 정도의 시간을 주면 된다.

어린 아동들은 눈을 뜨고 작업하는 것을 더 좋아한다. 찰흙 놀이를 할 때 아동들에게 줄 수 있는 여러 가지 과제 예는 아래와 같다(Oaklander, 1988).

- 어떤 형태나 상징, 동물로 가족을 만들어 보아라.
- 찰흙으로 이상적인 가족을 만들어 보아라.
- 눈을 감아봐. 그리고 네가 더 어렸을 때의 모습을 상상해 보렴.

Schoeman(1995)에 따르면, 다음과 같은 방법으로 아동이 만든 모형에 대해 다룰 수 있다.

- 모형의 이름을 지어 주라.
- 모형의 특성, 성격 그리고 감정을 확인하라.
- 네 생활 속에 있는 사람으로 의인화해 보아라. 다른 말로 하면, 이것이 너의 생활에서 누구와 비슷한 것 같니?
- 다시 균형을 잡아 보렴(나는 어떻게 변화하고, 적응하고, 균형을 바로잡을까?).
- 자기유지(보살피기, 안전한 장소)를 해 나가렴.

이러한 단계는 Oaklander가 투사를 다루기 위해 제안한 단계의 원리들과 일치한다. 만약 이 단계들이 어린 아동들에게 사용된다면 아동의 발달 수준과 연결하기 위해 구체적으로 설명해 줄 필요가 있다.

예를 들어, 치료자는 다음과 같은 질문을 할 수 있다. "너에 대해서 한번 말해 볼까", "너는 어떻게 생겼어?", "오늘 기분은 어떠니?", "지금 뭐 하고 있니?"

모형에게 "가끔 외로움을 느끼니?"와 같은 질문을 던져 아동이 모형을 의인화하는 데 도움을 줄 수도 있다. 그리고 나서 "너는 외로움을 느낄 때 무엇을 할 수 있니?" "매일매일 또는 행복한 오늘을 위해 너 자신은 무엇을 할 수 있을까?"와 같은 질문으로 문제를 해결하는 적절한 전략과 자기양육 방법을 찾아보게 할 수도 있다.

때때로 찰흙은 세션 동안 투사를 위한 단독 매체로 사용되기도 하고, 또 때로는 찰흙은 그림이나 모래 놀이와 같은 다른 매체와 함께 부분적으로 사용되어 아동들이 특정 감정과 접촉하게 하거나 그들의 감정을 표현하도록 사용될 수 있다(그림 4-4 참조). 예를 들어, 아동이 그림을 그릴때 자신의 아버지에 대해 표현하지 못한 분노가 많음을 치료자가 알아차리게 된다. 이때 치료자는 아동에게 찰흙을 주어 아버지를 만들어 보라고 할 수 있다. 그리고 나서 치료자는 아동이 찰흙으로 만든 인물과 이야기하고 그가 어떻게 느끼는지를 이야기하도록 도울 수 있다. 아동들은 실제 생활에서는 그 인물을 파괴할 수 없다는 것을 알고 있지만 만약 나중에 그 찰흙 모형을 파괴할 수 있다면 카타르시스를 경험하게 된다, 치료자는 아동에게 이러한 힘든 시간을 겪는 동안 자신을 지지해 줄 사람을 만들도록 요청하여 그 인물과 이야기하고, 또한 그 인물에게 자신들이 필요한 것을 말하도록 할 수도 있다.

[그림 4-4] 게슈탈트 놀이치료 세션 동안 찰흙을 치기 위해 나무 망치를 사용하는 모습

(4) 게슈탈트 놀이치료 과정에서 꿈 다루기

꿈은 단지 판타지로 존재할 수 있는 특성을 포함하기 때문에 아동의 두 번째 세계의 예라고 볼 수 있다. 따라서 꿈과 판타지는 투사의 형태로 간주될 수 있다 (Schoeman, 1996a, 1996c). 게슈탈트 이론의 관점에서, 꿈은 또한 인간의 가장 자발적인 표현으로 간주된다. 꿈의 각 부분은 성격의 통합되지 않은 미해결된 부분으로 간주된다. 게슈탈트 치료자는 꿈을 해석하지는 않지만, 아동들은 부분들을 통합하기 위해 지금 여기에서 그것들을 경험하도록 도움을 얻는다(Aronstam, 1989; Phares, 1984; Thompson and Rudolph, 1996; Yontef, 1993). 아동들은 종종 꿈을 기억해 내면 두려워지기 때문에 꿈에 대해 말하는 것을 거부한다. 그러나 꿈은 아동의 삶에서 다양한 기능을 한다. 꿈은 아동의 불안이나 걱정을 표현한다. 꿈은 또한 아동이 표현할 수 없는 감정이 상징적으로 나타나거나, 아동이 경험하는 바람, 욕구, 판타지를 나타낼 수도 있다(Oaklander, 1988).

꿈 다루기는 6세 정도의 아동과도 게슈탈트 놀이치료를 하는 동안 실시할 수 있다. Oaklander(1988)는 다음 단계를 사용하여 아동들과 꿈을 다룬다.

- 아동에게 요즘 꾸는 꿈을 말하도록 요청하라.
- 아동에게 여러 가지 꿈의 부분들을 재현해 보라고 하라. 그것을 통해 아동은 꿈에 나타난 각 대상을 대신해서 이야기해야 한다(Yontef, 1993).
- 아동에게 꿈의 또 다른 결말을 제안해 보라고 요청하라.
- 아동에게 꿈이 주는 메시지가 무엇인지를 말해 보라고 하라.

아동에게 회기와 회기 사이에 꿈을 적을 수 있는 노트를 줄 수 있다. 꿈 작업을 할때 치료자는 누락된 부분, 양극성, 접촉하는 지점 또는 접촉을 피하는 부분, 소망과 회피하는 면 등에 집중할 수 있다. 판타지와 백일몽은 꿈과 같은 방식으로 처리될 수 있다(Oaklander, 1988).

아동들의 꿈은 미해결된 과제나 내면의 통합되지 못한 부분들을 있는 그대로 보여 준다. 제안된 단계는 아동이 이러한 단편적 부분들을 스스로 투사하고 그것을 자신의 미해결된 감정으로 표현하고 완성하도록 도와준다. 이 기법은 또한 아동의 알아차림을 촉진한다. 아동들은 충격적인 경험을 한 후, 예를 들어 부모가 교통사고로 사망한 후 종종 무서운 악몽을 꾼다.

아버지가 자살하는 모습을 목격한 13세 아동은 아버지가 의자에 앉아 방아쇠를 잡고 아버지 자신을 쏘는 꿈을 반복적으로 꾸고 있었다. 꿈에서 깨어났을 때 그녀는 엄청난 두려움에 사로잡혔다. 그녀에게 꿈을 그려 보라고 요청했고([그림 4-5] 참조), 지금 현재에 대해 말해 보라고 했다. 그녀는 꿈의 모든 부분을 다 그리고 설명해 주었다. 꿈의 결말을 다르게 바꾸어 보자고 제안하자, 아버지는 천국에 가시고, 그녀는 새 아버지, 양아버지를 가지고 싶다고 했다.

꿈의 또 다른 결말을 제안하자, 그녀는 아버지에게 다음과 같은 편지를 썼다. '아빠, 당신이 총으로 자살하신 것이 너무 슬퍼요. 하지만 아빠를 용서할게요. 나는 아빠가 지금 천국에 있는 것을 알고 있어요. 나는 지금 새로운 양아버지가 있어서 행복해요. 나는 아빠가 총을 쏘았던 모습을 잊기로 했어요. 나는 더 이상 그 꿈을 꾸지도 않을 거예요. 나는 아빠가 나에게 퍼펫을 사준 것처럼 우리가 함께 한 좋은 것들을 기억하고 싶어요.' 이 단계는 그녀가 아버지의 자살에 관한 미해결된 감정을 처리할 뿐만 아니라 친아버지를 사랑하면서도 새아버지를 사랑하는 양극성을 통합하는 데 도움이 된다. 그다음 주에 그녀는 악몽을 더 이상 꾸지 않는다는 것을 치료자에게 말해 주면서 흥분했다.

[그림 4-5] 의자에 앉아 자살한 아버지 꿈을 꾸는 아동의 그림

가끔 아동은 통합이 일어나기 전에 반복적으로 파편화된 자기의 부분들에 투사하는 과정이 필요하고, 이런 과정을 거치고 그들은 악몽을 멈추게 된다. 게슈탈트 놀이치료 과정에서 꿈을 다루는 것은 아동이 자신의 미해결된 과제를 표현하도록 하고 두려움과 분노와 같은 감정을 다루는 새로운 처리 전략을 발달시키도록 돕는다.

(5) 빈 의자 기법

빈 의자 기법은 Perls에 의해 내담자가 치료 중 더 큰 알아차림을 얻도록 하기 위해 개발되었다. 또한 미해결된 과제를 지금 여기로 가져오고 자기의 양극성을 다루는 데 도움이 된다. 아동은 치료자와 그 사람에 관해 대화하는 것보다는 미해결 과제와 연관된 사람이 빈 의자에 있다고 상상하고 그에게 이야기할 때 그들의 미해결된 게슈탈트를 완결할 수 있다(Oaklander, 1988).

아동과 치료하는 동안 빈 의자 기법을 활용하는 것은 여러 다양한 방법이 있다. 아동의 관계나 내적 갈등을 해결하기 위해 사용될 수 있다. 예를 들어, 아동은 현재에 없는 사람을 빈 의자에 놓을 수 있다. 그러나 자신의 부분들도 빈 의자에 놓을 수 있다. 예를 들어, 아동은 부끄러워하는 자신의 한 부분을 의자에 놓고 이야기할 수 있다. 이 투사 기법을 사용함으로써 양극성의 통합이 발생할 수 있다. 또한 아동이 특정 상황에서 자신의 행동을 알아차리고, 갈등을 해결하고, 자신의 행동에 책임을 지고, 문제에 대한 가능한 해결책을 찾을 수 있도록 도울 수 있다. 예를 들어, 빈 의자에 선생님이 있다고 생각하고 "선생님은 불공평하다."고 말하고, 그런 다음 선생님이 되어 반응하기 위해 자리를 바꾼다. 즉, 투사란 상대방의 말이나 반응을 빌려서 하는 아동에게 일어난다. 빈 의자 기법은 갈등상황이 상징적 놀이로 표현되도록 하기 위해 그리고 갈등을 다루는 방법을 배우기 위해 어린 아동들에게도 사용되어질 수 있다. 이 기법을 다르게 응용하면, 자신과 비슷한 문제를 가진 가상의 아동을 빈 의자에 앉히는 것이다. 아동은 자신의 감정이나 행동을 탐색하기보다는 빈 의자에 있는 아동의 감정과 행동에 대해 이야기함으로써 덜 위협적으로 느낀다(Oaklander, 1988; Thompson and Rudolph, 1996).

Schoeman(1996b)에 따르면, 빈 의자 기법은 세 단계로 구성된다. 첫 번째 단계에서는 갈등이 의식화된다. 첫 번째 단계의 목표는 아동의 양극적인 두 쪽 모두에게 책임감을 부여하여 양극성을 의식화하는 것이다. 아동은 빈 의자에 앉은 부모와 대화하는 것뿐만 아니라 부모 대신에 답을 해 봄으로써 자신의 투사에 대한 도움을 받는다.

두 번째 단계에서는 양극이 서로 맞닥뜨리고 갈등이 심화된다. 여기에는 세 가지 측면이 있는데 강렬한 갈등, 대화, 갈등의 해결이다. 갈등이 충분히 작업이 되어야 세 번째 단계에서 갈등이 해결된다.

빈 의자 기법은 빈 의자와의 대화를 통해 미해결된 감정과 접촉할 수 있으므로 아동의 자기 알아차림을 촉진한다. 또한 이것은 양극성 통합에도 도움이 되는데, 빈 의자에 있는 사람을 대신하여 답하도록 함으로써 게슈탈트 치료의 목표인 통합을 촉진하기 때문이다. 이 기법으로 갈등을 다루게 되면 문제를 해결하고 감정을 처리할 수 있는 다양한 방법을 고려할 기회를 주기 때문에 감정조절에도 도움이 된다.

저자 자신의 임상 경험에서 이 기법은 또한 더 어린 아동들에게도 긍정적으로 사용될 수 있음을 알았다. 그들의 인지발달을 고려해 보면, 그들과 대화할 사람을 그리거나 점토로 만든 다음, 과정을 좀 더 구체적으로 하기 위해 빈 의자에 앉힐 수도 있다. 때때로 아동들은 빈 의자에 앉아 있는 사람에게 무엇을 말하고 싶은지 결정할 때 도움이 필요하다. 처음에는 치료자의 말을 따라하도록 하면서 도와줄 수 있다. 예를 들어, 치료자는 "당신이 나에게 소리를 지르면서 말할 때 나는 화가 나고 무서워요."라고 아동에게 말해 보라고 몇 번을 반복해 보도록 격려할 수 있다. 이러한 과정은 아동이 불확실한 자신의 감정을 표현하고 그 감정과 접촉할 수 있게 하기 위함이다. 그러나 때로는 아동이 빈 의자에 앉아 있는 사람에게 감정을 표현할 준비가 되지 않았거나 치료자 앞에서 하는 것을 너무 수줍게 느낄 때가 있다. 이럴 때 치료자가 아동에게 빈 의자에 있는 사람과 이야기해야 한다고 강요하면, 아동의 말은 단순한 단어의 반복이 될 수 있으며, 그들의 접촉된 감정 표현이 아닐 수도 있다.

3. 결론

감정 표현 단계에서 초점을 두어야 하는 것은 행동을 취하거나 감정을 표현하는 데 필요한 에너지인 공격적인 에너지를 먼저 표현하게 하는 것이다. 공격적인 에너지의 표현은 건강한 감정 표현의 전제 조건이다. 공격적인 에너지는 즐겁고 놀이로 표현되고, 안전한 분위기에서 이루어져야 한다. 치료자도 적극적으로 참여해야 한다. 쿠션을 치고, 찰흙 던지기 대회를 여는 것이 활동의 예로 사용될 수 있다.

공격적인 에너지와 접촉한 후에 초점을 둘 감정은 무엇인지, 감정과 감정들 간의 관계, 감정에 대한 신체 반응과 같은 것들에 대해 인지적으로 대화를 나누는 것이다. 투사적 기법들이 스스로의 감정을 표현하고 다루는 전략을 얻는 데 사용되기 전에 여러 가지 기법과 활동을 사용하여 아동과 감정에 대해 이야기해 볼 수 있다.

예를 들어, 여러 가지 감정이 있는 잡지책의 사람들로 콜라주를 하는 것, 감정 가면을 만드는 것, 찰흙으로 여러 가지 감정을 묘사하는 것 등이 포함된다. 감정은 또한 아동에게 더 구체적으로 전달하기 위해 색깔과 연결하여 작업할 수도 있다.

투사 기법은 감정을 표현하기 위한 방식으로 사용될 수 있는데 이는 아동이 감정을 언어적으로 표현하는 것이 항상 자동적으로 되는 것은 아니기 때문이다. 이 기법들은 아동에게 자기 진술을 하도록 하고 아동의 삶의 미해결 과제를 수행하도록 도와주기 때문에 현재에 대한 알아차림을 촉진하고, 자기 성장을 증진시킨다. 다음 단계는 투사 기법으로 사용될 수 있는 것들이다. 먼저, 은유 또는 투사로 아동을 들어오게 하고, 자신만의 상징적 수준으로 머물게 한 후 아동이 삶에서 경험하는 것과 투사 간의 연결성을 발견하도록 하면서 현실수준으로 옮겨 오게 한다. 따라서 아동은 감정 표현 단계에서 다양한 놀이치료 기법을 통해 감정을 투사하고 다루는 전략을 배우고, 감정 표현을 위해 선택하는 것을 도움받게 된다.

참고문헌

Allan, J. and Berry, P. (1993). 'Sandplay.' In C. E. Schaefer and D. M. Cangelosi (eds) *Play Therapy Techniques*. New Jersey: Jason Aronson.

Aronstam, M. (1989). 'Gestalt therapy.' In D. A. Louw (Ed) *South African Handbook of Abnormal Behaviour*. Johannesburg: Southern.

Blom, B. (2000). *A Gestalt Play Therapy Helping Programme in Social Work for Junior Primary School Children's Emotional Intelligence*. Unpublished doctoral thesis. Bloemfontein: University of the Free State.

Carey, L. (1990). 'Sandplay therapy with a troubled child.' *The Arts in Psychotherapy* 17, 197–209.

Clarkson, P. (1989). *Gestalt Counseling in Action*. London: SAGE.

Fontana, D. and Slack, I. (1998). *Teaching Meditation to Children: a Practical Guide to the Use and Benefits of Meditation Techniques.* Shaftesbury: Element.

Hardy, R. E. (1991). *Gestalt Psychotherapy: Concepts and Demonstrations in Stress, Relationships, Hypnosis and Addiction.* Springfield: Charles Thomas.

Hobday, A. and Ollier, K. (2002). *Creative Therapy with Children and Adolescents: A British Psychological Society Book.* Atascadero, California: Impact.

Jensen, A. and Freedman, J. (1999). *Course Notes for Training in the Assesment and Development of Emotional Intelligence.* Vanderbijlpark: Six Seconds.

McDowell, B. (1997). 'Pick-up-sticks game.' In H. G. Kaduson and C. Schaefer (eds) *101 Favourite Play Therapy Techniques.* New Jersey: Jason Aronson.

Miller, C. and Boe, J. (1990). 'Tears into diamonds: transformation of child psyche trauma through sandplay and storytelling.' *The Arts of Psychotherapy 12,* 247-257.

Mills, J. C. and Crowley, R. J. (1986). *Therapeutic Metaphors for Children and the Child Within.* New York: Brunner Mazel.

Nickerson, E. T. (1983). 'Art as play therapeutic medium.' In C. E. Schaefer and K. J. O'Connor (eds) *Handbook of Play Therapy Techniques.* London: Jason Aronson.

Oaklander, V. (1988). *Windows to our Children: A Gestalt Therapy Approach to Children and Adolescents,* 2nd edition. New York: The Gestalt Journal Press.

Oaklander, V. (1994a). 'From meek to bold: a case study of gestalt play therapy.' In T. Kottman and C. Schaefer (eds) *Play Therapy in Action: A Casebook for Practitioners.* London: Jason Aronson.

Oaklander, V. (1994a). 'Gestalt play therapy,' In K. J. O'Connor and C. E. Schaefer (eds) Handbook of Play Therapy Volume Two: Advances and Innovations. New York: Wiley-Interscience.

Oaklander, V. (1997). 'The therapeutic process with children and adolescents.' *Gestalt Review 1,* 4, 292-317.

Oaklander, V. (1999). *Course Notes of Summer School: Psychotherapy for Children and Adolescents.* Santa Barbara: Oaklander.

O'Connor, K. J. (1983). 'The colour-your-life-technique.' In C. E. Schaefer and K. J. O'Connor (eds) *Handbook of Play Therapy Techniques.* London: Jason Aronson.

Phares, E. J. (1984). *Clinical Psychology: Concepts, Methods and Profession*. Illinois: Dorsey.

Schilling, D. (1996). *50 Activities for Teaching Emotional Intelligence*: Level 1 Elementary. Torrance: Innerchoice.

Schoeman, J. P. (1995). *Course Notes: Play Therapy-The Essential Skills in Therapy with the Child*. Bolemfontein: University of Pretoria.

Schoeman, J. P. (1996a). 'Fantasy, metaphor and imagination.' In J. P. Schoeman and M. van der Merwe (eds) *Entering the Child's World: A Play Therapy Approach*. Pretoria: Kagiso.

Schoeman, J. P. (1996b). 'Handling aggression in children.' In J. P. Schoeman and M. van der Merwe (eds) *Entering the Child's World: A Play Therapy Approach*. Pretoria: Kagiso.

Schoeman, J. P. (1996c). 'Projection techniques.' In J. P. Schoeman and M. van der Merwe (eds) *Entering the Child's World: A Play Therapy Approach*. Pretoria: Kagiso.

Schoeman, J. P. (1996d). 'Sensory contact with the child.' In J. P. Schoeman and M. van der Merwe (eds) *Entering the Child's World: A Play Therapy Approach*. Pretoria: Kagiso.

Schomburg, R. and Sharapan, H. B. (1999). *We All Have Feelings*. Huntington Beach: Creative Teaching.

Shapiro, L. E. (1997). *How to Raise a Child with High EQ: A Parent's Guide to Emotional Intelligence*. New York: HarperCollins.

Stone-McCown, K. S., Freedman, J. M., Jensen, A. L. and Rideout, M. C. (1998). *Self Science: The Emotional Intelligence Curriculum*. San Mateo: Six Seconds.

Thompson, C. L. and Rudolph, L. B. (1996). *Counseling Children*. Pacific Grove, California: Brooks/Cole.

van der Merwe, M. (1996a). 'Creative play.' In J. P. Schoeman and M. van der Merwe (eds) *Entering the Child's World: A Play Therapy Approach*. Pretoria: Kagiso.

van der Merwe, M. (1996b). 'The use of play therapy techniques when counselling young children in a divorce situation.' In J. P. Schoeman and M. van der Merwe (eds) *Entering the Child's World: A Play Therapy Approach*. Pretoria: Kagiso.

Webb, N. B. (1991). *Play Therapy with Children in Crisis: A Casebook for Practitioners*. New York: Guilford.

Weinrib, E. L. (1983). *The Sandplay Therapy Process: Images of the Self*. Massachusetts: Sigo.

West, J. (1992). *Child-centered Play Therapy*. London: Edward Arnold.

Weston, D. C. and Weston, M. S. (1996). *Playwise: 365 Fun-filled Activities for Building Character, Conscience and Emotional Intelligence in Children*. New York: Penguin.

Yontef, G. M. (1993). *Awareness, Dialogue and Process: Essays on Gestalt Therapy*. New York: Gestalt Journal Press.

자기양육, 부적절한 과정 다루기, 종결

아동들은 자신과의 접촉 기술을 더욱 적절하게 사용하고, 더 강한 자기감을 획득하며, 다양한 투사 기법을 통해 미해결 감정을 표현할 수 있는 많은 기회를 가지면서 치료 과정의 마지막 단계에 도달할 수 있게 된다. 이 단계에서는 자기 자신을 돌볼 수 있는 방법을 배워야 한다. 그런 다음에 종결을 할 수 있다. 이 장에서는 게슈탈트 놀이치료의 마지막 세 가지 단계, 즉 자기양육(self-nurturing), 부적절한 과정(process) 다루기, 종결을 논의하고자 한다. 각 단계에서 활용할 수 있는 활동과 기법에 초점을 두었다.

1. 자기양육

트라우마를 겪은 아동들은 치료자나 부모로부터 무한한 지지를 받는다 하더라도 자기 자신을 비난한다. 아동들이 겪은 트라우마는 그들의 잘못으로 인한 것이 아니더라도 종종 그들의 삶에 내사되기도 한다. 8세 미만 아동들은 자기중심적 사고로 인해, 나쁜 사건을 겪었을 때 자신에게 책임이 없다는 것을 이해하지 못한다. 자기 자신을 비난할 때 느끼는 감정들은 자기 파편화에 영향을 미칠 수 있다.

치료 과정에서 아동들은 종종 양극성(polarity)을 경험한다. 한 측면은 자기지지적인 반면에 또 다른 한 측면은 여전히 불안을 경험하고 있다. 자신의 지지적인 측면을 활용하여 손상된 부분을 해결할 수 있도록 도움을 받는 것이 중요하다. 자기양육이란 아동들이 통합을 이루어 내기 위해서, 다시 말해 자기 자신을 수용하고 양육하기 위해서 그들이 싫어하는 자신의 다른 측면을 수용할 수 있도록 배우는 것을 의미한다(Oaklander, 1994b, 1997). 아동들은 자신을 조절하는 것을 유지하기 위해 반드시 자신을 양육하는 방법을 배워야 한다. 자기 자신을 용서할 수 있어야 하고, 자신의 삶이 좋은 것과 나쁜 것으로 함께 이루어져 있다는 양극성을 수용해야 한다. 자기의 통합을 경험하기 위해 자신의 자기양육적인 면을 수용해야 한다(Schoeman, 1996b). 자기양육은 아동들이 자신의 양극성을 통합하는 것과, 트라우마 때문에 비난받고 있는 부분들을 수용하고 양육하는 것, 그리고 용서하는 것을 돕는다. 아동들은 종종 자신에게 잘해 주는 것을 이기적이라고 생각하기 때문에 이 단계를 진행하는 동안 자신을 대하는 기술을 얻도록 또 다른 측면도 다루어져야 한다. 이들은 다른 사람들이 자신을 잘 치유해 주기를 기대하고 그렇지 않을 때 실망감을 느낀다.

자기양육 과정의 첫 번째 부분은 다음과 같다. 아동들은 자신이 싫어하는 한 부분이 어떤 기능을 하는지 이해하기 위해서 그 부분과 접촉해야 한다. 주로 초기 아동기에 발생한 내사들이다. 상담을 하다 보면, 종종 아동들은 자신이 버릇없거나 이기적이라는 메시지를 받은 후에 그것을 내사한다는 점을 발견하게 된다.

항상 약한 애들을 괴롭히고 싸우고 부모의 권위에 대항하던 8세 소년이, 자기양육 작업 중에, 자신이 5살 때 어쩌다 유리창을 깼던 적이 있었는데 그 일로 자신은 버릇없는 말썽꾸러기라고 저자에게 말했다. 그의 부모는 그에게 아주 버릇없는 놈이라고 하며 마구 때렸다. 그는 치료자에게 말하길, 그때부터 버릇없는 말썽꾸러기 괴물이 자신 안에 들어왔고, 그 이후로 그 괴물이 자신에게 버릇없이 말썽부리고 동생을 때리라고 말했다고 했다. 이 괴물을 통제하고 자신을 양육하는 법을 배우기 위해, 그 아동은 이 괴물을 자신의 일부로 받아들여 통합하도록 하는 도움이 필요했다.

아동들은 종종 이러한 부정적인 일부분이 자신의 전체라고 생각하는데, 이로 인해 파편화가 발생한다. 부정적인 측면이 단지 자신의 일부일 뿐이라는 사실을 통찰하게 될 때, 새로운 통제력을 획득한다. 그리고 나서 다양한 놀이치료 기법을 통해 이 부분은 확장되어 소유하게 된다. 종종 이 부분은 아동의 더 어린 자기로 나타나기도 한다. 다음으로 아동들은 그들 자신이 싫어하는 부분을 양육하기 위해, 양육이 필요한 자신의 부분을 발견할 수 있도록 도움을 받는다(Oaklander, 1994b, 1997).

자기양육 단계에서 아동들은 자신을 잘 대하는 것이 잘못이 아니라는 것을 배워야 한다. 또한 아동들은 그들이 수용하지 않는 자기의 어떤 부분들을 받아들이는 경험을 할 수 있어야 한다. 그런 다음에 이러한 양극성을 양육할 수 있는 자기의 다른 부분들을 발견할 수 있도록 도움을 받아야 한다.

1) 자기양육 기법

자기양육 과정은 여러 투사 기법을 활용할 수 있는 세 가지 단계로 구성되어 있다. 첫 번째 단계에서 아동들은 그리기, 찰흙 만들기, 은유와 같은 투사 기법을 활용하여 그들의 내사 또는 수용할 수 없는 그들 자신의 부분들과 접촉해야 한다(Oaklander, 1994b, 1997). 임상실제에서의 경험에 의하면 이 단계에 가장 적합한 기법은 Shoeman(1998c)이 제시한 투사 기법(괴물 기법)이다. 이 기법은 다음과 같이 적용된다.

아동에게 자신의 삶에서 괴물을 찾아보라고 한다. 아동이 괴물을 잘 떠올릴 수 있도록 괴물 그림을 보여 줄 수도 있다. 어린 아동에게는 괴물을 그려 보라고 하거나 찰흙으로 만들어 보라고 할 수도 있다. 그렇게 하면 아동들은 발달 수준에 따라 괴물을 더욱 구체적으로 표현할 수 있다. 다음과 같은 내용을 중점적으로 다루어야 한다.

- 그 괴물이 언제부터 있었니?
- 다른 사람들도 그 괴물을 알고 있니?

- 너는 그 괴물의 어떤 부분이 두렵니?
- 네 생활 속에 그 괴물이 있으면 좋겠니?
- 그 괴물에게 이름을 지어 줄 수 있니?
- 네가 몇 살 때 그 괴물이 나타났니?
- 빈 의자에 그 괴물을 앉혀 놓고 대화를 나눠 보라고 한다.

아동에게 자신의 더 어린 자기(self), 즉 괴물이 처음으로 등장했던 시기의 그들 자신의 모습을 찰흙으로 만들어 보라고 할 수 있다. 그런 다음 치료자는 자기양육의 두 번째 단계로 옮겨 갈 수 있는데, 이 단계에서는 아동이 발견한 그들 자신의 수용할 수 없는 부분을 양육할 수 있도록 도움을 준다. 아동에게는 타임머신을 타고 특정 시대로 돌아갈 수 있다는 상상을 해 보라고 설명할 수 있다. 아동은 이전의 트라우마 경험으로 자기를 비난하면서 내사가 형성되었을 수 있으므로 더 어린 자기를 양육할 수 있도록 도움을 받아야 한다. 더 어린 아동을 양육하기 위해, 치료자는 우선 그들의 더 어린 자기와 대화를 나누고, 착한 요정을 나타내는 퍼펫을 통해 그들을 양육할 수 있다. 이런 과정에서 아동이 치료자의 말을 따라하도록 격려할 수 있으며, 그렇게 했을 때 어떤 느낌인지 물어볼 수 있다.

아동이 더 어린 자기를 양육하는 것을 완수하게 되면 아동에게 숙제를 주는 세 번째 단계를 시작할 수 있다. 아동은 집에 있는 것 중에 더 어린 자기를 나타낼 수 있는 곰 퍼펫이나 베개와 같은 대상을 찾아야 한다. 아동은 매일 저녁에 그것에 대해 이야기하면서 자기양육과정을 반복할 수 있게 한다. 또 하나의 방법은 아동이 스스로를 위해 할 수 있는 멋진 활동 목록을 만드는 것이다. 그런 다음 매일 이 목록 중 하나씩을 해 보라고 하고, 그것을 치료자에게 이야기해 주도록 격려한다(Oaklander, 1994a, 1994b, 1999). 아동은 매일 그들 자신을 위해 할 수 있는 좋은 물건 사진(그림)으로 자기양육 콜라주를 만들면서 자기양육이 되는 경험을 할 수 있다.

Oaklander(1994a, 1994b)가 제시한 자기양육 단계는 직관에 근거한 방법으로,

이론적으로 특정 모델을 토대로 설명하지는 않는다. 저자의 임상 경험에 의하면, 이러한 특성은 아동의 연령에 관계없이 치료 과정에서 중요한 부분을 차지한다. 심지어 5세 정도의 어린 아동들도 이 단계에서 구체적인 방법으로 그들 자신을 양육할 수 있다. 이 단계 동안 예전에 겪은 사건으로 인한 비난으로부터 그들 자신을 자유롭게 해 주는 것에 성공한 아동들은 더 쉽게 다른 사람들을 양육하고, 그들 자신과 다른 사람들을 더 쉽게 용서할 수 있다는 것을 알게 될 것이다.

자해와 공격적인 행동을 하는 7세 아동이 게슈탈트 놀이치료를 받게 되었다. 이 아동은 생후 21개월 때 위탁 가정에 맡겨졌다. 게슈탈트 놀이치료를 받는 동안 수많은 공격성을 투사했으나 좀처럼 투사를 소유할 준비는 되지 않았다. 건강 문제로 수차례 입원을 했었고, 대부분의 투사는 의사와 약에 초점화되어 있었다. 자기양육 과정에 도달했을 때 아동의 삶에 존재하는 괴물을 떠올려 보라고 했고, 그것을 그려 보라고 하였다. 아동은 [그림 5-1]과 같이 괴물을 묘사하였다.

이 괴물 작업을 하는 동안 아동은 자신이 아기였을 때 괴물이 나타났다고 대답했다. 아동은 무슨 일이 있었는지 말로 할 수는 없었지만 찰흙을 가져와서 즉흥적으로 괴물을 만들었다가 다시 뭉개 버렸고, 소리 지르며 그 괴물이 얼마나 싫은지를 표현하였다. 그다음에는 아기였을 때의 모습을 찰흙으로 만들어 보라고 하였다. 아동은 찰흙으로 아기를 만들었다. 그러나 치료자에게 그것이 더 어린 자기가 아니라 아기 '타잔'이라고 재빠르게 말했다. (전날 저녁에 타잔에 관한 비디오를 봤기 때문에 타잔은 아동의 전경에 있었다.) 저자는 아기 '타잔' 또한 부모가 키우지 않았다는 것을 알아차렸다. 그래서 치료자는 아동에게 아기 타잔은 자신이 무엇인가를 잘못해서 부모와 함께 살 수 없었다고 생각하느냐고 물었다. 아동은 그렇다고 대답했다. 그런 다음에 함께 지내고 있는 부모 외에 다른 부모가 있는지 물었다. 아동은 있다고 대답하면서 그들의 이름을 말했다. 치료 과정 중에 자신의 위탁 가정에 대해 말한 것은 이때가 처음이었다. 그런 다음 저자는 찰흙으로 아동의 더 어린 자기를 만들었고, 아동에게 자신이 무엇인가 잘못했다고 생각하는지, 그리고 자신이 친부모와 살기에 충분히 괜찮은 아이가 아니라고 느끼는지를 물었다. 아동은 그렇다고 대답했다. 이러한 내사를 인정했기 때문에 통합이 발생할 수 있었고 더 어린 자기를 양육할 수 있도록 도움을 받을 수 있었다(Blom, 2000).

[그림 5-1] 괴물 그림('타잔')

또 다른 8세 아동은 빈약한 자기감으로 인해 치료를 받았다. 자신의 괴물을 그리던 아동은 잠시 후에 괴물이 마음에 들지 않는다며 다시 그리고 싶어 했다. 치료자는 아동에게 괴물은 완벽할 필요가 없고 생김새는 중요하지 않다고 알려 주었다. 그렇지만 아동은 계속 다시 그리겠다고 고집을 피웠다. 아동은 새로운 괴물을 그렸지만 잠시 후에 울기 시작하면서 그 괴물도 만족스럽지 않다며 불만을 터뜨렸다.

치료자는 그 그림을 괴물이라고 불러도 되는지 물어보았다. "난 충분하지 않아." 그리고 그는 그렇게 불러도 된다고 대답하였다. 자기양육 과정의 단계를 거치면서, 아동은 자신을 만족스럽게 느끼지 않는 것이 분명하게 드러났다. 괴물을 양육할 수 있는 강인한 자신의 부분을 발견하기 위하여, 그 투사를 소유할 준비가 될 때까지 두 달 반이 걸렸다(Blom, 2000). 아동이 그린 괴물은 [그림 5-2]와 같다.

[그림 5-2] 괴물 그림('나는 충분하지 않아')

한 가지 주목해야 할 사실이 있다. 아동은 이러한 자기양육 과정으로 옮겨 갈 준비를 하기 전에, 반드시 일정한 양의 내적 힘(inner strength)을 지니고 있어야 한다. 가끔 치료자들은 이 과정을 너무 빠르게 진행한다. 그렇게 되면 아동들이 자신의 삶에 존재하는 내사들을 알아차리고 소유할 준비를 할 수가 없다. 비록 아동이 그동안 정서표현 단계를 거쳐 왔고, 그들의 감정을 투사할 수 있는 많은 기회가 있었음에도 불구하고, 이 단계에서 아동들은 종종 '새로운' 사실들을 어떻게 드러낼지를 고민하게 된다. 아동들이 자기 자신을 양육할 준비가 되면, 그것은 큰 위안이 되고 신경증의 폭발층으로 이동할 수 있다.

2. 지속되는 부적절한 과정 다루기

치료를 받으러 올 때 보였던 아동의 증상적 행동(symptomatic behaviour)은 일반적으로 여러 치료 과정을 거치면서 훈습되었을 때 더 이상 나타나지 않는다. 게슈탈트 치료는 내용 기반(contents-based) 치료라고 하기보다는 과정 지향적인(process-oriented) 치료이다. 이런 점에서 치료 과정 동안은 아동의 증상적 행동에는 초점을 두지 않는다. 주된 초점은 문제 해결, 보상, 다른 형태의 개입을 활용하여 아동의 행동을 변화시키려는 것이 아니라 아동들이 이 과정을 알아차릴 수 있도록 돕는 것이다.

그러나 접촉을 하기(contact-making), 자기 강화하기, 감정 표현, 자기양육과정을 거쳤음에도 불구하고, 자신의 욕구를 부적절한 방식으로 채우려는 일들이 일어나기도 한다. 이 단계에서 놀이치료자는 이런 아동들이 과정 내에서 스스로를 온전히 경험하도록 돕는 데 초점을 두어야 한다. 그런 다음에 자신의 행동에 대한 알아차림을 향상시키는 것을 목표로 하는 활동과 실험을 한다. 예를 들어, 놀이치료 기법을 활용하여 아동이 자신의 수치심과 철회 행동에 초점을 둘 수 있도록 할 뿐만 아니라 일상생활에서도 수치심과 철회행동의 처리 전략을 쓸 수 있도록 한다(Oaklander, 1994b, 1997).

그런 다음 아동은 자신의 일상에서 일어나는 상황에 어떻게 대처할 것인지를 선택할 수 있어야 하고, 선택에 대한 책임도 받아들여야 함을 배워야 한다. 또한 치료자는 아동이 예전의 행동 대신에 새로운 행동을 시도해 볼 수 있도록 도와야 한다. 이에 따라 아동은 놀이치료 세팅 속에서 새로운 행동을 시도해 보는 기회를 가지게 된다(Oaklander, 1988; Thompson and Rudolph, 1996).

아동의 부적절한 과정에 초점을 두면(행동 증상에 직접적으로 초점을 맞추게 되면) 치료 과정의 모든 단계만 거치게 될 뿐, 여전히 행동 증상은 사라지지 않는다. 게슈탈트 철학에 따라, 아동이 그들 자신의 과정에 대한 알아차림을 향상시키는 것에 중점을 둔다. 이를 통해 부적절한 과정에 대한 책임을 가지고 새로운 행동을 시도해 볼 수 있도록 한다. 아동은 억압된 감정을 더 적절하게 표현하는 방법을 배우기 때문에, 감정 표현 단계에서 다루었던 내용들은 아동의 행동 증상을 나아지게 한다. 이 단계는 종종 감정 표현 단계와 함께 이뤄진다.

1) 아동의 부적절한 과정 다루기 기법

앞에서 서술한 바와 같이, 아동의 부적절한 행동은 자신의 욕구를 더욱 건강한 방식으로 충족하는 방법을 배우면서 사라지기 때문에 이 단계가 반드시 필요하지는 않다. 그러나 저자는 은유, 퍼펫, 퍼펫쇼를 활용한 스토리텔링이 이 단계를 적절하게 다루는 기법임을 발견하였다. 이 기법들을 간단히 소개하고자 한다. 그러나 이 기법들은 게슈탈트 치료 과정의 다른 모든 단계에서 사용할 수 있다는 점을 명심해야 한다.

(1) 이야기

Oaklander(1988), Smith(1982), Stutterheim과 Kroom(1991) 및 van der Merwe(1996a)는 독서치료는 치료 과정 동안 아동과 여러 가지 방법으로 사용하는 기법이라고 했다. 그것은 기존에 있는 이야기, 치료자가 만든 이야기, 아동과 치료자가 함께 만든 이야기, 퍼펫이 말하는 이야기, 이야기 속 등장인물을 묘사하기 위해 만든 찰흙 모형, 이야기 속 하나 이상의 등장인물을 대신하여 쓴 편지가 될 수 있다. Shapiro(1997)에 의하면, 스토리텔링 기법은 특히 3~5세 아동에게 효과적이다. 치료자는 아동을 위해 어떤 주제로도 이야기를 만들 수 있지만, 기존에 있는 특정 주제를 다룬 이야기를 항상 사용할 수 있는 것은 아니다. 그렇기 때문에 아래에서는 치료자나 아동이 만드는 이야기를 사용하는 것에만 초점을 두어 설명하고자 한다.

☑ 이야기 활용의 장점

게슈탈트 놀이치료에서 이야기 활용은 여러 가지 장점이 있고, 아동의 현실 세계(living world)를 개선하는 것과 실질적으로 연관되어 있다. 이 투사 기법은 아동의 알아차림을 향상시키기 위해 효과적으로 사용될 수 있다. 이 이야기를 통해 아동은 자신의 감정을 더욱 잘 알아차릴 수 있다. 자기와 타인의 감정을 효과적으로 다루는 전략은 이야기를 다루는 전략에 포함될 수 있다. 아동이 이를 동일시하게 되면, 그들의 정서 능력이 발달될 것이다.

Pardeck과 Paedeck(1987), Shapiro(1997, pp. 90-91), Smith(1982), Thompson과 Rudolph(1996) 및 van der Merwe(1996a)에 의하면 아동의 치료 과정에서 이

야기 활용은 다음과 같은 장점이 있다.

- 이야기는 아동의 현실 세계 및 감정과 자연스럽게 연결된다.
- 이야기는 감정을 떠넘길 수 있는 기회를 제공해 주며, 상황, 환경, 소망, 생각, 감정을 소유하고 평가할 수 있는 상징적 세계를 제공해 준다. 이야기는 아동이 자신을 위협하는 것을 투사할 수 있는 간접적인 경로를 만들어 준다.
- 아동은 이야기 속에 등장하는 인물을 동일시하여 긍정적인 행동을 배울 수 있다. 이를 통해 아동은 다른 사람들의 감정 다루는 방식을 볼 수 있게 된다. 그런 점에서 대안적인 해결 전략 기회를 제공한다.
- 이야기는 아동에게 자신의 문제를 해결할 수 있는 방법에 대한 새로운 통찰을 준다.
- 이야기는 아동의 일상에서 문제가 되는 부분, 이를테면 통제가 안 되는 공격적인 행동이 악화되는 것을 예방할 수 있다.
- 이야기는 한 주제에 대해 토론할 수 있게 한다.
- 이야기는 다른 사람들도 비슷한 어려움을 겪고 있다는 점을 알려 주기 때문에, 아동의 고립감을 줄여 준다.
- 이야기는 준비되지 않았던 감정들을 받아들일 수 있도록 해 준다.

☑ 이야기 활용의 단계

이야기 활용은 다양한 단계로 이루어진다(Shapiro, 1997; Smith, 1982; van der Merwe, 1996a).

- 일반화: 아동은 다른 사람들도 자신과 똑같은 상황을 경험한다는 것을 알게 되고, 이로 인해 외로움이나 압도감을 덜 느낄 수 있다.
- 동일시: 아동이 자신을 등장인물과 동일시하고 연관시키는 과정. 동일시는 투사와 모델링을 유발할 수 있다. 이야기 속의 등장인물과의 모델링을 통해 자신을 비교하는 동안, 투사를 활용하여 아동은 이야기의 한 등장인물, 주로

주인공이 된다.

- 투사: 아동은 자신의 내적 세계의 어떤 미해결되어 수용할 수 없는 내용을 무의식적으로 이야기 속 등장인물에게로 옮겨 놓아 버린다. 이러한 투사는 방어기제의 역할을 하고 아동들이 자신의 미해결된 경험을 등장인물이 대신할 수 있게 한다. 투사는 아동이 자신의 세계와 등장인물의 세계가 비슷하다는 것을 알게 될 때 발생하고, 자신의 경험과 등장인물의 경험 사이에 정서적 연결 고리가 형성될 수 있을 때 일어난다.
- 모델링: 아동이 하나의 모델을 인식하고 그 모델의 특정 행동을 배우거나 따라하는 과정. 모델의 효과적인 기능 및 규칙적으로 학습된 행동을 성공적으로 연습하고 반복하는 것은 특별한 의미가 있는 모델링을 촉진할 수 있다.
- 카타르시스: 투사와 모델링의 과정은 아동이 이야기 속 등장인물에게 자신의 감정, 소망, 욕구 등을 떠넘겨서 카타르시스를 느낄 수 있는 기회를 제공한다. 이야기 속 등장인물에게 투사를 함으로써, 아동은 안전한 거리에서 자신의 감정을 확인하고 경험할 수 있는 기회를 갖게 된다.
- 자기 통찰: 아동은 자신의 현실 세계와 모델의 세계가 비슷하다는 것을 의식적으로 알 수 있게 된다. 이러한 통찰은 특히 "우리 아빠도 이야기 속 곰 아빠처럼 죽었어."와 같이 아동이 유사점을 말로 표현할 때 중요하다. 자기 통찰을 할 수 있게 되면 자신의 감정, 생각, 소망, 욕구를 인정하고 분석할 준비를 더욱 잘하게 된다.

아동과 이야기를 활용하는 단계에서는 아동에게 자신의 감정을 투사할 기회를 주는 것에 초점을 둔다. 이야기 속 주인공의 감정과 동일시하는 기회를 가지게 되면, 자신의 상황과 다른 사람의 상황에 대한 통찰이 자연스럽게 촉진될 수 있다. 아동은 자신의 감정을 떠넘길 수 있는 기회를 얻게 된다. 뿐만 아니라 이야기 속 등장인물을 모델링하는 방법을 통해 아동은 자신의 감정을 앞으로 어떻게 다루어야 하는지에 대한 과정 전략을 배운다.

☑ 전제되어야 할 사항

이야기가 아동의 동일시, 투사, 모델링, 카타르시스, 자기 통찰을 촉진하기 위해서는 특정 사항을 꼭 충족해야 한다. Smith(1982)는 다음과 같은 내용을 제시하였다.

- 이야기는 아동들의 현실 세계 및 삶의 단계와 관련이 있어야 한다. 그렇다고 해서 아동의 현실 세계와 등장인물의 현실 세계가 일치해야 하는 것은 아니다.
- 이야기는 아동이 경험하는 감정과 관련이 있어야 한다. 한 아동이 부모의 사망으로 인해 슬퍼하고 있다면 이야기 속 등장인물 또한 이러한 감정을 경험해야 한다.
- 아동이 동일시할 수 있는 분명한 주인공이 존재해야 한다.
- 아동의 상황과 일치하는 상황 속에서 행동하는 다른 등장인물들도 있어야 한다. 이를테면 괴롭히는 큰 개를 무서워하는 강아지 한 마리.
- 이야기 속 등장인물을 활용하여 아동에게 건강한 처리 과정을 보여 주는 모델을 제시해야 한다. 그러므로 등장인물은 자신의 감정을 털어놓을 수 있어야 하고, 행동의 원인을 찾을 수도 있고, 인지적이고 정서적인 통찰을 할 수 있어야 한다. 또한 건강한 처리 전략을 쓸 수 있는 자신의 가능성과 능력을 인정하고 명확한 삶의 목표를 가지고 있어야 한다.
- 이야기 속 모델은 건강하고 효과적인 처리 전략을 활용할 수 있어야 한다. 주인공 및 다른 등장인물들의 행동을 토대로 하여 아동들에게 상황을 다룰 수 있는 본보기를 제공해야 한다.
- 처리 전략의 모델링이 되는 등장인물은 심리적 · 사회적으로 다양한 수준에서 건강한 방식으로 역할을 해야 한다.
- 이야기는 위안을 주는 결론으로 끝을 내야 한다. 주인공은 낙관적이어야 하지만 절대 아동에게 거짓된 안심을 시켜서는 안 된다.

이야기 활용하기 단계뿐만 아니라 이야기에 충족되어야 하는 요건들은 아동의 감정 투사를 촉진하는 데 목표를 둔다. 다시 말해 자기-알아차림을 촉진하는 것에 목표를 둔다. 투사를 하기 위해서는 이야기가 아동의 현실 세계와 연관이 있어야 한다. 이러한 관련된 이야기를 통해 아동은 동일시를 할 수 있다. 이야기를 통해 아동은 다른 사람들도 비슷한 문제를 겪고 있다는 것을 알게 된다. 특히 내사를 하면서 억눌렀던 감정을 더 많이 경험해 볼 수 있게 된다. 등장인물의 모델링을 통해 얻게 되는 처리 전략을 위한 충족 요건은 아동이 자신의 감정을 다루는 데 있어서 더욱 효과적인 전략을 얻을 수 있도록 돕는다. 부족한 공감 기술 또한 등장인물이 아동에게 효과적인 기술을 모델링하는 방식을 활용하여 다룰 수 있다.

☑ 상호 스토리텔링 기법

치료 과정에 활용할 수 있는 스토리텔링의 또 다른 방식으로는 Gardner(1983)가 최초로 고안한 '상호 스토리텔링 기법'이 있다. 아동이 먼저 이야기를 만들어서 치료자에게 들려준다. 그런 다음 치료자는 아동의 이야기 속에 등장하는 동일한 등장인물을 활용하여 새로운 이야기를 아동에게 들려준다. 이때 치료자는 자신의 이야기에 문제를 해결할 수 있는 더 좋은 방법을 포함시킨다. 아동의 이야기는 투사이기 때문에, 아동이 처한 상황을 이야기에 반영해야 한다. 아동들이 이야기를 꾸미며 보도록 동기를 부여하기 위해서, 치료자는 아동들에게 원작 이야기를 들려주는 TV 프로그램의 귀빈이 되었다는 상상을 해 보라고 한다. 치료자는 프로그램의 사회자로서 일반적인 질문 몇 가지를 하면서 아동들을 편안하게 해 준다. 그런 다음 아동들은 자신의 이야기뿐만 아니라, 그 이야기를 통해 얻은 교훈을 말한다(Oaklander, 1988; Smith, 1982; Thompson and Rudolph, 1996; van der Merwe, 1996a). Oaklander(1988)는 촬영을 하거나 녹음을 하는 것도 이 기법을 효과적으로 활용하는 데 도움이 된다고 하였다. 이 기법을 활용할 때는 아동이 처한 상황에 대한 정보를 알고 있는 것이 중요한데, 그 이유는 아동들이 꾸미는 이야기의 핵심 주제를 이해해야 하기 때문이다. Smith(1982)에 의하면 치료자는 아동의 정보를 토대로 하여 이야기를 꾸미는 것이 중요하다. 그렇게 했을 때 아동의 동일시를 촉진할 수 있기 때문이다. 그러나 처리 전략, 과정, 등장인물의 일반적인 역할 및 결말은 달라야 한다. 상호 스토리텔링 기법을 통해 아동은 자신의 전경 중에 미해결된 측면을 이야기에 투사할 수 있다. 치료자가 이야기 꾸미기를 반복하게 되면서 아동은 자신의 감정 상태를 더욱 효과적으로 다루는 전략을 얻게 된다.

이야기는 아동의 공감적 이해를 효과적으로 촉진하는 데 활용될 수 있다. Schilling(1996)에 의하면 아동에게 이야기를 읽어 준 다음에 이야기 속 주인공의 감정과 해결 전략에 대해 특정 질문을 할 수도 있다. 이 기법은 다음과 같은 방식으로 적용할 수 있다.

선생님이 이야기 하나를 들려줄 거야. 이야기 속 인물이 겪는 문제를 어떻게 해결할 수 있을지 생각해 볼래? 이 이야기로 대화를 나눈 다음에는 이야기의 결말을 네가 다르게 지어내어서 그림으로 한번 그려 보렴.

이야기 내용: 제임스는 오늘 처음으로 학교에 가게 되었어. 한 번도 학교에 가 본 적이 없었던 제임스는 교실 안에서 소란을 피우며 돌아다니기 시작했지. 선생님은 제임스에게 조용히 앉아 있으라고 말했어. 그렇지만 제임스는 선생님이 무슨 말을 하는지 이해하지 못했고, 계속 이상한 소리를 냈지. 다른 아동들이 놀리면서 떠들기 시작했어. 그래서 선생님은 아이들을 혼냈고, 쉬는 시간에 5분 동안 교실에 남아서 자신의 행동에 대해 이야기를 나누어야 한다고 하셨어. 선생님은 친구들에게 제임스가 친구들의 말을 이해하지 못하고, 교실에서 어떻게 행동하는지를 한 번도 배운 적이 없다고 설명해 주었어. 그러면서 제임스가 적응하려면 친구들이 어떻게 도와줄 수 있는지 물어보셨어.

아동에게 물어볼 수 있는 질문:
- 학급에서 신입생인 제임스의 기분은 어떨 것 같아?
- 친구들의 말을 알아들을 수 없는 제임스는 어떤 기분일까?
- 너희들은 제임스를 어떻게 도와줄 수 있을까?

이러한 방식으로 이야기를 활용할 경우에 아동들은 이야기 속 등장인물의 입장을 이해해 볼 수 있게 된다. 다시 말해, 타인에 대한 공감적 이해를 촉진할 수 있으며 타인의 감정을 다룰 수 있는 기법에 집중할 수 있게 된다.

☑ 퍼펫과 결합하여 이야기 활용하기

앞서 언급한 바와 같이, 이야기는 아동의 게슈탈트 놀이치료의 다른 기법 및 퍼펫과 같은 매체와 결합하여 활용할 수 있다. 중기 아동기를 대상으로 한 Venter(1998)의 연구에서 이야기는 아동의 정서적 알아차림을 향상시키는 반면에 퍼펫은 아동의 정서적 알아차림의 수위를 투사할 수 있는 매체 역할을 하는 것으로 나타났다. 퍼펫은 더욱 구체적인 방식으로 아동에게 이야기를 전달하는데, 이는 어린 아동의 인지 발달 수준과 관련이 있다.

(2) 퍼펫과 퍼펫쇼

퍼펫 놀이와 같은 상징 놀이는 6~12세 아동에게는 자연스러운 활동이다. 이 시기 상징놀이는 아동들의 판타지 세계(fantasy life)와 관련이 있기 때문이다. 학령전기 아동에게 매우 성공적으로 활용될 수 있다. 게슈탈트 놀이치료에서 퍼펫이나 퍼펫쇼를 활용하는 투사 기법은 여러 가지 장점이 있다. 가장 중요한 장점 중 하나는 퍼펫을 활용하면 덜 위협적인 방식으로 대화를 나눌 수 있기 때문에 아동이 더욱 편안하게 느낄 수 있다는 것이다. 저자의 경험에 의하면, 수줍음이 많고 내성적인 아동들은 실제로 자신이 무슨 대화를 나누고 있는지를 자주 잊어버린다. 아동은 우선 자신의 감정을 퍼펫에 투사한 후, 소유하기 때문에, 퍼펫 활용은 아동의 알아차림을 증진한다. 또한 아동은 퍼펫쇼를 할 때 자신이 통제권을 가지고 있다는 것을 경험한다. 이는 아동의 자기감을 강화하는 데 기여한다. 감정을 다루는 전략은 퍼펫놀이를 통해 모델링할 수 있다. 퍼펫쇼는 아동이 퍼펫과 동일시를 하게 될 때 자신과 타인의 감정을 다루는 데 필요한 기술을 더 잘 익히게 한다.

이러한 놀이 형식의 장점은 다음과 같이 요약할 수 있다(Axline, 1994; Irwin,

1983, 1991, 1993; Oaklander, 1988; van der Merwe, 1996a, p. 133; Webb, 1991).

- 아동들은 감정을 다루는 전략을 배우고, 자신의 감정을 표현하기 위하여 종종 판타지를 활용하거나 퍼펫쇼와 같은 판타지 지향적인 활동을 하기도 한다.
- 퍼펫은 놀이를 통해 성격과 아동의 과정에 관한 다차원적인 그림을 얻는 가장 가치 있는 도구 중 하나로 간주될 수 있다.
- 많은 치료자들이 아동, 집단, 가족과 치료를 할 때, 퍼펫은 이야기 속의 풍부한 상징적 가치도 덧붙여 매우 쉽게 다룰 수 있고 자발적으로 '실연'된다는 점에서 활용한다.
- 퍼펫과 퍼펫쇼는 아동들에게 초점을 두지 않고 그들이 일시적으로 숨을 수 있는 보호막 역할을 하기 때문에 아동들이 편하게 느낄 수 있다. 퍼펫쇼를 통해 아동들은 금지된 행동을 해 볼 수 있는 기회를 얻고 그 행동에 대한 책임을 지게 된다. 치료자는 위협적이지 않은 방식으로 아동의 세계에 들어갈 수 있는 기회를 얻게 된다.
- 수줍음이 많고 내성적인 아동들은 자신의 활동보다 퍼펫에게 더욱 집중한다.
- 퍼펫은 감정을 쉽게 떠넘기는 데 도움이 된다. 그렇기 때문에 퍼펫은 긴장과 관련된 감정들을 떨쳐 버릴 수 있는 사회적으로 수용 가능한 여러 방식을 제공한다. 수줍음이 많은 아동은 퍼펫을 활용할 때 자신을 더욱 잘 표현할 수 있으며, 자신의 문제를 더욱 객관적으로 볼 수 있으므로 자존감을 형성할 수 있는 기회를 얻게 된다.

아동의 생각과 감정에 대한 정보를 얻기 위해, 특정 범주의 퍼펫들을 폭넓게 선택할 수 있어야 한다(Irwin, 1983, 1991, 1993; Oaklander, 1988; West, 1992). 치료자는 선과 악 같은 양극성을 나타낼 수 있는 퍼펫을 구비해야 한다. 게슈탈트 놀이치료에서는 아동이 선택하도록 하기 때문에 치료자가 퍼펫을 여유 있게 구비하는 것이 좋다. 그러나 모든 범주별로 퍼펫을 구비하는 것이 항상 가능한 것은 아니다. 대부분의 경우, 아동들은 어느 정도 주제에 맞는 다른 퍼펫을 사용하거나, 다른 퍼펫을 자신이 필요로 하는 퍼펫이라고 여기면서 적용할 수 있다.

아동과의 치료 과정에 다음과 같은 범주의 퍼펫들이 사용될 수 있다.

- 공격성, 행복, 불안과 같은 다양한 감정을 표현할 수 있는 퍼펫
- 성인 남자, 성인 여자, 남자 아동, 여자 아동, 할아버지, 할머니와 같은 다양한 가족 퍼펫
- 마녀, 착한 요정, 마법사와 같은 상상 속 인물 퍼펫
- 왕, 왕비, 공주, 왕자와 같은 왕족 퍼펫
- 간호사, 의사, 경찰, 교사와 같은 특정 직업을 표현할 수 있는 퍼펫
- 가축과 야생동물(예: 강아지, 새, 원숭이, 용, 악어, 호랑이), 공격적인 동물(예: 상어, 늑대, 악어), 온순한 동물(예: 강아지, 토끼)로 구분할 수 있는 동물 퍼펫
- 부엉이와 거북이 같은 중립적인 특성을 지닌 퍼펫

손가락 퍼펫은 모든 퍼펫 종류 중에서 가장 간단하고 수월하게 만들 수 있다. 손가락 퍼펫은 아동들의 주의를 빨리 끌 수 있고, 대부분의 아동들은 손가락 퍼펫을 갖고 노는 것을 좋아한다(Irwin, 1993). 손가락 퍼펫은 아동들이 복잡한 관계를 해결하도록 돕는 데 활용할 수 있고, 만일 아동이 자신이 처한 상황으로부터 좀 더 거리를 두어야 할 필요가 있다면, 동물 형태의 퍼펫을 사용할 수도 있다(van der Merwe, 1995). 고무공으로도 손가락 퍼펫을 만들 수 있다. 고무공에 집게손가락을 집어넣을 수 있도록 작은 구멍을 낸다. 공은 손가락 퍼펫의 머리 역할을 한다. 머리 부분인 공을 손가락에 끼워서 고정한다. 엄지와 가운데 손가락은 퍼펫의 팔 역할을 하며, 네 번째 손가락과 새끼손가락은 다리 역할을 한다. 이와 같은 방식으로 다양한 종류의 손가락 퍼펫을 만들 수 있다(Irwin, 1993). van der Merwe(1995)에 의하면, 보다 현실적인 퍼펫쇼가 필요하다면 가족구성원의 작은 사진을 손가락 퍼펫으로 사용할 수 있다. 작은 삼각형 모양의 골판지에 사진을 붙이고, 삼각형의 아랫부분을 손가락에 붙여 고정한다.

게슈탈트 놀이치료에서는 손가락 퍼펫을 손 퍼펫과 같은 방식으로 활용할 수

있다. 손 퍼펫은 동시에 두 개밖에 쓸 수 없지만 손가락 퍼펫은 동시에 두 개 이 상을 쓸 수 있다는 장점이 있다. 예를 들어, 가족구성원끼리 대화하는 장면을 묘 사할 때 손가락 퍼펫을 쓸 수 있다.

☑ 게슈탈트 놀이치료에서 퍼펫 활용하기

퍼펫은 퍼펫쇼뿐만 아니라 직접적인 활동을 하거나 치료 과정 중에 자연스럽 게 활용할 수도 있다. 퍼펫을 활용할 때 치료자는 반드시 아동의 편이 되어야 한 다. 치료자는 아동이 선택한 퍼펫을 통해 아동으로부터 많은 것을 배운다. 게슈 탈트 놀이치료에서는 퍼펫을 다양한 방식으로 사용할 수 있고, 여러 치료 단계 에서 활용할 수 있다. 치료 관계를 형성할 때 활용할 수도 있는데, 아동을 알아 가기 위해 다가갈 때 퍼펫을 조력자로 활용할 수 있다. 아동이 자기에 대한 양극 성에 초점을 둘 때 퍼펫을 활용할 수도 있다. 예를 들어, 아동에게 그 순간에 아 동이 느끼고 있는 것과 반대되는 느낌을 묘사하는 퍼펫을 골라 보라고 요청한 다. 이러한 활동은 아동의 자기감을 강화한다. 그러나 퍼펫은 감정 표현 단계 및 지속적으로 반복되는 부적절한 과정을 다루는 단계에서도 활용될 수 있다. 퍼펫 은 아동의 감정을 투사하는 매체이므로, 퍼펫을 활용하여 효과적인 처리 전략을 익힐 수 있다.

Oaklander(1988)는 치료회기에 퍼펫을 활용하는 방식을 다음과 같은 예로 제 시하였다.

- 아동에게 여러 퍼펫 중에서 하나를 고르라고 한 다음, 퍼펫의 목소리가 되어 보라고 한다. 퍼펫에게 자기소개를 해 보라고 하고, 퍼펫에게 질문하고 대답 하게 한다. "몇 살이니?" 또는 "친구가 있니?"와 같은 질문을 할 수 있다. 다음 단계에서 치료자는 아동에게 퍼펫의 어떤 부분이 자신의 생활(life)과 비슷한 부분이 있는지, 퍼펫처럼 느낀 적이 있는지를 물어볼 수 있다.
- 아동에게 자신이 알고 있는 누군가가 떠오르는 퍼펫 한두 개를 고르라고 한 다. 그런 다음 치료자는 퍼펫에게 몇 가지 질문을 할 수 있다.

- 치료자와 아동은 각자 퍼펫을 선택할 수 있고 잠시 동안 비언어적으로 대화를 나눈다. 그런 다음 서로 이야기 나누기를 시작한다.
- 퍼펫에게 아동이 고른 퍼펫이 좋아하는 것과 싫어하는 것이 무엇인지를 물어본다. 혹은 치료자에게 아무 말이나 해 보라고 요청한다.
- 아동과 치료자 모두 퍼펫을 하나씩 가지고 있을 때 판타지 이야기(fantasy story)를 만들 수 있다. 치료자는 아동이 이야기를 지어낼 수 있도록 퍼펫이 무엇을 말하면 좋을지 알려 달라고 한다.

퍼펫을 활용한 활동을 할 때 아동에게 다음과 같이 특정 퍼펫을 골라 보도록 할 수 있다(Oaklander, 1988).

- 지금 네가 어떻게 느끼고 있는지를 나타내는 퍼펫을 골라 보자.
- 지금 네가 느끼고 있는 것과 반대의 느낌이 드는 퍼펫을 골라 보자.
- 네가 싫어하는 너의 모습이 떠오르는 퍼펫을 골라 보자.
- 네가 어떻게 되고 싶은지를 나타내는 퍼펫을 골라 보자.
- 너의 가족들을 나타내는 퍼펫을 골라 보자. 그런 다음에 나에게 소개해 줘. 너는 이 퍼펫 하나하나에게 무슨 말을 하고 싶니?
- 화가 난 퍼펫을 골라 보자.

또는 무엇인가를 해결해야 하는 상황에 놓인 퍼펫의 이야기를 들려준 다음에 아동에게 어떤 해결책이 있는지 알려 달라고 한다.

☑ 게슈탈트 놀이치료에서 퍼펫쇼 활용하기

아동들은 퍼펫을 가지고 이야기를 만들어서 퍼펫쇼를 해 보는 것을 재미있어한다. 치료자가 아동에게 퍼펫쇼를 보여 줄 수도 있다. 그런 다음에 아동에게 어떤 주제로 퍼펫쇼를 할지를 물어볼 수 있다. 아동이 겪은 특정 문제 상황과 연관된 주제를 선택할 수도 있다.

Irwin(1991, 1993)에 따르면, 아동을 대상으로 한 치료에서 퍼펫쇼는 다양한 측면을 평가하는 데 활용할 수도 있다. Irwin은 퍼펫쇼 활용 준비단계, 퍼펫쇼하기, 퍼펫쇼 후 이야기 나누기와 같은 세 가지 단계로 구분하였다.

1. 준비단계

이 단계에서는 아동에게 무슨 일 때문에 치료자를 만나러 왔는지 생각해 보고 알려 달라고 할 수 있다. 치료자는 아동이 지어낸 이야기에 관심이 있다는 것도 말해 주고, 퍼펫을 가지고 무슨 이야기를 꾸밀 수 있을지 떠올려 보라고 한다. 그런 다음에 퍼펫 바구니를 가져와서 바닥에 퍼펫을 펼쳐 놓고, 아동에게 퍼펫 쇼에 쓸 만한 특정 퍼펫을 골라 보라고 한다. 어떤 아동은 시작을 하는 데 있어서 치료자의 도움이 필요할 수도 있고, 퍼펫과 친밀한 대화를 나눌 때까지 준비 시간이 오래 걸릴 수도 있다(Irwin, 1983, 1991, 1993).

2. 퍼펫쇼하기

이 단계에서는 아동이 자신의 퍼펫을 소개하고 이야기를 꾸미기 시작한다. 대부분의 아동들은 치료자가 관객 역할을 할 때 이야기 꾸미기를 즐거워하고, 시작하는 것을 어려워하지 않는다. 만약 아동이 매우 어색해하거나 힘들어한다면, 다음과 같은 방식으로 치료자가 아동을 도와줄 수 있다.

준비단계에서 치료자는 아동에게 "오~경찰관. 여기에서 무엇을 경찰관으로 할 수 있을까?"와 같은 개방형 질문을 할 수 있다. 그래도 아동이 여전히 선택을 하지 못한다면, 치료자는 등장인물("이 이야기에 누가 등장하는 거야?"), 구성("어떤 곳에서 이야기가 펼쳐지는 거야?"), 주제("처음에는 무슨 일이 일어나?")와 같은 이야기의 필수 요소에 초점을 둘 수 있다. 이러한 방식은 아동이 이야기를 어떻게 꾸밀지, 즉 누가, 무엇을, 어디에서, 언제, 왜와 같은 내용을 생각해 볼 수 있게 한다(Irwin, 1991, 1993).

만약 아동이 치료자도 참여해야 한다고 하면, 치료자는 이것은 아동의 이야기임을 강조하고, 대신에 아동이 치료자에게 이야기를 어떻게 이어 나갈지를 귓속말로 알려 달라고 한다. 그러나 아동이 혼자 퍼펫쇼를 보여 줄 수 있도록 다른 모든 방법을 시도했다면, 치료자는 참여해야 한다(Irwin, 1993). Oaklander(1988)는 이러한 견해를 지지하였는데, 아동이 퍼펫쇼를 시작하기 어려워하는 경우가 아니거나, 극 중간에 이야기가 막히지 않는 경우라면 퍼펫쇼에 대한 어떠한 제안도 치료자가 먼저 하지 않는다고 언급하였다. 상호 스토리텔링 기법으로 이 단계를 확장할 수 있는데, 퍼펫쇼가 끝난 후에 치료자가 똑같은 등장인물을 사용하여 더 나은 해결책을 제시하는 다른 퍼펫쇼를 보여 준다.

3. 퍼펫 그리고 아동과의 인터뷰

아동이 퍼펫쇼를 꾸밀 때, 치료자는 이야기의 줄거리가 더 길어지도록 하기 위해 퍼펫을 인터뷰할 수 있다. 치료자는 아동의 생각과 감정에 관한 정보를 더 많이 얻게 된다. 퍼펫에게 누가 무엇을 했는지, 그 이유는 무엇인지에 대한 질문들을 할 수 있다(Irwin, 1983, 1991, 1993).

퍼펫쇼를 마친 다음에는 아동에게 퍼펫쇼 이야기에 대해서 직접 이야기해 보자고 할 수 있다. 치료자는 아동의 방어기제와 처리 방식을 관찰할 수 있고, 아동이 현실과 이야기를 구분할 수 있는지도 관찰할 수 있다. 반복되는 주제에 초점을 둘 수도 있고 이야기 속 등장인물에 대한 질문들을 할 수도 있다. 아동이 동일시하는 등장인물과 반대로 싫어하는 등장인물에 대한 정보도 얻을 수 있다. 때로는 좋아하고 때로는 싫어하는 등장인물은 아동의 자기 안의 양극성을 나타낸다(Irwin, 1991, 1993). 후자는 게슈탈트 치료의 이론적 개념과 연관이 있다. 즉, 자기는 특정 부분에서 양극성을 포함한다. 퍼펫을 활용하는 치료의 목표는 아동이 자신의 삶 속에 존재하는 이러한 양극성을 알아차리도록 돕는 것이다. 이를 통해 아동은 더욱 통합적인 방식으로 기능할 것이다.

다른 질문들도 할 수 있다. 이야기 중에서 가장 즐거운 부분과 그렇지 않은 부분은 어디인지, 가장 닮고 싶은 등장인물과 그렇지 않은 등장인물은 누구인지도 물어볼 수 있다. 이야기로 인해서 예전에 보거나 들었던 어떤 것이 떠오르는 게 있는지 물어볼 수도 있고, 이야기의 제목을 지어 보라고 요청할 수도 있다. 그러나 아동은 종종 퍼펫쇼를 통해 자신의 생활 이야기를 펼치기 때문에, 꼭 아동을 세심하게 살피면서 질문을 해야 한다(Irwin, 1983, 1991, 1993). 이야기 소재, 특히 아동이 감정을 다루는 방식에 대한 평가를 통해 아동의 접촉경계장애에 대한 정보를 얻을 수 있다. 퍼펫쇼는 아동에게 위협적이지 않다. 그렇기 때문에 아동은 자신의 감정을 처리하기 위해 접촉경계장애를 사용할 필요가 없으며, 억제된 감정이 전경으로 떠오를 수 있다. 이야기가 전개됨에 따라 치료자는 전개되는 갈등과 그것을 구성하는 감정 흐름을 어떻게 처리하려고 하는지를 관찰할 수 있다.

아동을 대상으로 한 게슈탈트 놀이치료에서는 스토리텔링을 결합한 퍼펫쇼를 활용할 수 있다. 아동은 퍼펫쇼를 하는 동안 이야기 속 등장인물에게 자신의 감정을 투사할 기회를 얻게 된다. 퍼펫쇼가 끝난 후, 치료자가 퍼펫과 아동과 이야기해 봄으로써, 아동은 자신의 투사를 소유하고 이것이 자신의 삶과 어떻게 일치하는지를 확인하는 현실수준으로 이동할 또 다른 기회를 갖는다. 즉, 아동들의 과정과 미해결된 과제에 대한 알아차림을 촉진하기 위해서, 퍼펫쇼를 스토리텔링과 결합하여 효과적으로 활용할 수 있다. 퍼펫쇼가 끝난 후에 대화를 나누고 아동에게 퍼펫쇼를 보여 줌으로써, 치료자는 아동의 감정 및 문제와 관련된 해결 전략을 더 많이 모델로 보여 준다. 이는 아동 자신과 타인의 감정을 다루는 데 필요한 기술을 긍정적으로 강화시킬 수 있다.

(3) 판타지와 은유

게슈탈트 치료 관점에서 은유와 판타지는 자기의 경험 내용에 대한 은유적 표현이라고 볼 수 있고, 아동이 알아차리지 못한 미해결 과제를 전경으로 가져오도록 하는 데 활용될 수 있다(Korb et al., 1989). 판타지는 아동의 내적 세계와 정상 발달에 영향을 미친다. 결과적으로 아동은 자신의 내적 부분들을 자신이 인식하지 못하는 세계를 이해할 수 있도록 돕는 대상에게 투사한다. 판타지(fantasy)라는 단어는 '어떤 것을 보이게 하는'을 뜻하는 그리스어에서 파생된 라틴어 '판타스티쿠스(phantasticus)'에서 파생되었다. 그러므로 판타지라는 개념은 아동에게 보이게 만들어진 지적인 그림이라는 의미이다. 다양한 지적인 그림들이 이 개념의 일부를 형성하는데, 즉 은유, 상징적이고 창의적인 놀이, 그리고 아동 자신의 상상의 산물들이 있다(Mills and Crowely, 1986; Oaklander, 1988; Schoeman, 1996a). 판타지는 앞서 언급한 이야기나 퍼펫뿐만 아니라 4장에서 다루었던 투사 기법(예: 그리기 기법, 모래 놀이, 찰흙으로 만들기)에도 활용될 수 있다. 그러나 여기에서는 판타지의 은유적 기능과 방법 안내에 초점을 두고자 한다.

은유는 비교와 유사성에 바탕을 둔 은유적이고 비유적인 표현으로 정의된다. 다시 말해 한 장면을 실제의 표상으로 대체하는 것이다. 은유는 아동에게 훨씬 효과적인 방식으로 메시지를 전달하는 데 활용할 수 있는 기법이다. 은유는 아동이 자신의 상황을 다른 관점으로 볼 수 있도록 한다(Spies, 1993). Schoeman(1996a) 및 Spies(1993)에 의하면 은유는 다음과 같은 기능을 한다.

- 효과적인 은유는 현재 살고 있는 세계에 대한 아동의 지각에 변화를 일으키고, 문제를 해결할 수 있는 해결책을 준다. 그런 면에서 은유는 아동의 세계에서 일어나는 일에 대한 설명이나 가설이다. 아동은 은유를 활용하여 자신의 감정을 평가할 수 있고, 부인하기 위해 별도의 에너지를 쓰지 않고도 상황을 해결하는 방식을 결정할 수 있다. 은유는 아동에게 실제 트라우마를 경험하지 않고도 학습할 수 있는 경험을 주고, 아동이 안도감을 느낄 수 있도록 한다. 이러한 방식으로 아동은 더욱 효과적인 감정 처리 방식을 얻을 수 있다.
- 아동은 은유를 활용함으로써 자신의 삶을 통제할 수 있고 특정 선택을 할 수 있는 권리를 얻을 수 있다. 아동은 은유를 활용하고 등장인물이 문제를 다루는 방식을 관찰함으로써, 해결 전략을 배우고 그런 행동을 시도하게 된다. 희망이 없으면 아동은 자신의 상황을 바꾸려는 동기를 얻지 못할 것이다. 그러나 은유는 아동에게 자신의 상황이 나아질 수 있다는 희망을 준다. 이러한 측면은 아동의 긍정적 자기감을 촉진한다. 통제 경험과 선택의 기회도 아동의 자기감을 강화한다.
- 은유는 치료자가 아동의 실생활을 이해하기 위한 목적으로 시도된다. 그런

면에서 치료자는 아동에게 이들이 처한 특정 상황이 어떤 의미를 지니는지 알려 준다. 은유는 아동의 두려움과 감정을 보다 구체적으로 전달하는 다리 역할을 한다. 아동은 이러한 과정을 통해 구체적인 상황에 대해 이야기하는 것이 더 수월하다는 것을 알게 된다.

• 아동은 은유를 활용함으로써 자신의 상황이 특별하지 않음을 알게 된다. 은유는 고립적인 느낌을 줄여 주므로 아동은 자신의 욕구를 받아들이고 경험할 수 있다. 자신의 욕구를 인정하고 수용할 수 있는 아동은 건강한 유기체적 자기조절을 할 수 있으며 전경에 드러난 미해결 과제를 완성할 수 있다.

• 아동이 이러한 작업을 할 때 치료자가 실질적으로 도와주면, 은유는 아동의 상상력(판타지를 펼칠 수 있는 능력)을 더 자극할 수 있고 알아차림의 변화를 끌어낼 수 있다. 아동은 판타지를 펼치고 즐기는 데 전문가이기 때문에 아동에게 실질적인 도움을 제공할 때 은유를 사용하는 것은 매우 적절하다. 또 다른 장점이 있다. 아동들은 판타지 놀이를 하면서 문제를 해결하고 창의적으로 사고하고 그것을 구체화할 수 있다. 뿐만 아니라 위협적이지 않은 방식으로 두려움을 처리할 수도 있다. 판타지 놀이를 하는 동안 아동들은 할 수 있는 범위 내에서 자신의 세계를 바꾸어서 안식처로 만들기도 하고 새로운 대처를 해 볼 수도 있다. 타인의 감정, 태도, 의견을 알아차리게 된다는 점에서, 판타지는 아동들의 공감적 이해를 촉진시키기도 한다. 각각의 상황에 대한 대안이 있다는 것을 그들이 이해하는 것은 도움이 된다. Oaklander(1988)에 따르면, 판타지 놀이는 치료자가 아동의 과정을 관찰할 수 있는 기회를 제공한다. 아동들이 펼치는 판타지 과정은 그들의 삶의 과정과 유사할 것이다.

• 은유는 선이 악을 물리치는 이야기 안에서 특히 아동들에게 도덕적 가치를 가르친다. 지배, 통제 그리고 인내는 판타지 이야기에서 특히 두드러지는 면들이다. 아동에게 언어로 도덕적 가치를 가르치는 것보다 주인공의 긍정적 행동과 동일시하게 하고, 은유 안에서 특정 도덕적 가치를 받아들이는 것이 더 효과적이다. 그러므로 은유는 아동에게 가치를 알아차리도록 하는 데 도움이 될 뿐만 아니라 아동이 감정을 관리하고 조절하는 점에서 아동의 선택

을 끌어내곤 한다.

아동과의 게슈탈트 놀이치료에서 은유는 다양한 역할을 한다. 이러한 역할은 게슈탈트 놀이치료의 목표, 즉 알아차림 능력을 발달시키고 자기지지와 통합을 촉진하는 것과 관련된다.

☑ 은유 선택을 위한 지침

Mills와 Crowley(1986) 및 Schoeman(1996a)에 의하면, 은유는 다음의 지침을 따라야 한다. 그러나 하나의 은유가 다음의 모든 지침을 충족해야 하는 것은 아니다.

- 『미운 오리 새끼』동화에서 나타나는 갈등처럼 주인공과 관련된 갈등을 주요 주제로 창작해야 한다.
- 조력자와 영웅(주인공의 능력을 나타내는), (주인공의 두려움과 부정적인 생각을 나타내는) 장애물이나 산적의 형태로 드러나는 무의식적 과정을 의인화해야 한다. 예를 들어, 미운 오리 새끼의 엄마는 둥지에 있는 다른 오리들이 미운 오리를 밀쳐 내려고 할 때 미운 오리가 다리를 얼마나 잘 사용하는지를 관찰하였다.
- 주인공이 자신의 문제를 해결해 가는 과정에서 피할 수 없는 은유적 위기를 제공하여 해결책을 찾도록 한다. 예를 들어, 개와 사냥꾼이 다른 오리 새끼들을 모두 죽였을 때 미운 오리 새끼만 살아남는다.
- 미운 오리 새끼가 작은 집을 발견하여 그곳에서 할머니, 암탉, 고양이와 함께 머물 수 있고 그런 선택을 하는 것을 배우게 되는 것처럼, 주인공이 성공할 수 있는 유사한 학습 상황을 제공해야 한다. 이러한 학습 상황은 은유적 위기가 발생했을 때 생길 수 있다.
- 주인공이 성공적 경험을 하고 난 뒤 새로운 정체성을 가질 수 있도록 해야 한다. 예를 들어, 미운 오리는 아름다운 백조로서 자신에 대해 새로운 정체성을

얻는다.

- 주인공의 특별한 가치를 인정받는 클라이맥스가 있어야 한다. 예를 들어, 다른 백조들이 이 새끼 백조에게 인사하는 장면에서 아동들은 박수를 친다.
- 주인공은 잘 알려진 것이어야 하고 1차 세계와 접촉하고 있어야 한다.
- 은유는 아동이 그것을 현실적으로 경험할 수 있는 방식으로 만들어야 한다.
- 아동은 은유와 동일시할 수 있어야 하고, 은유는 자발적인 학습 요소를 포함해야 한다.
- 아동의 일상생활에서의 욕구들이 충족될 수 있도록, 은유는 가능하면 간단하게 제시되어야 한다.
- 은유를 선택하거나 글로 쓸 때 아동의 개성을 존중해야 한다. 치료자는 아동의 독특한 기능 방식, 활동 수준, 주의집중 시간, 적응 능력, 아동의 반응 강도를 고려해야 한다.
- 판타지로 만들어진 2차 세계(secondary world)는 질서와 구조를 포함해야 한다. 따라서 아동은 2차 세계가 설득력 있고 신뢰할 수 있음을 발견해야 한다.
- 유머 요소를 포함하면 판타지의 가치를 더욱 높일 수 있다. 유머는 자신에게서 벗어나 제3자의 입장에서 보거나 생각할 수 있게 하기 때문에, 이러한 분위기에서 아동은 자신을 놀리거나 비웃어 주기가 더 수월하다는 것을 알게 된다.

앞서 논의한 바와 같이 이러한 지침은 아동을 위한 이야기가 꼭 충족되어야 하는 필요조건과 상당수 일치하는 것으로 보인다. van der Merwe(1996a)는 이러한 측면을 재차 강조하였고, 이야기는 은유적 역할을 해야 하기 때문에 내담자가 자신의 이야기를 할 수 있는 분위기를 조성해야 한다고 언급하였다. 만약 은유가 이러한 필요조건을 충족한다면, 아동은 은유와 동일시하고, 자신의 감정을 투사하고, 소유하고, 자신의 문제를 처리할 수 있는 다른 전략을 얻을 기회를 가지게 된다.

☑ 게슈탈트 놀이치료에서 판타지와 은유 활용하기

앞서 언급한 바와 같이, 은유는 아동들에게 이야기 방식으로 활용될 수 있고, 그리기나 칠하기, 퍼펫과 퍼펫쇼, 찰흙 만들기, 모래 놀이에도 활용된다. 투사에 의해 아동이 자신의 상황에 대한 은유를 만들어 내기도 하고, 치료자들이 이야기를 들려줌으로써 그들의 상황에 맞는 은유를 주기도 한다.

Mills와 Crowley(1986)에 의하면, 일상적인 상황은 '독특한' 치료적 은유를 창조할 수 있는 가공되지 않은 재료를 제공해 줄 수도 있다. 이를테면 아동들에게 자신의 문제에 이름을 붙여 보라고 요청했을 때, 아동들은 이에 대한 은유를 제시한다. 예를 들어, Spies(1993)는 성추행을 당한 아동이 작은 종이상자를 자신이 입어야만 했던 것이라고 표현하면서, 그 상자는 돌로 가득 채워져 있었고, 부숴 버리거나 멀리 던져 버리고 싶었던 것으로 묘사했다고 말했다. 또 다른 사례로 Mills와 Crowley(1986)는 다리가 세 개밖에 없는 강아지 한 마리에 대한 은유를 활용하였는데, 이 강아지는 매우 힘들어했지만 적응하여 성공적으로 살아갈 수 있었다. 이 은유는 아빠를 하늘나라로 떠나보낸 다섯 살과 여덟 살 자매에게 아빠가 더 이상 함께하지 못하더라도 기쁨을 경험하고 적응해서 살아갈 수 있다는 것을 보여 주기 위해 활용하였다. Mills와 Crowley는 아동에게 주는 과제로 생존에 대한 은유를 제시하기도 하였다. 예를 들어, 손톱을 물어뜯는 아동에게 반드시 돌봐야 하는 여러 가지 식물이 있는 정원에 대한 은유를 과제로 줄 수 있다. 아동에게 열 가지 종류의 작은 식물을 심은 다음에 잘 가꾸라고 요청할 수 있다. 심지어 아동은 이 식물들이 잘 자라는 데 무엇이 필요한지 알아내기 위해 묘목장(식물을 키워서 파는 곳)에 갈 수도 있다.

Shapiro(1997)는 판타지와 은유가 결합된 사례를 제시한 바 있다. 백혈병을 앓고 있는 여덟 살 소년은 통증 때문에 혈액검사 받는 것을 거부하였다. 이 아동이 밖으로 나갔을 때 눈이 내리고 있고 눈을 조금 집어서 바늘을 찌르는 부위에 올려놓는 상상을 해 보라고 하였다. 그다음에 팔이 무감각해지는 것을 느낄 수 있고 눈이 닿은 부위를 꼬집는 상상을 해 보라고 하였다. 아동이 약간 아프다고 말하면, 치료자는 아동에게 이 판타지로 조금 연습한 다음에 피를 뽑을 때도 다시 적용할 수 있다고 알려 준다.

Oaklander(1988)와 Shapiro(1997)는 다양한 판타지를 묘사한 바 있다. 예를 들어, 숲속에 있는 판타지나 폭풍우가 몰아칠 때 배에 타고 있는 판타지를 떠올려 볼 수 있다. Oaklander(1988)는 그리기 기법을 판타지와 결합하여 자주 활용한다. 예를 들어, 아동에게 판타지의 일부분을 그려 보라고 한다. 이것을 안전한 장소에 대한 판타지 및 2장에서 언급한 장미 덤불 판타지와 비교한다. 이러한 내용을 바탕으로, 독특한 생활 상황, 연령 및 발달단계에 적응하는 아동을 위해 치료자는 은유가 충족되어야 하는 모든 사항을 고려해서 은유를 창의적으로 사용할 수 있을 것이다.

3. 종결

게슈탈트 놀이치료 과정에서 종결은 중요한 단계로 단순히 치료의 끝을 의미하는 것이 아니다. 치료는 어느 정도까지는 아동의 전경으로 간주될 수 있으며, 이러한 게슈탈트가 완결되면 아동은 새로운 장소로 나아갈 수 있다. 아동들은 욕구를 충족하기 때문에 새로운 통제와 숙달을 익히고, 새로운 발견을 하고, 항상성의 단계를 경험한다. 아동들은 발달 특성상 어떤 상황을 치료적으로 다루기에는 제한이 있기 때문에, 종결은 존재하지 않는다. 치료는 특정 단계에서 종결된다. 그렇지만 아동들은 삶의 다른 단계, 다시 말해 인지적 · 정서적 발달에 따라 생겨날 수 있는 다른 미해결된 과제를 해결해야만 할 때 치료가 필요할 수도 있다(Oaklander, 1994b).

아동들은 치료 과정에서 안정적 정체기를 겪는데, 이때가 종결에 적합한 시기이다. 아동들은 치료를 받기 때문에, 스스로 준비가 되고 자연적인 성숙과 성장에 따라 생길 수 있는 내적 변화를 소화해야 한다. 행동의 변화, 치료보다 다른 활동에 대한 관심 증가, 치료 과정에서 발생하는 일을 평가나 종결의 기준으로 활용해야 한다. 아동의 반복적인 저항은 미해결 과제를 제대로 다룰 준비가 되지 않았다는 의미이기 때문에, 종결까지는 어느 정도 시간이 필요하다. 아동들이 종결할 준비가 되었음을 보여 주는 다른 측면은 다음과 같다. 아동들은 자신의 욕구를 솔직하게 말할 수 있다. 자신의 감정이나 행동에 책임을 진다. 내적 통제를 가지며, 자기 자신을 더 많이 수용한다(Landreth, 1991; Oaklander, 1988, 1994b, 1997). 부모와 교사 또한 치료자에게 아동이 외부 세계에서 어떻게 지내고 있으며, 외적으로 어떤 긍정적인 행동 변화가 일어나고 있는지를 종종 알려 주기도 한다. 치료의 종결을 아동이 거절로 느끼지 않도록 적절하게 준비해야 한다. 아동들은 종종 종결을 받아들이기 어려워하고 언제 종결이 필요한지를 결정하기 어렵다. 치료자는 종결하기까지 몇 회기가 남아 있다고 알려 주는데, 가끔 아동들은 이를 무시할 것이다.

종결 이전에 어느 정도 준비를 해야 하겠지만, 종결을 위해 특별한 회기를 가져야 한다. 예를 들어, 아동은 마지막 회기에 자신이 좋아하는 게임이나 다른 놀잇감을 가지고 놀거나 예전에 그린 그림이나 사진을 살펴볼 수 있다. 종결에 대한 아동의 감정을 꼭 다루어야 한다(Oaklander, 1988, 1992, 1994b, 1997).

종결에 대해 이야기하면 아동들은 종종 양극성을 경험하는데, 한편으로는 더욱 행복해하면서도 다른 한편으로는 종결로 인해 슬퍼하기도 한다. 아동들에게 이러한 감정을 느낄 수 있는 기회를 주고, 이러한 양극성을 수용하고 통합할 수 있도록 하는 것이 중요하다. 종결은 특별하게 관심을 가져야 하는 치료 과정의 중요한 단계이다. 아동들이 종결을 거절로 느끼지 않도록 하기 위해서는 종결을 위한 준비를 미리 하는 것이 중요하다. 시간이 흐르면서 아동들은 새로운 미해결 과제를 다루기 위하여 다시 치료를 받아야 할 수도 있다. 치료자와 부모는 이를 과거의 치료가 실패했다는 의미로 받아들이지 않아야 한다.

Oaklander(1988, 1994a, 1994b)는 마지막 회기에 활용할 수 있는 활동들을 다음과 같이 제시하였다.

- 이전 회기 동안에 했거나 다루었던 것에 대해 대화를 나누고, 그림이나 모래 상자 사진을 본다.
- 서로 주고받을 수 있는 작별인사 카드를 만든다.

- 아동들에게 자신이 좋아하는 게임, 놀잇감, 활동을 선택하라고 한 다음에 함께 즐긴다.
- 아동과 함께 종결을 둘러싼 복잡한 감정을 그림으로 그리고 이야기를 나눈다 (West, 1992).

마지막 회기에 아동이 '비밀 친구'를 만들 수 있도록 하는 활동도 해 볼 수 있다. 예를 들어, 아동에게 마지막 회기에 작은 돌멩이를 가져오라고 요청할 수 있다. 아동에게 접착제, 양털, 솜공, 물감을 준 다음에 이것으로 비밀 친구를 만들어 보라고 요청할 수도 있다. 그 후 아동은 자신의 '비밀 친구'에게 이름을 지어 줄 수 있다. 그리고 치료자는 아동에게 자신을 더 이상 만나지는 않겠지만, 하고 싶은 말이 있을 때는 어떤 말이라도 이 '비밀 친구'에게 말할 수 있다고 알려 준다.

마지막 회기에 하는 활동은 전체 회기에서 다루었던 것들을 요약하는 데 목표를 두어야 한다. 자신이 좋아하는 활동을 해 보고, 종결에 대한 자신의 감정을 받아들이고, 작별인사 카드를 만드는 것과 같이 구체적인 방식으로 작별인사를 하게 되면, 아동들은 미해결 게슈탈트를 완성함으로써 종결을 더욱 크게 경험할 수 있다.

> 8세인 한 아동은 잔(Jan)이라는 비밀 친구를 만들었다. 어머니의 보고에 의하면, 아동은 집으로 돌아간 후 그 비밀 친구를 위한 침대와 책상을 만들었다고 한다. 비밀 친구는 아동 옆에서 잘 수 있고 하루 종일 아동과 함께할 수 있었다. 아동은 매일 학교에 비밀 친구를 데리고 가기도 했다.

4. 결론

감정 표현 단계를 따라가는 동안, 초점은 자기양육 기술을 획득하는 것에 둔다. 아동은 치료 동안에 자신이 싫어하는 부분을 양육하기 위해 자기 내면의 지지적인 부분을 활용할 수 있는 방법을 배우게 된다. 아동들은 자기 자신을 잘 치료할 수 있는 기술을 배우기도 한다. 자기양육 단계에서는 투사 기법을 활용하여 부정적인 내사를 받아들일 수 있도록 한다. 이를 위해서는 괴물 기법이 가장 적합하다. 괴물 기법을 통해 아동들은 자신의 한 부분 혹은 자신이 발견한 수용할 수 없는 삶의 한 부분을 드러낸다. 그런 다음 아동들은 자신의 찰흙 모형을 모델링함으로써 자신의 더 어린 자기를 양육할 수 있도록 도움을 받는다. 착한 요정과 같은 퍼펫을 활용하여 이들이 자신의 더 어린 자기를 어떻게 돌볼 수 있는지를 보여 줄 수 있다. 이러한 방식은 아동들에게 더욱 구체적으로 개념을 설명한다. 곰 퍼펫과 같은 더 어린 자기를 나타내는 것을 활용하여 집에서 자기양육을 계속할 수 있도록 과제를 줄 수 있다.

아동이 앞에서 언급한 단계를 종결할 때 부적절한 행동을 보여 준다면, 자신의 행동에 관한 선택권을 행사하고 그것에 대한 책임을 질 수 있도록 하기 위하여 자신의 과정에 대한 알아차림이 향상되어야 한다. 이 단계에서 활용할 수 있는 효과적인 기법으로는 연관되는 이야기 활용, 퍼펫과 퍼펫쇼를 통한 스토리텔링, 은유 활용하기가 있다. 종결은 치료 과정의 마지막 단계를 형성한다. 아동들이 치료의 정체기를 겪거나 더 이상의 진전 없이 저항을 보일 때 종결한다. 그러나 가끔 아동들은 다음 발달 단계에 도달했을 때 그 단계에서 생겨나는 미해결된 과제를 다루기 위해 다시 치료를 받아야 할 수도 있다. 마지막 종결을 위해 특별한 회기를 따로 설정해야 한다. 종결에 대한 감정을 투사할 수 있도록 하기 위해, 감정을 그려 보게 하거나 작별인사 카드를 만들어서 서로 주고받을 수도 있다.

참고문헌

Axline, V. M. (1994). *Play Therapy*, 4th edition. Edinburgh: Churchill.

Blom, B. (2000). *A Gestalt Play Therapy Helping Programme in Social Work for Junior Primary School Children's Emotional Intelligence*. Unpublished doctoral thesis. Bloemfontein: University of the Free State.

Gardner, R. A. (1983). 'Treating oedipal problems with the mutual storytelling technique.' In C. E. Schaefer and K. J. O'Connor (eds) *Handbook of Play Therapy Techniques.* London: Jason Aronson.

Irwin, E. C. (1983). 'The diagnostic and therapeutic use of pretend play.' In C. E. Schaefer and K. J. O'Connor (eds) *Handbook of Play Therapy Techniques.* London: Jason Aronson.

Irwin, E. C. (1991). 'The use of a puppet interview to understand children.' In C. E. Schaefer, K. Gitlin and A. Sandground (eds) *Play Diagnosis and Assessment.* New York: John Wiley.

Irwin, E. C. (1993). 'Using puppets for assessment.' In C. E. Schaefer and D. M. Cangelosi (Eds) *Play Therapy Techniques.* New Jersey: Jason Aronson.

Korb, M. P., Gorrell, J. and van de Riet, V. (1989). *Gestalt Therapy: Practice and Theory,* 2nd edition. New York: Pergamon.

Landreth, G. L. (1991). *Play Therapy: The Art of the Relationship.* Indiana: Accelerated Development.

Mills, J. C. and Crowley, R. J. (1986). *Therapeutic Metaphors for Children and the Child Within.* New York: Brunner Mazel.

Oaklander, V. (1988). *Windows to Our Children: A Gestalt Therapy Approach to Children and Adolescents,* 2nd edition. New York: The Gestalt Journal Press.

Oaklander, V. (1992). 'The relationship of gestalt therapy to children.' *The Gestalt Journal 5,* 1, 64–74.

Oaklander, V. (1994a). 'From meek to bold: a case study of gestalt play therapy.' In T. Kottman and C. Schaefer (eds) *Play Therapy in Action: A Casebook for Practitioners.* London: Jason Aronson.

Oaklander, V. (1994b). 'Gestalt play therapy.' In K. J. O'Connor and C. E. Schaefer (eds) *Handbook of Play Therapy Volume Two: Advances and Innovations.* New York: Wiley-Interscience.

Oaklander, V. (1997). 'The therapeutic process with children and adolescents.' *Gestalt Review 1,* 4, 292–317.

Oaklander, V. (1999). *Course Notes of Summer School: Psychotherapy for Children and*

Adolescents. Santa Barbara: Oaklander.

Pardeck, J. T. and Pardeck, J. A. (1987). 'Bibliotherapy for children in foster care and adoption.' *Child Welfare ixvi*, 3, 269–277.

Schilling, D. (1996). *50 Activities for Teaching Emotional Intelligence: Level 1 Elementary.* Torrance: Innerchoice.

Schoeman, J. P. (1996a). 'Fantasy, metaphor and imagination.' In J. P. Schoeman and M. van der Merwe (eds) *Entering the Child's World: A Play Therapy Approach.* Pretoria: Kagiso.

Schoeman, J. P. (1996b). 'Handling aggression in children.' In J. P. Schoeman and M. van der Merwe (eds) *Entering the Child's World: A Play Therapy Approach.* Pretoria: Kagiso.

Schoeman, J. P. (1996c). 'Projection techniques.' In J. P. Schoeman and M. van der Merwe (eds) *Entering the Child's World: A Play Therapy Approach.* Pretoria: Kagiso.

Shapiro, L. E. (1997). *How to Raise a Child with High EQ: A Parent's Guide to Emotional Intelligence.* New York: Harper Collins.

Smith, C. M. (1982). 'Die gebruik van die kinderverhaal as biblioterapeutiese tegniek deur die maatskaplike werker in gesprekke met kinders.' *Maastkaplike Werk/Social Work 19*, 3, 229–236.

Spies, G. M. (1993). 'Die gebruik van metafore in die maatskaplikewerk-praktyk.' *Social Work Practice 1*, March, 13–18.

Stutterheim, H. and Kroon, S. (1991). 'Die gebruik van biblioterapie in maatskaplike werk.' *Maatskaplike Werk/Social Work 27*, 2, 180–190.

Thompson, C. L. and Rudolph, L. B. (1996). *Counseling Children.* Pacific Grove, California: Brooks/Cole.

van der Merwe, M. (1995). 'Finger puppets: healing through play.' *Social Work Practice 95*, 3, 29.

van der Merwe, M. (1996a). 'Biblio-play.' In J. P. Schoeman and M. van der Merwe (eds) *Entering the Child's World: A Play Therapy Approach.* Pretoria: Kagiso.

van der Merwe, M. (1996b). 'Dramatic play.' In J. P. Schoeman and M. van der Merwe (eds) *Entering the Child's World: A Play Therapy Approach*. Pretoria: Kagiso.

Venter, E. H. (1998). *An Assessment Guideline for the Determination of a Child's Emotional Awareness*. Unpublished MA dissertation. Pretoria: University of Pretoria.

Webb, N. B. (1991). *Play Therapy with Children in Crisis: A Casebook for Practitioners*. New York: Guilford.

West, J. (1992). *Child-centered Play Therapy*. London: Edward Arnold.

제 3 부

깊은 슬픔에 잠겨 있는 아동,
트라우마를 겪은 아동,
HIV/AIDS 아동을 위한 게슈탈트 놀이치료

.
.
.

6장

깊은 슬픔에 잠겨 있는 아동과

트라우마를 겪은 아동을 위한 게슈탈트 놀이치료

7장
중기 아동기 HIV/AIDS 아동을 위한 게슈탈트 놀이치료

전 세계 아동들은 이혼, 가정폭력, 신체 및 성 학대, 암이나 HIV/AIDS 같은 만성 질환 등의 트라우마 상황에 지속적으로 더 노출되고 있다. 이러한 상황은 아동들을 깊은 슬픔에 빠지게 한다. 깊은 슬픔에 잠기는 반응은 분노발작, 우울, 학업 수행 저하, 정신신체 질환, 대인관계 갈등과 같은 다양한 형태의 행동으로 드러날 수 있다. 깊은 슬픔에 잠긴 아동들과 HIV/AIDS 아동들은 흔히 거절, 유기, 상실, 고립을 두려워하거나 기본 욕구를 충족하지 못하게 되는 것을 두려워한다. 이는 아동들이 자신의 욕구를 채우려고 하는 방식의 증상 행동을 유발하기도 한다. 성인과 달리 아동은 가끔 이러한 감정을 이해하지 못하기 때문에, 자신의 감정을 표현할 수 있는 언어적 기술이 꼭 필요한 것은 아니다. 아동들은 흔히 어른에게 그냥 기분이 나쁘다고만 말하거나 머리가 아파서 학교에 가기 싫다고 말할 것이다.

아동들은 슬퍼함으로써 자신이 겪은 상실뿐만 아니라 새로운 상황에 적응할 수 있게 된다. 트라우마를 겪은 아동들은 종종 커지는 고통으로부터 자신을 보호하기 위하여 감각에 둔감해진다. 그렇기 때문에 깊은 슬픔에 잠긴 아동과 트라우마를 겪은 아동을 대상으로 하는 게슈탈트 놀이치료에서는 이들에게 자신의 접촉 기능을 향상시킬 기회를 제공한다. 또한 상실, 분노, 두려움과 같은 자신의 미해결 감정을 투사하고, 이러한 감정을 현실 수준에서 소유해 볼 기회를 얻는다. 또한 이 아동들은 자신에게 일어났던 일에 대해 그 어떤 통제력도 발휘할 수가 없었기 때문에, 자신의 감정을 다루는 전략을 배울 필요가 있다. 따라서 이 아동들은 자신이 처한 상황에서 느끼는 감정들을 다루는 방법을 배워야 한다. HIV/AIDS 아동처럼 깊은 슬픔에 잠겨 있고 트라우마를 겪은 아동들은 자신이 겪은 트라우마에 대해 자기 비난을 한다. 예를 들어, 자주 입원을 하는 HIV/AIDS 아동들은 자신이 무언가 잘못을 했기 때문에 그것에 대한 처벌로 아픈 것이라고 생각한다. 그러므로 이들은 자기 자신을 비난하는 것을 멈추고 자기를 양육할 수 있도록 도움을 받아야 한다.

깊은 슬픔에 잠겨 있는 아동들과 트라우마를 겪은 아동들은 많은 욕구를 가지고 있을 수 있다. 예를 들면, 자신의 감정을 알아차리고자 하는 욕구, 신뢰를 형성하려는 욕구, 자신의 삶에 대한 권한과 통제 욕구, 가족으로부터 지지를 받고자 하는 욕구, 두려움, 불안, 분노와 같은 자신의 감정을 표현하고자 하는 욕구를 가지고 있을 수 있다. 게슈탈트 놀이치료를 통해 아동들은 이러한 욕구를 알아차릴 수 있게 되고, 이를 충족할 수 있는 건강한 방식을 발견할 수 있게 된다. 따라서 게슈탈트 놀이치료는 전체론적 접근 방식을 통해, 깊은 슬픔에 잠겨 있고 트라우마를 겪은 아동의 감각, 신체, 지적 및 영적인 측면 그리고 감정의 전체론적 기능이 어떻게 파편화되었는지에 초점을 두고, 아동이 통합된 전체로서 다시 기능할 수 있도록 돕는 것을 목표로 한다.

제3부에서는 다음과 같은 내용을 다루고자 한다.

- 6장. 깊은 슬픔에 잠겨 있는 아동과 트라우마를 겪은 아동을 위한 게슈탈트 놀이치료
- 7장. 중기 아동기 HIV/AIDS 아동을 위한 게슈탈트 놀이치료

깊은 슬픔에 잠겨 있는 아동과
트라우마를 겪은 아동을 위한 게슈탈트 놀이치료

Sandra Ferreira & Marinél C. Read

아동들은 일상생활에서 건강한 성장과 발달에 영향을 미칠 수 있는 다양한 사건에 노출될 수 있다. 아동은 타고난 회복력을 갖고 있지만, 그럼에도 불구하고 아동의 삶이 강력하게 영향을 받을 수도 있을 것이다. 특히 아동은 성장하는 것으로도 엄청난 에너지를 사용하기 때문에, 그들이 자기 자신을 발견하는 것과 관련된 인생주기 단계의 성장발달 과제를 수행하기 위해서는 그들이 가진 모든 힘이 필요하다. 아동과 그들의 가족이 직면하는 일련의 사건들에는 상실과 트라우마 가능성이 포함되어 있다. 깊은 슬픔과 트라우마를 겪은 후에 보이는 스트레스 반응은 상실과 트라우마로 인해 나타나는 정상 반응이다.

이러한 상실과 트라우마가 미치는 영향의 범위와 강도는 아동과 치료자 모두에게 압도적일 수 있다. 상실과 트라우마는 아동에게 해가 될 수 있으나 게슈탈트 놀이치료는 아동이 자신의 경험과 감정을 표현하고 언어화할 수 있도록 수단을 만들어 상실과 트라우마 상황에서 종종 붕괴되는 아동 자신 및 환경과 접촉하도록 돕는다. 다음의 사례 연구 중 일부는 놀이치료자가 매일 만나는 익숙한 장면들이다.

리차드의 아버지는 자주 술에 취한 채로 귀가하여 아내를 폭행한다. 최근에는 아내에게 총을 겨누며 위협을 하였다. 5세인 리차드는 유치원에서 놀이시간에 밖으로 나가서 놀려고 하지 않고 자신의 작은 책상 아래로 기어 들어간다.

15세인 크리스티안의 부모는 이혼을 했다. 크리스티안과 9세인 여동생 리앤은 법원의 판결에 따라 어머니와 함께 살게 되었다. 어머니는 알코올과 마약을 남용하기 시작했고, 가끔 밤에도 아동들만 집에 남겨 둔 채 들어오지 않았다. 아버지는 법원의 명령으로 인해 아동들이 사는 곳을 방문하지 않았고, 연휴에도 찾아오지 않고 아동들을 불러내지도 않았다. 그는 근무지에서 종적을 감춘 후, 지금은 추적이 불가능한 상태다. 현재 아동 두 명 모두 위탁 가정에서 지낸다. 크리스티안은 학교에서 매우 잘 지내고 있고, 친구들과 교사들에게 인기가 있다. 최근 들어 리앤은 자다가 오줌을 싸기 시작했다.

마이클은 여섯 살이었던 일 년 전, 아버지가 운전하는 차를 타고 이동 중이었다. 자동차 사고가 났고 아버지는 그 자리에서 사망하였다. 아동은 자신이 실수해서 일어난 일이라고 생각한다. 그렇지만 마이클의 실수가 아니었기 때문에, 어머니와 조부모는 마이클이 아버지에 대해 이야기를 꺼내면 말을 못하게 하고, 아동에게 그날 일을 잊어버리라고 한다. 마이클은 복통을 호소하고 악몽을 꾼다.

아동기를 보내는 동안 아동들은 이미 다음과 같은 상실과 트라우마 상황의 가능성에 노출된다.

- 부모의 이혼
- 부모, 형제, 조부모의 사망
- 사랑하는 애완동물의 사망
- 장애 진단, 의료적 문제, 발달 장애, 백혈병 혹은 HIV/AIDS
- 사고로 인한 상해 및 손상
- 성추행이나 강간
- 이사
- 개학

- 강도나 화재로 인한 개인 재산의 손실
- 가정 폭력
- 신체 학대

이러한 예시에서 볼 수 있듯이, 아동이 직면할 수 있는 상황은 덜 심각한 상황에서부터 매우 심각한 상황에 이르기까지 다양할 수 있다. 아동도 어른과 동일한 감정을 느낀다. 그러나 그것을 말로 표현할 만한 언어 기술이나, 감정을 이해하고 구분하거나 표현할 수 있는 인지 능력이 없다는 점을 염두에 두어야 한다. 아동은 감정을 놀이, 그림, 비언어적 행동을 통해 표현할 수 있고, 그러는 동안 감정은 신체적으로 느껴질 것이다(예: 슬픔이 복통이나 두통과 같은 신체 통증으로 발현). 주의집중 시간이 짧아질 것이고 새로운 것을 배우는 데 힘들어할 수도 있으며, 심지어는 사고가 날 수도 있다.

아동이 보이는 반응은 종종 강렬하고, 극도의 폭발이 동반되기도 한다. 이러한 행동은 그 사건을 훈습해 가려는 아동의 방식이다. 아동은 상실과 트라우마에 노출되면 스트레스를 받을 것이다. 그런데 어른들은 종종 정해진 방식으로 행동하라고 요구하여 상황을 더욱 악화시킨다.

이 장에서는 깊은 슬픔에 잠겨 있고 트라우마를 겪은 아동이 연령에 따라서 무엇을 경험하고 어떻게 반응하는지에 대해 살펴보고자 한다. 또한 사회복지사가 아동의 상황을 다룰 때 활용할 수 있는 놀이치료 기법도 살펴볼 것이다. 다른 놀이치료 기법의 임상적 활용과는 별도로 두 가지 평가 보조도구의 예시 또한 다루게 될 것이다.

1. 개념 정의

상실, 트라우마, 스트레스의 개념은 차이가 있고, 아동의 삶에서 발생한 사건의 심각성에 따라 구분할 수 있다. 그러나 이러한 개념의 구분이 항상 쉬운 것은 아니다. 실제로는 특정 사건이 상실, 트라우마, 스트레스 요인을 포함하고 있을 수도 있기 때문이다. 현재는 트라우마 상황이 상실 요인을 포함할 수 있고, 반대로 상실이 트라우마가 될 수도 있는 것으로 일반적으로 알려져 있다(Hyer and Brandsma, 1999). 그럼에도 불구하고 아동이 상실 상황에서 자동적으로 외상 후 스트레스를 겪을 것이라고 단순히 이해해서는 안 된다.

외상학(traumatology)과 상실 분야에서는 이론적 틀에 따라 스트레스, 트라우마, 상실의 현상을 다양하게 탐색, 묘사, 설명한다. 각각의 개념 정의는 다음과 같다.

1) 스트레스

스트레스는 특정 상황에 대한 신체적 · 정신적 반응을 처리하지 못하는 것으로 설명될 수 있다(Lewis, 1999). 그래서 아동들은 시험의 범위와 난이도 또는 재구성된 가족의 일원이 되는 일에 대해 스트레스를 겪을 수 있다.

2) 트라우마

간단히 말하면, 트라우마란 고통을 견디는 힘을 무너뜨리는 사건을 겪은 후, 그 사건의 기억으로 인해 발생하는 불편함과 스트레스에 대한 정서적 상태로 볼 수 있다(Figly, 1985). 트라우마에는 다음과 같은 상황이 포함될 수 있다.

- 죽음이나 심각한 부상에 대한 실제 가능성이나 위협 가능성
- 개인의 신체 안전에 대한 위협
- 타인의 사망, 부상, 신체 안전에 대한 위협을 목격
- 가족이나 가까운 사람(당사자 포함)이 겪은 갑작스러운 죽음이나 끔찍한 죽음, 심각한 부상, 죽음이나 부상의 위협 감지
- 극심한 공포, 무력감, 두려움을 포함하는 사건에 대한 반응. 아동은 혼란스러운 행동을 보인다(Briere, 1997).

게다가 트라우마 사건은 인간의 신체적 행동과 정서적 기능에 영향을 미친다.

즉각적인 개입이나 최대한 빠른 개입은 역기능적인 적응 및 외상 후 스트레스 장애를 예방한다. 트라우마로 인한 전형적인 반응은 다음과 같은 증상 범주로 나타날 수 있다(Keppel-Benson and Ollendick, 1993).

- 사건과 연관된 자극 회피
- 격렬한 반응과 주의력 문제
- 트라우마 사건의 재현

아동은 이 범주에 해당하는 주요 증상 중 일부로 악몽, 트라우마 재현에 빠져 있거나 트라우마 사건으로부터 심리적 거리를 두지 못하는 반복적인 놀이, 부모에게 집착하기 및 낯선 사람에 대한 두려움, 분노 폭발, 짜증, 슬픔, 긴장, 이전 발달 시기로의 퇴행, 철회, 기억상실, 정신 신체적 문제 호소, 야뇨증, 식사와 수면 패턴의 변화, 어둠에 대한 극단적인 두려움, 분리 또는 혼자 있는 것에 대한 두려움, 수면의 어려움, 주의집중 문제 등을 겪을 수 있다.

위에서 언급한 증상이 한 달 이상 지속될 경우, 임상심리학자와 정신과 의사는 외상 후 스트레스 장애로 진단을 내린다. 트라우마의 경우, 특히 사건으로 인해 발생하는 통제력 상실에 대한 생각과 삶에 대한 걱정에 초점을 둔다. 그렇기 때문에 아동들이 연령에 가장 적합한 방식으로 자신의 감정을 확인하고 언어화하고 표현하도록 도와줄 수 있는 개입을 가능한 신속하게 하는 것이 중요하다.

자동차 사고나 납치 상황과 같은 단 한 번의 트라우마 사건과 아동의 인생에서 일정 기간 지속적으로 발생했던 신체 혹은 성 학대와 같은 장기적 상황(복합 외상) 간에는 차이점이 있을 수 있다. 두 경우 모두 아동들은 외상 후 스트레스 반응을 나타낼 것이지만, 복합 외상(multiple traumas)의 경우에는 장기간의 심각한 심리사회적 문제를 겪을 수 있다(Cook, 1996; Lewis, 1999).

다양한 결정 요인이 아동의 정서적 경험에 영향을 미친다. 몇 가지 예를 들면, 여러 가지 발생 유형(예: 이혼, 부모나 중요한 타인의 사망, 위탁 보호, 아동이나 주 양육자의 입원 등), 가족 및 사회적 관계망, 아동의 개인 특성(연령, 성별, 상실에 대한 의미 부여 및 상실의 개념), 종교적 신념 및 문화적 관습이 영향을 미친다. 이러한 신념과 문화적 관습은 결국 아동이 치유과정을 '더 수월하게' 혹은 '더 어렵게' 겪게 할 수 있다. 그러므로 치료자는 아동을 평가하거나 치료할 때 전체론적인 관점으로 바라볼 수 있어야 하고, 이러한 결정요인을 고려해야 한다.

3) 상실

상실이란, 잃어버린 사람이나 사물이 그 아동이 건강하게 기능하고 존재하는 데 중요한 역할을 했었기 때문에 그 아이에게 불리하게 된 상태, 어떤 사람 혹은 어떤 것을 잃어버린 상태라고 간단히 설명할 수 있다. 상실 상황에는 아동의 분리불안 경험을 유발하는 분리 요소가 내재되어 있다. '깊은 슬픔(grief)'이라는 용어는 상실에 따른 정서적 과정을 나타내는 반면에 '애도(mourning)'는 상실에 대한 적응 과정을 나타낸다. 또한 슬픔은 '애도 중(being in mourning)'으로 언급되기도 한다. 이 장의 목표를 위해 두 가지 개념을 모두 포함하여 '애도'와 '깊은 슬픔 반응'을 중간중간에 필요할 때 사용할 것이다.

Jewett(1992)에 따르면, 상실에 대한 즉각적인 반응과 그 이후에 발생하는 문제에는 개인의 생존에 대한 두려움 , 분리불안, 정서적 유대를 형성할 수 있는 능력의 손상, 슬픔, 분노, 죄책감, 수치심, 우울과 절망, 자기상의 문제, 지속적인 비관론, 허무감이 포함된다. 이러한 감정은 상실 상황으로 인해 발생하는 자연스러운 감정이다.

Ward와 Associates(1993) 및 Worden(1996)이 강조하는 전형적인 깊은 슬픔 반응은 다음과 같다.

- 불신, 충격, 둔감, 찾는 행동, 재결합에 대한 소망
- 갈망적인 기억, 깊은 슬픔(감정)과 정신신체적 반응이 담긴 꿈과 게임
- 이전에 많은 관심과 시간을 들였던 것에 대한 흥미 감소(우울), 슬픔
- 수면 장애, 집중 곤란, 분노, 짜증
- 학업 수행 문제, 집중 문제, 학업 성적 저하

- 자기 파괴적 행동, 자살 사고, 아동의 정서적·신체적 안전을 위협하는 기타 행동

위에서 언급한 감정을 다루지 않게 되면, 어른으로 성장했을 때 심각한 문제를 일으킨다. 아동기 상실은 청소년 및 성인기의 우울, 친밀한 관계를 형성하는 데 있어서의 문제, 알코올 중독, 불안, 자살 사고 경향과 관련이 있다는 증거가 늘어나고 있다(Jewett, 1992; McGoldrick and Walsh, 1991). 장·단기적으로 정신 건강에 영향을 미칠 수 있으므로 예방 차원의 개입이 필요하다.

트라우마와 상실 요소가 있는 상황에 아동이 노출되었을 때(예를 들어, 아동이 부모의 살인에 대한 목격자인 경우), 이를 외상적 상실이라고 볼 수 있다(Nader, 1997). 외상적 상실은 분리(울기, 찾기)와 외상 후 스트레스(신체적 위협) 요소를 포함한다. 이런 경우 아동들은 상실과 트라우마 반응을 모두 나타내는데, 트라우마 반응을 먼저 다루는 것이 중요하다. 왜냐하면 아동의 정서적 안전과 더불어 종종 신체적 안전도 위태로울 수 있기 때문이다. 그렇다고 해서 상실 반응을 두 번째로 다루어야 한다는 뜻은 아니다. 트라우마 반응에 더욱 신속하게 개입하는 것이 핵심이다.

2. 아동의 연령대에 따른 슬픔과 외상 후 스트레스 반응

상실을 겪은 아동은 성인과 마찬가지로 동일한 일련의 감정들을 느끼게 된다. 그러나 감정 표현에서 차이가 있는데, 특히 이러한 차이는 아동의 연령 및 발달 수준과 관련이 있다.

1) 출생~만 2세

이 연령대의 아동들은 부모의 이혼이나 사망과 같은 사건 그 자체보다는 그 사건으로 인해 발생한 분리에 대해 반응을 보인다(Lendrum and Syme, 1992). 부모의 정서적 상태와 반응은 이 연령대 아동들의 반응을 결정하는 데 가장 중요한

역할을 할 것이다(Pennells and Smith 1995; Ward et al., 1993). 그러나 인지 발달 특성 상, 이 시기 아동들은 상실 상황과의 밀접한 관련성을 이해하지 못한다. 아동들은 의미 있는 타인이나 주 양육자와의 분리 또는 부재 및 현재의 다른 부모나 주 양육자의 반응에 대해 단순하게 반응한다.

2) 만 2~5세

이 연령대의 아동들은 사고능력이 있고, 어느 정도 자기 통제를 할 수 있다. 즉, 이 시기 아동들은 어느 정도 독립성이 있고, 이 독립성은 아동들에게 더 큰 자신감을 준다는 의미다. 이 시기에 상실을 경험하게 되면 자신감이 떨어지고, 자신의 세계가 불확실하고 안전하지 않은 경험을 갑작스럽게 하게 된다. 트라우마 사건을 겪은 아동들은 자기 및 다른 사람의 안전에 대한 불안, 두려움, 걱정을 표현하기도 하고(Gurwitch et al., 2002), 주 양육자에게 집착하기도 한다.

Pennells와 Smith(1995)에 의하면, 아동은 반복된 질문을 함으로써 사건을 이해하려고 하지만, 설명을 들은 후에는 혼란스러워하기도 한다. 심지어 아동은 특정 상실 상황이 자신의 생각, 소망, 행동 때문에 일어났다고 느끼기도 한다(Ward et al., 1993).

이 아동들은 추론이 발달하는 단계에 있기 때문에, '만약 내가 잘 하면 혹은 만약 내가 특정 행동을 하면 상황이 바뀔 거야.'와 같은 생각을 하기도 한다. 예를 들어, 부모가 돌아올 것이라고 생각한다. 그렇기 때문에 아동들은 죽음의 비가역성을 이해하지 못한다고 한다.

3) 만 5~9세

학령기에 해당하는 아동들은 가족보다 더 큰 사회적 관계망의 일원이 될 수 있게 하는 사회적 통합과 관련된 기초 기술을 갖추고 있어야 한다. 그러나 더 큰 사회적 관계망에 속하게 되면 타인에게 민감하고 또래 집단의 지적에도 민감해진다. 상실 상황에 노출되었을 때, 아동들은 다음과 같은 것들을 빠르게 배우게 된다(Lendrum and Syme, 1992; Pennells and Smith, 1995).

- 아동은 자신의 생각과 감정을 털어놓을 수 있는 사람이 누구인지를 알게 된다.
- 아동은 상실 상황에 대한 어른들의 반응을 주의 깊게 살펴본다. 그리고 심지 어 그러한 성인의 감정을 돌보기 위해 자신의 감정을 부인하기도 한다.

두려움과 판타지는 죽음과 같은 사건을 괴물이나 유령으로 의인화하게 한다. 이 연령대의 아동들도 여전히 자신뿐만 아니라 타인의 행동에 대한 원인과 결과 를 알고 싶어 한다. 엄마가 죽은 경우, 아동들은 "엄마는 어떻게 숨을 쉴까? 누가 엄마에게 음식을 줄까?"와 같은 질문을 할 수도 있다.

4) 만 9~12세

구체적 사고 단계에 해당하는 이 시기 아동은 인지적으로 이해할 수 있는 능 력이 더욱 발달하기 시작한다. 이를테면 돌이킬 수 없는 최후로서의 죽음을 이 해한다. 그러나 여전히 좋은 사람 아니면 나쁜 사람처럼 이쪽 아니면 저쪽에 대 해 생각한다. 이를 양극성이라고 한다. 이 시기 아동들은 여전히 모순, 완곡한 표현, 비유적 표현을 다루기 어려워한다. 예를 들어, "언니는 하나님 품으로 갔 어."라는 표현을 이해하는 데 어려움이 있을 수도 있다(Pennells and Smith, 1995; Ward et al., 1993). Gurwitch 등(2002)에 의하면, 이러한 상황은 트라우마를 겪은 아동에게 불안, 불확실성, 행동 변화를 유발한다. 가족과 친구, 사소한 일에도 과민한 신호를 보내고 심지어는 분노 폭발을 일으키기도 한다.

죽음의 경우와 같이 상황을 돌이킬 수 없다는 것을 아동이 인지적으로 깨닫는 다는 점에서, 이 단계에서 성인기의 행동이 서서히 나타나기 시작한다.

5) 청소년기

청소년은 성인과 같은 방식으로 애도를 할 수 있다. 울 수도 있고, 슬픔, 분노, 우울 감정을 느낄 수도 있고 표현할 수도 있다. 그러나 Pennells와 Smith(1995), Gurwitch 등(2002)은 청소년이 자살적 사고를 할 수도 있다고 강조한 바 있다.

- 이 시기 아동들은 정서 발달로 인해 자신의 정체성이나 삶의 의미에 대한 질문을 일으키는 격렬한 감정을 가지고 있다. 이와 동시에 그들은 감정 특히 복수뿐 아니라 상처받는 것에 대한 불편함도 보일 수 있다.
- 이 시기 아동들은 초자연적인 힘에 빠져들 수 있고, 사후세계의 의미에 대해 질문하거나 탐색하는 일이 잦다. 음주를 포함하는 약물남용의 위험성도 현실적으로 증가할 수 있다.
- 사회적으로 말하면, 성인 역할을 해야 하는 압력이 증가할 수도 있는데, 특히 부모가 사망했거나 이혼을 했을 경우에 더욱 그렇다. 생존한 부모, 가족, 친구의 언급, 이를테면 "이제부터 네가 이 집의 가장이다." 또는 "네가 엄마를 잘 돌봐야 한다."와 같은 언급은 청소년들이 슬픔에 잠길 자유를 빼앗아 갈 수 있다.

또래 집단의 기대와 행동은 청소년의 상실 경험에 중요한 역할을 한다. 또래 중에서는 슬픔에 잠긴 친구를 대하는 방법을 모르는 아동들도 있을 수 있다. 이로 인해 아동들은 고립감을 느낄 수 있고 어떠한 지지도 없이 친구로부터 이해받지 못하고 혼자인 느낌을 가질 수 있다.

아동의 연령에 상관없이, 개방적으로 의사소통하고 감정을 공유하는 가족은 슬픔을 표현하는 데 필요한 도움을 받을 수 있기 때문에, 상실이나 트라우마 상황을 처리할 수 있다.

3. 아동 지원의 목표

다양한 모델과 이론에서 상실과 트라우마 현상을 탐색, 묘사, 설명한다. Worden(1996)은 슬픔에 잠긴 사람이 치유 과정을 통과하기 위해서 거쳐야 하는 일련의 과업으로써 슬픔에 잠기는(grieving) 과정을 설명하였다. 그의 모델은 상실 상황으로 부모의 죽음을 다룬 것이지만, 이 모델은 아동이 맞닥뜨릴 수 있는 다른 상실 상황과도 연관됨을 전제하고 있다. 상실로 인해 발생한 분리는 새로운 현실을 구성하기 위해 반드시 거쳐야 하는 정신내적 과정을 일으킨다. 그런데 그 현실은 흔히 상실이나 트라우마 사건 이전에 알고 있던 것과는 극적으로 다르다. 아동이 반드시 해 내야 하는 과업이 아동지원을 위한 목표로 수립될 수 있다는 점에서 과업 모델이 유용하다.

- 상실의 실체 또는 새로운 맥락 수용: 시간이 지나면 처음의 충격과 불신 반응은 발생한 일의 현실을 인정하는 것으로 바뀌게 된다. 이것이 가능하려면 아동들은 일어난 상황이 이미 끝난 일이고 되돌릴 수 없는 것이라는 추상적 개념을 이해할 수 있어야 한다. 이렇게 이해할 수 있는 능력은 조작적 사고의 발달 단계에서 가능하다. Worden(1996)에 의하면, 인간의 신체적 · 사회적 세계에 대한 알아차림은 현실 검증을 통해 발생한다. 이런 능력이 아직 발달하지 않은 어린 아동은 상실이 일어난 현실을 이해하는 데 어려움이 있다. 이런 부분을 도와주기 위해서 연령에 적합한 방식으로 설명을 해 줄 수도 있다. 아동이 이해할 수 있는 방식으로 설명을 해야 한다. 또한 끈기 있게 설명을 반복해야 할 수도 있다. 만약 이러한 방법이 아동에게 도움이 되지 않는다면, 아동은 자신만의 방식으로 이해하기 위해서 없는 말을 지어내려고 할 수도 있다.
- 상실의 고통 경험 또는 상실의 정서적인 측면의 훈습: 다양한 감정들이 상실에 대한 정상적인 반응으로 나타날 수 있다. 일반적으로 깊은 슬픔이라는 감정은 슬픔과 불편함, 즉 고통스러운 감정을 포함한다. 아동의 경우, 느끼는 감정은 대부분 신체와 행동으로 드러낸다. Worden(1996)에 의하면, 아동들은 특히 이 과업을 점진적으로 처리할 수 있도록 도움을 받아야 하고, 이러한 과정을 통해 과업을 해결하는 능력을 발휘할 수 있다.
- 아동이 경험한 감정은 성인들의 감정과 같다. 아동들은 슬픔, 분노, 죄책감, 불안 및 기타 상실과 관련된 감정을 표현한다. 체계론적 관점에서 볼 때, 앞서 강조한 바와 같이 성인의 반응 및 다른 결정요인들은 아동이 감정을 다루는 방식에 영향을 미친다. 이 방식들은 아동이 자신의 감정을 헤쳐 나갈 수

있도록 도와줌으로써, 숙달감을 경험할 기회를 제공한다. 그리기나 모래 놀이와 같은 투사 기법을 통해 감정 표현을 할 수 있다.

- 변화된 환경에 대한 적응: 치유 과정의 세 번째 과업은 자신의 위치와 역할, 부재한 사람이나 대상과 관련하여 재정리 · 재구성 · 재정의를 하는 것이며, 이와 관련된 도움을 받아야 한다. 적응은 하나의 과정이다. 아동들에게 있어 '적응을 한다'란 연령이 높아지면서 각 단계마다 도움을 받아야 하는 것을 의미한다. 그러므로 상실의 의미와 상실이 아동의 삶에 어떻게 영향을 주고 있는지를 보여 주는 현실은 각 발달 단계마다 재평가되어야 한다.

- 삶에 대한 재투자: 그 사람이나 그 대상과 맺었던 관계는 반드시 재정의되어야 하고, 아동의 삶에 정서적으로 자리 잡고 통합되어야 한다. 간단히 말하면, 아동은 자신의 삶을 살아갈 수 있도록 하기 위해, 상실과 그것의 의미를 다룰 수 있도록 도움을 받아야 한다. 이는 스스로 공부하는 방법을 배우는 것과 같이 어떤 기술을 배워야 한다는 것을 의미하기도 한다.

4. 아동과 가족을 돕는 데 필요한 일반적 지침

깊은 슬픔에 잠긴 아동이나 트라우마를 겪은 아동과 함께 하는 부모, 성인, 전문가를 위한 여러 가지 일반적인 지침이 있다. 다음의 지침들은 중요성의 순서에 관계없이 제시되어 있다.

- 아동이 감정을 표현할 수 있도록 진심 어린 관심과 보살핌을 보여 준다.
- 보살핌 받는 것에 대해 확신을 줌으로써 안전과 안도감에 대한 생각을 강화한다.
- 아동이 질문을 하면 이상한 것이라도 그 질문에 대답해 주어라. 그리고 어떻게 그런 질문을 하게 됐는지 물어보라.
- 청소년에게는 스스로 인내심을 가져야 하고, 해야 할 것들에 대해서 너무 자신을 몰아붙이지는 말라는 점을 말해 주면서 격려해 준다.

- 아동이 겪고 있는 슬픔과 고통을 언어화하도록 한다.
- 가능하면 규칙적인 일상을 유지한다. 이는 아동에게 안도감을 제공한다.
- 아동과 가족을 위한 지지적인 관계망을 확장하기 위하여 학교 및 지역사회 내 여러 지원 체계와 협력한다.
- 아동과 가족을 보호하기 위하여 최신 법률과 정책에 대한 정보를 확보한다.
- 포옹을 해 주고 다정한 미소를 보여 준다. 모든 아동은 특정 순간에 포옹, 다정한 미소를 원한다.
- 솔직하게 대답을 한다. 아동의 발달 수준에 맞게 지속적으로 설명한다. 일어난 일에 대해 묘사할 때 정보를 축소하거나 돌려서 표현하는 단어보다는 단순하고 직접적인 단어를 사용한다.
- 사건에 대해 아동이 어떻게 알고 있는지를 파악하고 필요하다면 이를 바로잡는다.
- 아동이 휴가를 떠나거나 평범한 일상으로 돌아올 수 있도록 돕기 위해 가능한 한 많은 작은 의식을 행하라. 나무 심기, 일기쓰기, 추억을 담은 책 만들기는 아동이 새로운 삶을 시작하는 데 도움을 줄 수 있다.
- 아동의 퇴행이나 문제 행동을 보고 화를 내지 않아야 한다. 이러한 행동은 비정상적인 상황에 대한 정상적인 반응이다. 그러나 너무 오랫동안 지속된다면(예: 행동이 한 달 이상 지속되거나 강도가 심해질 때) 즉시 전문가의 도움을 받아야 한다.
- 아동이 자신의 감정을 표현하고 처리할 수 있는 방법을 함께 이야기해 보는 기회를 가진다.
- TV에 방영될 수도 있는 특정 상실이나 트라우마 사건과 관련된 자극적인 장면으로부터 아동을 보호한다.
- 깊은 슬픔은 힘든 일이다. 그렇기 때문에 아동들은 신체적 · 정신적으로 휴식할 기회가 필요하다.
- 부드러운 장난감, 새 옷, 작은 선물은 특별한 존재라는 느낌을 줄 수 있고 안도감을 느끼게 한다.

- 식욕을 잃은 아동을 위해 소량의 영양가 있는 음식을 마련해 준다.
- 갑작스럽게 어둠에 대한 두려움을 느끼는 아동을 위해 밤에는 야광등을 켜 놓는다.
- 부모는 자녀가 그 과정을 헤쳐 나갈 수 있도록 힘과 은총을 구하는 기도를 자녀와 함께 할 수 있다.
- 아동의 외상 후 스트레스와 사별 반응을 돕는 것에는 상실과 트라우마 현상에 대한 지식, 아동을 향한 인내심 있고 배려하는 태도가 포함된다. 부모나 주 양육자는 첫 번째 단계로 아동이 치료를 받을 수 있는 곳으로 데려갈 수도 있겠으나, 이와 동시에 부모나 주 양육자들도 치료를 받고 싶어 할 수도 있다.

신뢰할 수 있는 부모나 다른 성인과 안정된 관계를 경험했거나 현재도 여전히 유지하고 있는 아동들은 상실과 트라우마 상황을 적절하게 해결할 수 있을 것이다. 일어난 일에 대한 정보를 빠르고 정확하게 알려 주고, 질문을 할 수 있도록 한 다음에 성인이 그 질문에 대해 가능한 한 솔직하게 대답해 주어, 감정을 표현할 수 있도록 해 주고 애도 의식에 참여할 수 있도록 할 때, 아동들은 상실과 트라우마 상황을 적절하게 해결할 수 있을 것이다.

5. 아동의 상실과 트라우마를 다루기 위한 게슈탈트 놀이치료의 활용

상실과 트라우마 상황을 이해하는 아동의 능력은 생애주기 단계에 따라 다른데, 이 점은 치료 시에 명심해야 한다(Jewett, 1992). 어린 아동들이 자신의 감정을 말로 또는 의미 있게 표현하는 것은 어려운 일이다. 아동에 대해 사회가 어떻게 생각하고 느끼는지의 결과를 아동이 듣기는 어렵다. 그러나 상실과 트라우마는 전적으로 아동에게 영향을 미친다.

- 신체적 영향
아동의 신체에 미치는 영향으로는 배가 텅 빈 느낌 및 가슴과 목이 꽉 조이는 것이 있다. 아동들은 소음, 폐쇄, 숨이 차고 가쁜 것에 매우 예민해질 수도 있다. 근육이 부실하고 에너지가 부족하며, 구강건조증을 호소할 수도 있다(Worden, 1996).

정신신체 증상은 정신에 더 깊은 영향을 미치는 요인들을 나타내는 증상일 수 있다. 이를테면 신체적인 병의 원인이 없는 지속적인 두통이 이에 해당된다. 게슈탈트 접근법의 원리에 따르면 이러한 증상들은 접촉경계장애, 즉 반전으로 인한 것인데, 아동들은 말 그대로 다른 사람에게 주고 싶은 고통을 자신에게 집중시키는 것이다.

• 인지적 영향

상실을 경험할 때 보이는 몇 가지 사고 패턴이 있는데, 예를 들면 초기의 불신감, 혼란, 재현, 상상 그리고 심지어 환각까지 있다(Worden, 1996).

따라서 아동들은 비통해하는 과정의 여러 단계에서 그들 마음의 평정을 잃게 하고 좌절시킬 수도 있는 사고 패턴의 변화를 경험한다. 이러한 사고 패턴은 고착되어 물리적으로 나타날 수 있다. 예를 들어, 이혼한 부모 양쪽 모두 이미 재혼을 했음에도 불구하고 아동들은 자신의 부모가 다시 재결합할 것이라는 희망을 놓지 않는다. 게슈탈트 접근법에서는 이러한 사고를 자의식으로 설명한다. 왜냐하면 아동들은 자신의 삶의 모든 측면을 통제하려 하고 자발성을 제한하려고 하기 때문이다.

• 행동적 영향

수면 장애, 섭식 장애, 기억 상실, 사회적 철수, 꿈, 기억 회피, 찾기 행동, 소리지르며 급히 부르기 등이 나타난다. 한숨 쉬기, 끊임없는 과잉 활동, 울음, 유품 착용하기, 소중한 물건 소장하기와 같은 행동들도 나타날 수 있다(Worden, 1996). 아동의 정서적 문제는 대부분 행동 변화 형태로 나타난다(Blom, 2000b). 앞서 언급한 행동들은 아동이 겪은 트라우마로 인한 증상이다. 게슈탈트 접근법에서는 이러한 행동을 편향이라고 한다. 왜냐하면 접촉경계장애가 발생하여 욕구충족이 제한되고 불균형이 초래되었기 때문이다. 전형적인 상실 반응은 우울 증상과 동일하게 나타난다. 두 경우 모두 수면 장애, 섭식 장애, 극심한 슬픔을 겪는다. 상실 경험으로는 우울의 경우와 같은 자기가치감의 손상은 대개 나타나지 않는다(Worden, 1996).

일반적으로 부모는 상실과 트라우마를 겪은 자녀를 기꺼이 도와주려고 한다. 그러나 종종 부모 자신의 욕구와 자녀의 욕구를 제대로 구분하지 못할 때가 있다. 이와 관련하여 치료자는 의미 있는 역할을 할 수 있다. 지침을 활용하여 상실 상황에 대해 부모와 아동 모두를 도울 수 있다. 아동에게는 감정 표현, 상실과 트라우마 훈습을 목적으로 하는 치료적 서비스가 반드시 필요하다. 그러나 종종 지식 부족, 편견, 경제적 문제로 인해 치료적 서비스를 받지 못한다.

1) 게슈탈트 치료의 목표

게슈탈트 접근법의 목표는 알아차림, 통합, 자기지지로 설명할 수 있다. 이러한 목표는 2장에서 다루었으므로 여기에서는 간략하게 언급하고자 한다. 놀이치료자는 놀이치료 과정 내내 이러한 목표를 염두해야 한다.

놀이치료 진행과정에서 가장 중요한 목표는 '접촉하기'를 하는 것이다. 그러므로 접촉하기를 위해서는 우리가 욕구를 충족하기 위해 환경을 이용한다는 것을 의미한다. 만약 아동이 충분히 '존재'하고 있으며, 삶의 다양한 측면에서 현재 기능을 '접촉'하고 있다면, 자신의 욕구를 충족하게 된다. 아동은 자신 및 환경과 접촉할 때 알아차림에 도달하게 된다.

게슈탈트 치료의 목적인 통합은 전체로서 기능할 수 있는 내담자의 능력을 목표로 한다. 내담자 자신의 어떤 부분, 경험, 감정을 소홀히 여기지 않게 됨으로써, 내담자가 자신의 제한된 기능을 인식 및 수용하게 될 것이다. 그러므로 아동은 모든 면에서 자신을 수용하는 방법을 배우게 된다.

게슈탈트 치료에서 자기지지는 아동이 자신에 대한 책임을 수용할 때 이루어진다. 내재된 잠재력을 활용하여 고유한 강점을 발견한다. 게슈탈트 놀이치료를 진행할 때, 상실과 트라우마 경험을 다루기 위해 치료적 과정을 활용하기도 하

지만 초점은 아동의 과정에 둔다

2) 치료적 과정

치료적 과정은 놀이치료에서 가장 중요하게 활용하는 도움 중 하나다. 치료자는 놀이치료를 통해 아동에게 접촉할 기회를 주고, 정서를 표현하게 하여 내면의 파편화된 부분을 통합할 수 있게 해 주어, 자기를 지지할 기회를 준다.

감정 표현은 어떤 치료적 과정에서도 핵심이 된다. 아동은 감정을 인식하고 소유하고 표현할 수 있는 기회를 통해 미해결 과제를 완수할 수 있다. 때때로 아동은 문화적 관습 및 가정교육으로 인해 감정을 경험하거나 표현하는 것을 단념하는 경우가 있는데, 이 경우 인지 발달에 손상을 일으킨다. 이 과정은 아동과 성공적으로 함께 해가면서 그의 변화를 촉진하는 데 가장 중요한 것이다.

3) 상실과 트라우마를 다루는 데 활용할 수 있는 놀이치료 기법

아동을 대상으로 하는 게슈탈트 놀이치료에서는 다양한 놀이 활동을 통해 자기를 다루고 건강한 기능을 촉진하는 경험을 제공한다(Geldard and Geldard, 1997; Oaklander, 1992, 1994; van der Merwe, 1996b). van der Merwe(1994)는 놀이치료 기법을 다섯 가지 범주, 즉 이완 놀이, 평가 놀이, 독서 놀이, 극 놀이, 창의적인 놀이로 구분하였다. 이러한 놀이 기법은 특히 부모의 이혼을 겪은 어린 아동들을 치료할 때 적용한다. 아래에서는 아동의 트라우마와 상실 경험을 다루는 데 활용할 수 있는 각각의 놀이 기법에 대해 설명하고자 한다.

(1) 이완 놀이와 감각 접촉하기

이완 놀이는 아동 내담자와의 치료적 관계를 구축하고 치료적 개입에 도움이 되는 분위기를 형성하는 데 활용된다. 이러한 놀이 활동은 아동의 발달 수준에 따른 재미에 초점을 둔다(van der Merwe, 1994). 아동은 신체적 접촉을 하기 과정을 통해 이완하는 방식을 배울 수 있다. Oaklander(1988), Schoman(1996b)과 van der Merwe(1996e)가 설명한 바와 같이, 다양한 기법과 활동을 활용하여 놀이치료 과정에서 아동이 이완하도록 도울 수 있다. Geldard와 Geldard(1997)에 따르면 이러한 기법과 활동은 자유 놀이와 관련이 있다. 예를 들어, 아동에게 스트레칭을 해 보라고 하여 머리부터 발끝까지 신체의 여러 부위를 점진적으로 이완해 보도록 가르친다. 음악, 호흡, 불기 활동을 활용하거나 아동들이 익숙해하는 곳에서 이완을 동반한 상상을 해 보도록 한다.

게슈탈트 치료 과정의 첫 번째 단계에서 놀이 활동과 기법은 아동이 놀이치료실과 치료적 상황을 알아가는 법을 배우는 데 활용된다. 이러한 활동들은 아동과 놀이치료자의 관계를 촉진한다. 뿐만 아니라 아동이 편안함을 느끼고, 이완되고, 자신의 욕구를 알아차릴 수 있게 되며, 치료적 과정을 위한 준비에 도움이 된다. 치료적 과정 동안 아동의 감정을 다루게 될 것이다. 이완 놀이는 다음에 이어지는 치료적 과정을 위한 준비 작업을 한다.

(2) 평가 놀이

평가 놀이는 아동의 인지, 지각, 정서 및 문화적 배경, 행동, 동기를 관찰하는 데 필요하다(van der Merwe, 1994). van der Merwe(1996a)는 평가를 놀이처럼 재미있는 것으로 설명하였지만 평가는 변화를 관찰할 수 있기 전에 수행되어야 한다. 게슈탈트 놀이치료에서 평가의 목표는 어떤 정보를 얻기 위한 것이 아니라는 점을 기억해야 한다. 평가의 목표는 게슈탈트 놀이치료의 세 가지 목적인 알아차림, 자기지지, 통합에 근거하여 설정된다. 다양한 도구들, 게임 그리고 치료적 놀잇감까지도 활용할 수 있다. 그럼에도 불구하고 전문가들은 아동에 대한 보고서를 작성하고 진단을 내린다. Oaklander(1988, p. 184)는 "아동에 대해 어떤 것을 들었거나 읽었거나, 심지어 내가 내린 진단이 있다고 하더라도 그것과 상관없이 나는 아동이 있는 곳에서부터 아동과 함께 시작한다."라고 언급하였다.

치료 장면에서 평가는 종종 진단, 보고서 작성, 치료 지침 제안을 목적으로 한다. 내담자가 겪은 문제 상황은 평가를 하거나 자신의 견해를 결정하려는 전문가의 열성으로 인해 쉽게 무시될 수 있다. 게슈탈트 놀이치료 과정 동안 평가를 하지만, 평가가 치료 과정의 핵심이 되어서는 안 된다. 내담자를 대상으로 여기고 치료를 하거나 소견을 내려는 목적으로 관찰해서는 안 된다. 내담자(내담 아동)를 권리를 가진 한 사람으로 여기는 것이 매우 중요하다. 말 그대로 치료자는 항상 아동과 함께 있어야 하고, 그런 다음에 아동들의 속도에 맞추어 움직여야 한다. 그러는 동안 치료자는 아동들의 경험을 관찰하는 것이 아니라 아동과 함께 경험하면서 그 경험을 나누게 될 것이다.

2장에서 다룬 바와 같이, 평가를 위한 활동 예시에는 동물 카드 사용, 그래픽 가족 묘사, 장미 덤불 판타지, 안전한 장소에 대한 판타지, 가족 질문, 기질분석이 있다. 평가는 치료 과정의 방향을 잡는 데 필요하기 때문에, 치료자는 문헌 연구를 근거로 하는 평가 도구를 활용해야 한다. Read(2002)는 부모가 이혼했을 때 아동이 상실한 것에 대한 느낌을 이름으로 지어 보라고 하여, 이혼 상황에 대한 아동의 상실 경험을 평가해 볼 것을 제안했다. 부록 4에는 아동에게 선택할 수 있도록 하는 내용 목록이 제시되어 있다.

(3) 독서 놀이

독서 놀이는 책, 문자 언어, 시청각 교구를 활용한다. 카드, 편지, 시, 책, 일기 뿐만 아니라 문장완성검사를 활용하기도 한다. 치료자는 아동 문학을 알고 있어야 하고 이를 활용해야 한다. 즉, 치료자는 이야기를 창의적으로 적용할 수 있어야 하고, 치료적 방식 내에서 예측하지 못한 상황을 활용할 수 있어야 한다(van der Merwe, 1994).

글로 쓰인 것이나 시청각 자료는 어떤 형태로도 활용될 수 있는데, 이는 독서 놀이로 간주된다(van der Merwe, 1996c). Blom(2000a, 2000b), Geldard와 Geldard(1997)는 이야기를 활용해야 한다고 제안하였다. 게슈탈트 놀이치료에서 독서 놀이를 활용할 때, 치료자와 아동 모두 창의적으로 독서 놀이를 활용할 수 있는 무한한 기회를 가질 수 있다. 그럼에도 불구하고 치료자는 새로운 소재를 지속적으로 활용하거나, 심지어는 특정 내담자를 위한 소재를 특별히 만들기도 해야 한다. 기존 이야기, 문자 언어, 비디오, 컴퓨터 게임 등의 가능성을 살피거나 각각의 아동들에게 적절히 활용될 수 있는 개인적 도구들을 개발하는 데 창의성은 필요한 요건이다. 이야기를 통해 아동은 익숙한 방식으로 메시지를 전달할 수 있다. 메시지는 아동들의 질문에 대답하거나 아동들이 경험하고 있는 것과 관련하여 아동들을 안심시켜 줄 것이다.

문장완성검사는 슬픔에 잠긴 아동들에게 감정을 표현할 수 있는 기회를 줄 수 있다. 이는 아동의 전면에 나오는 주제와 치료 과정에서 다루어야 하는 미해결 과제가 무엇인지를 파악하는 데 활용할 수 있다(Read, 2002). 문장완성검사의 예시는 [그림 6-1]을 참고하기 바란다.

독서 놀이는 치료자가 아동의 세계에 들어가서 이를 탐색할 수 있는 기회를 제공한다.

이름: 날짜:

다음 문장을 읽고 떠오르는 대로 빈칸을 채워 넣으시오.

1. 나는 _____(을)를 좋아한다.
2. 가장 행복했던 순간은 _____(이)다.
3. 잠들기 전에 나는 _____(을)를 생각한다.
4. 나는 정말로 _____(을)를 하고 싶다.
5. 나는 _____ 기분을 느낀다.
6. 나의 친구는 _____(을)를 안다.
7. 다른 아동들이 나를 보고 _____ 놀린다.
8. 사람들은 나의 _____(을)를 이해하지 못한다.
9. 나는 _____ 때문에 짜증이 난다.
10. 엄마는 _____.
11. 내가 가장 두려워하는 것은 _____.
12. 아빠는 _____.
13. 나는 _____(을)를 절대로 할 수 없을 것이다.
14. 내가 좀 더 어렸다면 _____.
15. 나는 _____(을)를 절대로 잊지 못할 것이다.
16. 나는 _____ 때문에 화가 난다.
17. 내가 가장 걱정하는 것은 _____.
18. 나는 가끔 _____이 궁금하다.
19. 내가 슬플 때는 _____.
20. 만약 내가 뭔가를 바꿀 수 있다면, _____.
21. 나는 _____(이)가 걱정된다.
22. 나는 _____(을)를 더 좋아한다.
23. 내가 필요한 것은 _____.
24. 나를 좋아하지 않는 사람들은 _____.
25. 나는 _____ 할 시간이 없다.
26. 나의 소원은 _____.
27. 나는 _____ 미안하다.
28. 나는 _____(을)를 싫어한다.
29. 나는 정말 _____(이)다.
30. 나는 엄마에게 _____라고 말하고 싶다.
31. 나는 가끔 _____ 상상을 한다.
32. 나는 _____ 실수를 했다.
33. 나는 아빠에게 _____라고 말하고 싶다.
34. 나는 _____(을)를 이해할 수 없다.
35. 나는 _____(이)가 그립다.
36. 만약 엄마와 아빠가 _____.
37. 나는 _____ 외로움을 느낀다.
38. 학교에서 _____.
39. 나는 _____ 부끄러움을 느낀다.
40. 이혼이란 _____.

[그림 6-1] 문장완성검사 예시

(4) 극화된 놀이

변화를 향해 나아가는 단계에서 아동들은 안전한 환경 속에서 위협적인 상황을 놀이로 표현해 볼 수 있어야 한다. 극화된 놀이를 위해서는 창의성과 숙련된 치료자가 동시에 필요하다. 무의식적인 두려움과 감정에 핵심을 두어야 한다. 손 퍼펫, 종이 인형, 가면 등으로 역할놀이를 활용할 수 있다(van der Merwe, 1994). Oaklander(1988)에 의하면 인형 놀이는 아동에게 자신의 다양한 측면과 접촉할 수 있는 기회를 제공한다. 인형 놀이를 통해 아동은 실제 상황을 지금−여기에 가져올 수 있고, 트라우마 경험을 회상할 수 있으며, 그러한 경험을 조절할 수 있게 된다(van der Merwe, 1996d). 아동은 감정을 인형에게 투사하고, 새로운 역할과 기술을 배우고, 문제를 해결해 보며, 의사결정을 해 볼 수 있다(Geldard and Geldard, 1997). 다양한 종류의 인형을 극놀이에 활용하는 방식은 5장에 자세히 기술되어 있다.

아동들은 고통스러운 상황을 인형에게 투사하는 것을 덜 힘들어한다. 놀이치료실에는 가급적이면 다양한 종류의 인형을 비치해 두어야 한다. 예를 들어, 각기 다른 특징이 있는 손 퍼펫, 손가락 퍼펫, 종이 인형, 가면 등을 아동들이 선택할 수 있어야 한다. 실제 임상 경험으로부터, 이러한 놀이 기법은 아동들이 다른 사람들에게 이야기하기에는 너무 어려운 사건들을 말로 표현할 수 있게 하는 기법으로 입증되었다. 아동들은 놀이를 하면서 자신이 겪은 상황을 바꾸는 경험을 하고, 이를 통해 그 상황에 대한 통제력을 얻는다.

아동과 치료자는 손 퍼펫을 가지고 놀면서, 아동의 주도로 다음과 같은 이야기를 꾸민다. 아동은 L이라는 오리 퍼펫을 맡고, 치료자는 곰 역할을 하면서 주로 질문을 한다. 오리는 블룸폰테인의 한 집에서 살고 있는 가족에 대해 이야기한다. 그 집에는 부부와 세 자녀가 함께 살고 있다. 부부는 낮 시간에 일을 한다. 큰 아동들은 학교에 가고 막내만 집에 혼자 남아 있다. 낯선 사람이 집으로 와서 막내 L을 재미있는 장소로 데려간다. 가족들이 막내를 찾아내고, 막내에게 다음부터는 혼자 나가면 안 된다고 말한다. L은 춤추는 것을 좋아했었다. 그렇지만 엄마가 자신을 때릴 때는 매우 불쾌했다. L이 나간 것 때문에 엄마와 아빠는 서로 다퉜다. 엄마는 자신의 물건을 챙겨서 집을 떠났다. 아빠와 언니는 L에게 매우 화를 냈다. L은 대응을 할 수가 없었다. 그날 이후로 L은 혼자가 되었다(Read, 2002, p. 75).

아동의 마음속에서 탄생한 이 이야기에는 상황의 본질, 상실의 경험이 담겨 있다. 또한 치료 과정에서 다루어야 할 감정들도 포함되어 있다.

(5) 창의적인 놀이

창의적인 놀이에는 그리기, 칠하기, 찰흙 놀이와 같은 미술치료적 측면들이 포함된다. 이러한 기법들을 활용하여 위협적이지 않은 방식으로 아동들이 투사를 표현하게 할 수 있다(Thompson and Rudolph, 1996; van der Merwe, 1994). Oaklander(1988)는 그리기와 칠하기 기법의 장점을 언급하였다. 칠하기와 그리기는 은유적 기능을 할 수 있다. 예를 들어, 아동들에게 화, 두려운 상태, 슬픔과 같은 감정을 그려 보라고 할 수 있다. Geldard와 Geldard(1997)는 선, 모양, 색깔이 가족구성원을 나타낼 수 있다고 제안하였다. 이와 동일한 맥락으로 McMahon(1992)과 Oaklander(1988)는 치료자가 그림을 해석해서는 안 되지만, 아동과 함께 그 그림을 탐색해야 한다고 주장하였다.

찰흙 놀이는 공격성을 표출할 수 있는 가장 이상적인 표현 수단이다(Geldard and Geldard, 1997; Oaklander, 1988). 아동들은 찰흙을 때리고 자를 수 있고, 마음껏 주물러 볼 수 있다. 그렇기 때문에 이러한 놀이를 하는 동안 내면의 좌절감을 해결할 수 있는 기회를 가질 수 있다.

창의적 놀이는 투사 기법을 활용할 수 있는 기회를 제공한다(Blom, 2000a, 2000b). 놀이치료를 하는 동안 아동들은 그리기, 칠하기, 찰흙으로 만들기를 통해 실제 경험한 것을 표현한다. 뿐만 아니라 치료자와 함께 창작물에 대해 이야기를 나눌 수도 있다.

상실과 트라우마를 겪은 아동에게 활용할 수 있는 투사 기법은 4장에 기술되어 있다. 다음과 같은 투사 기법을 활용할 수 있다.

- 괴물 기법(Blom, 2000a; Schoeman, 1996a)
- 빈 의자 기법(Blom, 2000a; Thompson and Rudolph, 1996)
- 모래 놀이(Blom, 2000a; Geldard and Geldard, 1997)
- 찰흙으로 만들기(clay modeling)

창의적 작업은 놀이치료에서 의미 있게 활용될 수 있는데, 특히 아동들에게 감정을 표현할 수 있는 기회를 준다. 이때 아동들은 자신이 알아차리지 못하는 감정까지도 표현하게 된다. 앞서 언급한 투사 기법은 상담 장면에서 놀라운 결과를 낳는다. 아동들은 자신이 만든 창작물을 통해 부모의 이혼과 같은 실제 경험한 상황에 대한 통찰을 얻게 된다. 투사 기법을 사용함으로써 아동들은 미해결 과제를 완수하게 된다. 그리고 삶의 균형을 회복하여 아동들의 전반적인 기능이 향상될 수 있다.

아동들은 창의적인 작업을 통해 투사할 수 있고, 투사로 인해 발생하는 감정들을 소유해 볼 수 있다. 사실 아동들은 스스로에게 메시지를 주는데, 왜냐하면 아동들은 자신이 선택한 다양한 대상을 이용하여 자신의 솔직한 감정을 알게 되고, 경험하고, 소유하기 때문이다. 갈등을 유발하는 양극성이 전경으로 오게 되며, 전경은 아동의 미해결된 과제를 다루어서 완결할 수 있도록 한다.

다음은 한 아동과 모래 놀이 과정에서 나눈 대화 내용이다.

다양한 물건, 사람, 동물 모형으로 모래 장면이 만들어져 있다. 호랑이는 사람들을 잡아먹으려고 한다. 잡아먹고 싶지 않아도 생존을 위해서 반드시 그렇게 해야 한다. 그런 이유로 호랑이는 가끔 보호자 역할을 맡는다. 거북이는 대개 물속에서 살지만 지금 이 순간에는 모래 위에 있다. 거북이는 함께 수영할 친구들을 사귀고 싶어 한다. 친구가 없어서 외로움을 느끼고 있다. 고래는 깊은 물속에서 수영하며 즐기고 있는데, 왜냐하면 고래는 무리 지어 수영하기 때문이다. 고래는 돌고래에 대한 걱정을 하면서 돌고래가 곤경에 빠지면 구해 주겠다고 한다. 문어를 보면서 아동은 온 가족이 함께 갔던 가족 휴가를 떠올린다. 휴가지에서 문어 한 마리가 아동의 샌들을 가져갔다. 아빠와 엄마가 샌들을 찾으려고 시도했지만 실패했다. 아빠는 바닷속 깊은 곳으로 들어갔다. 아동은 아빠가 물에 빠져 죽을까 봐 두려웠다. 그러나 해변에는 사람들을 지켜보는 인명구조대원들이 있었다. 구조대원들은 사람들을 구했고, 아동도 그들처럼 사람들을 간절히 구하고 싶어 했다. 아동은 도로에서 자동차 앞으로 가로질러 달려가려는 동생을 구했다. 한 장면에선, 남자들이 물리적 충돌을 막기 위해 무기를 준비하고 서 있었다. 이혼 전 부모 사이에 발생한 갈등이 아동의 전경에 있다. 게슈탈트는 투사를 소유함으로써 완성될 수 있다. 아동의 아버지는 어머니를 테이블로 밀쳤다. 아동은 부모가 서로 싸우고 상처 입히는 것을 멈추게 하려고 애썼다. 부모의 갈등 상황에서 느꼈던 감정들은 소유된다(Read, 2000, p. 79)

창의적인 작업과 투사적 기법은 아동이 자신의 미해결된 과제를 다루고 감정을 표현하는 데 도움이 될 수 있다.

6. 결론

게슈탈트 놀이치료에서 아동은 그들이 느껴 왔던 다양한 감정들을 언어화할 수 있는 기회를 얻는다. 아동은 감정을 알아차린 후에 감정을 이야기하며 나누고 표현할 수 있는 기회를 가진다. 심지어 어린 아동도 게슈탈트 놀이치료의 도움을 받아서 자신의 감정을 표현할 수 있다. 게슈탈트 놀이치료는 어린 아동이 현재 순간에서 자신의 경험을 접촉해 보도록 한다. 게슈탈트 치료 과정에서는 다양한 놀이 기법을 활용하여 상실과 트라우마를 다룰 수 있다.

상실과 트라우마 경험은 게슈탈트 놀이치료를 통해 생산적으로 다루어 볼 수 있다. 임상 경험상, 상실을 겪은 아동의 증상은 치료 과정을 종결한 후에 사라지는 것으로 밝혀졌다. 이는 아동이 미해결 과제를 완수할 기회를 획득한다는 것이다. 따라서 게슈탈트는 완성되고 배경으로 이동한다. 아동은 자신과 접촉하고, 더 이상 감정을 억압하기 위해 에너지를 쓰지 않는다. 내면에 파편화된 부분들이 통합하게 되면서 아동은 전체로서 기능을 할 수 있다. 또한 치료적 과정 동안 자기감이 더욱 튼튼하게 발달하여 내면의 불편함을 다룰 수 있고, 결국 자신을 지지할 수 있다.

참고문헌

Blom, B. (2000a). *A Gestalt Play Therapy Helping Programme in Social Work for Junior Primary School Children's Emotional Intelligence.* Unpublished doctoral thesis. Bloemfontein: University of the Free State.

Blom, B. (2000b). 'Course notes.' *Play therapy: An Introductory Course.* Bloemfonstein: University of the Free State.

Briere, J. (1997). *Psychological Assessment of Adult Posttraumatic States.* Washington, DC: American Psychological Association.

Cook, P. (1996). 'Long term follow-up and support.' In B. Lindsay and J. Elsegood (eds) *Working with children in Grief and Loss.* London: Bailliere Tindal.

Frgley C. R. (1985). *Trauma and its Wake: The Study of Posttraumatic Stress Disoder, Volume 1.* New York: Brunner/Mazel.

Geldard, K. and Geldard, D. (1997). *Conselling children: A Practical Introduction.* London: Sage.

Gurwitch, R. H., Silovsky, J. F., Schultz, S., Kees, M. and Burlinggmae, S. (2002). 'Reactions and guidelines for children following trauma/disaster.' *Communication Disorders Quarterly 23,* 2, 93–99.

Hyer, L. and Brandsma, J. M. (1999). 'The treatment of PTSD through grief work and forgiveness.' In C. R. Figley (ed) *Traumatology of Grieving: Conceptual, Theoretical, and Treatment Foundations.* Philadelphia, PA: Bunner/Mazel.

Jewett, C. (1992). 'Introduction.' In C. Jewett (ed) *Helping Children Cope with Seperation and Loss,* revised edition. London: Free Association Books.

Keppel-Benson, J. M. and Ollendick, T. H. (1993). 'Posttraumatic stress disorder in children and adolescents.' In C. F. Saylor (ed) *Children and Disaster.* New York: Plenum.

Lendrum, S. and Syme, G. (1992). *Gift of Tears: A Practical Approach to Loss and*

Bereavement Counselling. London: Routledge.

Lewis, S. (1999). *An Adult's Guide to Childhood Trauma: Understanding Traumatized Children in South Africa*. Cape Town: David Philip.

McGoldrick, M. and Walsh, F. (1991). 'A time to mourn: death and the family-life cycle.' In F. Walsh and M. McGoldrick (eds) *Living Beyond Loss: Death in Family*. New York: Norton.

McMahon, L. (1992). *The handbook of Play Therapy*. London: Routledge.

Nader, K. O. (1997). 'Childhood traumatic loss: The interaction of trauma and loss.' In C. R. Figley, B. E. Gride and N. Mazza (eds) *Death and Trauma. The Traumatology of Grieving*. Washington, DC: Taylor and Francis.

Oaklander, V. (1988). *Windows to our Children: A Gestalt Therapy Approach to Children and Adolescents*, 2nd edition. New York: The Gestalt Journal Press.

Oaklander, V. (1992). The relationship of gestalt therapy to children.' *The Gestalt Journal 5*, 1, 64-74.

Oaklander, V. (1994). 'From meek to bold: a case study of gestalt play therapy.' In T. Kottman and C. Schaefer (eds) *Play Therapy in Action: A Casebook for Practitioners*. London: Jason Aronson.

Read, M. C. (2002). *'n Gestaltanalise van Laerskoolkinders se Verlieservarings in Egskeidingsituasies*. Unpublished Master's degree dissertation (Social Work). Bloemfontein: University of the Free State.

Schoeman, J. P. (1996a). 'Projection techniques.' In J. P. Schoeman and M. van der Merwe (eds) *Entering the Child's World: A Play Therapy Approach*. Pretoria: Kagiso.

Schoeman, J. P. (1996b). 'Sensory contact with the child.' In J. P. Schoeman and M. van der Merwe (eds) *Entering the Child's World: A play Therapy Approach*. Pretoria: Kagiso.

Thompson, C. L. and Rudolph, L. B. (1996). *Counselling Children*, 4th edition. California: Brooks/Cole.

Van der Merwe, M. (1994). 'A social work model for short term intervention with youth children of divorce.' *Social Work Practice*, July, 2, 10-15.

Van der Merwe, M. (1996a). 'Assessment play.' In J. P. Schoeman and M. van der Merwe (eds) *Entering the Child's World: A Play Approach*. Pretoria: Kagiso.

Van der Merwe, M. (1996b). 'Basic components of play therapy' In J. P. Schoeman and M. van der Merwe (eds) *Entering the Child's World: A Play Approach*. Pretoria: Kagiso.

Van der Merwe, M. (1996c). 'Biblio-play' In J. P. Schoeman and M. van der Merwe (eds) *Entering the Child's World: A Play Approach*. Pretoria: Kagiso.

Van der Merwe, M. (1996d). 'Dramatic play' In J. P. Schoeman and M. van der Merwe (eds) *Entering the Child's World: A Play Approach*. Pretoria: Kagiso.

Van der Merwe, M. (1996e). 'Relaxation play' In J. P. Schoeman and M. van der Merwe (eds) *Entering the Child's World: A Play Approach*. Pretoria: Kagiso.

Ward, B. and Associates. (1993). *Good Grief: Exploring Feelings, Loss and Death with Under Elevens-a Holistic Approach*, 2nd edition. London: Jessica Kingsley Publishers.

Worden, J. W. (1996). *Children and Grief: When a Parent Dies*. New York: Guilford.

7장

중기 아동기 HIV/AIDS 아동을 위한
게슈탈트 놀이치료

Rinda Blom & Sayeeda Dhansay

인간면역결핍바이러스(Human Immunodeficiency Virus: 이하 HIV)는 후천성면역결핍증(acquired immune deficiency syndrome, 이하 AIDS)을 유발한다. HIV 감염은 성인이나 아동의 의료적, 심리적, 사회적, 영적, 교육적, 경제적인 삶에 영향을 미친다. 남아프리카에는 약 1,630만 명의 아이들이 있는데, 이들의 대다수는 빈곤한 삶을 살고 있다. 많은 아이들이 노숙을 하며 폭력, 학대, 성매매에 노출되어 있다. 인구가 훨씬 많은 인도를 제외하면 남아프리카에는 전 세계에서 HIV 감염자가 가장 많이 살고 있다(Whiteside and Sunter, 2000).

여성과 아동들은 신체 학대뿐만 아니라 강간과 성학대를 당하고 있기 때문에 HIV/AIDS 감염에 더욱 취약하다. Keke(2002)에 따르면, 2001년 1월부터 9월까지 남아프리카 경찰청에 신고된 아동 강간 사건은 15,650건이었고, 신고되지 않은 강간 사건들도 많았다.

AIDS에 걸린 젊은 부모들은 치료를 제대로 받지 못해서 사망한다. 남겨진 자녀 또한 HIV에 감염되었을 가능성이 있거나 빈곤으로 고통받기도 한다. 이들은 HIV/AIDS 보유자라는 낙인으로 인해 상실, 슬픔, 우울, 학대, 유기, 고립, 외로움, 거절, 두려움의 고통을 겪는다. 뿐만 아니라 신체적 불편감, 통증, 입원으로 인해 힘들어한다. HIV/AIDS가 낙인과 비밀유지 문제를 여전히 지니고 있다는 점은 다른 사람들로부터 거절을 당하는 것에 대한 두려움과 국가가 지원을 해야 하는 면에서도 문제가 된다. HIV에 감염된 아동을 돌보는 것은 많은 비용이 드는 어려운 일이다.

HIV에 감염된 아동의 치료, 돌봄, 지원을 할 때 아동의 욕구를 충족시키는 데 중점을 두고 있다. 그러나 질병이 HIV/AIDS 아동에게 미치는 정서적 영향도 다루어야 한다. 중기 아동기는 인지, 정서, 사회성, 도덕성, 성 발달이 이루어지는 시기이다. 이 시기 아동들은 하나의 전체로서 자신의 세계와 소통해야 한다 (Kruger, 1991). 중기 아동기의 아동들은 HIV/AIDS에 대한 두려움, 또래 영향, 매스미디어, AIDS는 죄에 대한 처벌이라는 인식, 편견 그리고 그들의 사회적 세계 때문에 HIV/AIDS를 매우 의식하며 산다. 따라서 이들은 답이 없는 질문, 근거 없는 믿음, 편견을 갖게 된다. 이로 인해 감정을 억제하게 되고 증상행동을 드러내는데, 이러한 것들이 치료 과정에서 다루어져야 한다.

이 장에서는 중기 아동기에 해당하는 HIV/AIDS 아동을 위한 게슈탈트 놀이치료의 가치와 임상 장면에서 이 아이들에게 어떻게 적용할 수 있을지에 대해 중점을 둘 것이다. 중기 아동기의 그들에게 HIV/AIDS가 미치는 정서적 · 심리적 영향뿐만 아니라 게슈탈트 놀이치료 과정의 이론적 개념과 기법을 다루고자 한다. 더불어 HIV/AIDS 아동을 대상으로 게슈탈트 놀이치료의 이론적 개념, 과정, 기법을 활용한 사례 연구를 논의할 것이다.

1. 중기 아동기 발달과 HIV/AIDS 아동

6~7세부터 12세까지 해당하는 중기 아동기에는 신체, 사회성, 문화, 인지, 정서적 수준에 대한 발달이 이루어진다. 도덕성, 성 발달 또한 같은 수준으로 이루어진다.

1) 신체 발달

중기 아동기에 해당하는 아동들의 신체 발달은 신장이나 체중보다는 몸의 비율이 변화한다. 이 시기 아동은 오래 앉아 있기보다 움직여야 한다. 뼈와 인대가 계속해서 성장 중에 있다. 성 발달에 대한 의문을 가질 수도 있으므로, 이는 개방적으로 다루어야 한다(Kruger, 1991). 다음에 제시된 기준을 살펴보면서 아동의 HIV/AIDS 가능성을 검토할 수 있다(van Dyk, 2001).

- 체중 감소, 비정상적으로 느린 성장과 성장 장애
- 1개월 이상 지속된 발열
- 1개월 이상 만성 설사
- 1개월 이상 지속된 만성 기침
- 전반적인 림프절 확대
- 귀와 목 감염과 같은 재발성 일반 감염
- 아동 어머니가 HIV 양성 반응

개발도상국에 사는 HIV/AIDS에 걸린 아동들은 일반 아동들처럼 홍역, 설사, 호흡기 감염을 앓는다. 그러나 좀 더 심하고, 빈번하게, 그리고 지속적으로 앓을 가능성이 있다. 일부 아이들은 HIV에 급속하게 감염이 되어서 생후 2년 내에 사망하기도 하지만, 느리게 진행되는 집단의 아동들은 종종 아동기까지 생존하고 10대 초반까지 생존하기도 한다(Smart, 2000; van Dyk, 2001).

HIV/AIDS는 지속적인 감기, 피부 병변, 설사, 귀와 목 감염, 체중 감소 등으로 아동들에게 고통을 주므로 아동의 신체 발달에 심각한 영향을 미칠 수 있다. 아동들은 늘 피곤한 상태에 있기 때문에 이 시기의 아이들이 일상적으로 하는 달리기와 뛰기 같은 신체 활동을 하지 못할 수도 있다. 이것은 사회적 상호작용, 정서적 안정, 또래 지지에 영향을 미칠 수도 있다. 깔끔함은 시각적·청각적 결핍들처럼 문제가 될 수 있다.

HIV/AIDS 아이들은 생존을 위해 건강한 영양 섭취, 개인위생, 운동이 필요하며, 부모와 보호자는 이것들을 제공해야 한다. HIV/AIDS 아동은 자신의 신체를 부정적으로 인식하여 부정적인 자기 이미지를 형성하기도 한다. 신체 이미지가 아동의 자기감에 영향을 미치기 때문이다. 그러므로 HIV/AIDS는 학교 결석, 친구로부터 소외 등에 영향을 미칠 수 있다.

2) 사회성 발달

중기 아동기 아이들에게 가족 지지, 지역사회 구조, 학교, 친구 관계망은 중요한 자원이다. 뿐만 아니라 빈곤, 안전에 대한 불안, 편견, 문화는 중기 아동기의 성장에 영향을 미친다. Louw(1990)는 아동의 사회성 발달과 성인 세계로의 역할 수행 준비를 하는 데 있어서 또래 집단의 중요성을 강조하였다.

빈곤, 즉 자원의 부족과 불충분한 치료는 HIV/AIDS 아동의 발달 과정에 영향을 미치기도 한다. 실어증, 질병에 대한 집착, 부정적 신체 이미지, 무력감을 느낄 수도 있다. 위험 추구 행동, 품행 장애, 과잉행동 장애를 보이기도 한다. 반복되는 입원, 또래로부터 소외 또한 이들의 사회적 · 인지적, 의사소통 발달에 부정적 영향을 미친다(Brown and Lourie, 2000). 극심한 가족 스트레스는 아동 학대, 방임, 유기 등의 원인이 되기도 한다(Berger, McBreen, and Rifkin, 1996). 종종 학교와 기관이 위에서 말한 것들에 주의를 기울이지 않기 때문에 HIV/AIDS 아동들은 유기, 노숙, 조부모의 양육, 거절이나 고립, 슬픔, 상실과 같은 더 많은 스트레스를 겪는다.

3) 문화적 발달

가정에서 아동에게 문화와 책임을 어떻게 부여하는지에 따라 남성과 여성의 역할이 결정된다. HIV/AIDS 아동은 성장과 자기 발달을 촉진하는 집안일에 참여하지 못할 수 있다(van Dyk, 2001). 문화는 다른 배경을 가진 사람들이 HIV/AIDS를 어떻게 바라보고 대처하는지를 결정하는 데 중요한 역할을 하고, HIV/AIDS 아동의 행동과 질병에 대한 반응을 형성하기도 한다(Brown and Lourie,

2000). 몇몇 부모와 양육자는 자녀가 질병에 걸렸다는 사실을 부인하고 다른 사람들의 질투심과 같은 다른 요인에 의한 것으로 탓을 돌린다. 문화적 신념 때문에 질병을 부인한다면 아동은 질병의 여러 단계에서 겪게 되는 정서적 경험을 다루는 데 필요한 지원을 얻지 못할 것이다. 억압된 감정은 야뇨증, 악몽, 공격성 폭발과 같은 증상적 행동으로 나타나기도 한다.

4) 인지 발달

중기 아동기 단계에서는 일반적으로 지각, 기억, 통합, 변별 능력이 더 우세해지기 때문에, 건강한 아이들은 열정적인 학습자가 된다. 환경, 인지적 한계, 지각 결함은 공포, 불안, 위축을 유발한다. 그러므로 자신의 능력으로 감당하지 못하는 사회적·교육적 상황에 처하게 되는 HIV/AIDS 아동은 적대적으로 반응하거나 철회 반응을 보이기도 한다. 아동과 환경 간 상호작용이 중요하며, 세상을 잔인하고 위협적이라고 인식하는 아이들의 경우에는 심리 발달이 제대로 이루어지지 않는다(Berger et al., 1996, p. 146).

HIV/AIDS 아동에게 미치는 심리교육적 영향(예: 학교 결석, 의료 요법 적용, 낙인, 고립)은 발달 저하, 언어 문제, 신경심리학적 결함을 초래하기도 한다(Wordrich and Swerdlik, 1999). 따라서 학습 욕구를 충족시키기 위하여 병원 내에서 지속적인 학교 교육을 받을 수 있도록 해야 한다.

5) 정서 발달

중기 아동기 아이들의 정서 발달은 정서적 유연성과 분화로 특징지어진다. 분노 또는 공격성과 같은 감정의 표현은 심리사회적 발달과 밀접한 관련이 있다. 이 단계에 해당하는 아동은 감정을 표현하고, 조절하고, 억제하거나 숨기는 방법을 배우게 된다. 두려움은 HIV/AIDS 아이들과 가장 관련 있는 감정이다. 이 단계에서 아이들은 이미 초자연적 현상, 괴물, 어둠, 번개, 신체 부상, 죽음에 대한 두려움을 느끼고, HIV/AIDS에 대한 언론 보도나 인식 프로그램에 대해 반응을 보이기도 한다(van Dyk, 2001). 그러므로 HIV/AIDS 진단과 감염은 아동의 정서 발달에 중대한 영향을 미칠 수도 있다. 극심한 정서적 · 신체적 고통 외에도, 이 아이들의 대다수가 빈곤과 약물 남용 수준이 높은 사회경제적 하위집단에 속한다는 것이 이 질병을 더욱 악화시킨다. 폭력, 범죄, 실업, 인구 과밀지역에 거주하는 것들도 이 문제를 더욱 악화시킨다.

HIV/AIDS 아동과 관련된 또 다른 이슈에는 감염성, 지속적인 증상 발현, 대중의 공포, 비난과 거절에 대한 두려움이 있다. 죄책감과 비난에 대한 귀인은 중요하게 고려해야 할 사항이다(Stuber, 1990). 잦은 입원과 고통스러운 병원 치료는 극심한 정신적 고통, 두려움, 우울, 슬픔을 유발하기도 한다. 부정적 신체 이미지, 무력감, 질병에 대한 집착으로 인해 스트레스를 겪을 수도 있다. 중기 아동기 단계의 기분 장애나 자살 시도에 대해서는 거의 알려진 바가 없다(Brown and Lourie, 2000). 이 병은 가족 체계와 그들의 지지 부족에 핵심이 있다. 그렇기 때문에 병을 숨기려는 문제로 인해 병원에 버려지는 아이들이 발생하기도 한다. 저자의 경험에 의하면 어머니들은 종종 다른 가족구성원에게 자녀의 질병을 알리지 않는다. 따라서 가족의 지지가 가장 필요할 때에 오히려 도움이 부족할 수도 있다.

성인, 청소년, 아동은 각자의 발달 수준에 적합한 설명을 듣고 자신의 질병과 치료에 대한 진실을 알 권리가 있다. 제대로 알지 못할 경우에는 자기 방식대로 해석하여 자기 비난을 일으키고 지지, 치료, 양육과정은 방해를 받게 된다. 6세 아동은 'HIV'나 'AIDS'와 같은 용어를 별로 신경 쓰지 않는다. 이들은 다음과 같은 내용을 알아야 한다. 이 질병은 심각한 질병이기 때문에 아직까지는 의사가 낫게 할 수 없다는 점, 치료가 필요하다는 점, 질병의 경과에 대해 지속적으로 정보를 전달받을 거라는 점을 알아야 한다. 이것은 치료자가 아이들의 두려움, 분노, 좌절감 및 기타 미해결 감정을 다루는 데 도움이 될 것이다(Stuber, 1990).

조사 연구에 따르면, HIV/AIDS 아동은 불안과 우울을 느끼고, 과잉행동이나 품행장애를 보인다. HIV 소아 환자들도 발달능력의 저하로 인해 감염되지 않은 또래에 비해 주관적인 스트레스를 더 많이 겪는다. 이들은 부정적 신체 이미지, 절망, 질병에 대한 집착을 경험한다. HIV/AIDS 아동의 기분장애와 자살에 대해서는 거의 알려진 바가 없다(Brown and Louris, 2000). 상담 장면에서 HIV에 감염된 13세 소녀가 자신의 얼굴에 생긴 병변 때문에 우울한 표정을 드러내 질병으로 인한 감정이 드러났다. 따라서 HIV/AIDS 아동은 사회적 낙인과 관련된 정서적 고통, 노출, 의료적 절차에 대한 불안, 입원, 상실, 슬픔, 건강한 외모 상실, 신체 이미지와 관련된 다양한 감정에 대처할 수 있어야 한다. 그러므로 이 아이들에게 위축, 외로움, 분노, 혼란, 우울, 두려움, 죄책감은 미해결 감정일 수 있다. 이들은 치료를 통해 이러한 감정을 표현하고, 대처 전략을 습득할 수 있도록 도움을 받아야 한다.

2. 중기 아동기 HIV/AIDS 아동을 위한 게슈탈트 놀이치료

게슈탈트 치료의 가장 중요한 관심 영역은 성인이나 아동이 이 순간 느끼거나 경험하고 있는 것이다(Thompson and Rudolph, 1996). 그러나 Oaklander(1994a)는 게슈탈트 놀이치료를 인본주의적인 과정중심 치료로 기술하는데, 이는 전체 유기체의 건강한 기능, 즉 유기체의 감각, 신체, 감정, 지적 능력에 중점을 둔다. 또한 Oaklander는 이러한 원리가 아동과 직접적으로 관련이 있다고 본다. HIV/AIDS는 아동이 특정 시점에 경험하는 신체, 감각, 감정, 사고 측면에서의 전체 기능에 영향을 미칠 수 있다. 이런 점에서 게슈탈트 치료 접근이 HIV/AIDS 아동에게 도움이 될 수 있다. 다음 내용은 게슈탈트 놀이치료의 다양한 이론적 개념뿐만 아니라 중기 아동기에 해당하는 HIV/AIDS 아동을 상담할 때 그것을 어떻게 적용할 수 있는지에 대해 다루고자 한다.

1) 유기체의 자기조절

유기체의 자기조절이란 유기체가 욕구를 충족하려고 시도하는 과정이며, 이를 통해 항상성을 유지한다. 아이들은 보통 트라우마와 상실에 대해 발달적으로 흔히 보일 수 있는 방식으로 반응한다. 아이들은 거절, 유기, 욕구 미충족에 대해 두려움을 느낀다. 또한 아이들은 정서적 · 인지적으로 미성숙하기 때문에, 일어난 일을 자기 탓으로 돌리거나, 의도한 것은 아니지만 자신의 욕구를 충족시키기 위한 그 어떤 것도 하지 않으려 할 수도 있다. 욕구를 지닌 아동은 건강한 항상성을 유지하려는 반면에, 욕구 충족을 할 수 없는 아동은 증상행동을 드러내기도 한다(Oaklander, 1994a). 아이들은 지속적으로 신체적 · 정서적 · 인지적 욕구에 직면하고, 욕구를 충족하고 평형 상태를 이루기 위한 적절한 방법을 찾을 때까지는 불편함을 겪게 될 것이다(Oaklander, 1994b).

HIV/AIDS 아동은 다음과 같은 욕구를 갖고 있을 수 있다.

- 자신이 어떻게 감염되었는지를 알고 싶은 욕구
- 통증이나 입원에 대한 것을 다루고자 하는 욕구
- 부모나 양육자의 사망이나 상실에 대한 두려움
- 적절한 영양 섭취와 돌봄에 대한 욕구
- 아픔에 대해 느끼는 분노

HIV/AIDS 아동 유기체는 감각, 신체, 감정, 사고의 건강한 발달을 방해받을 수 있고, 욕구 충족을 위해 환경과 접촉할 수 없을 경우에는 자기감이 손상될 수 있다. 이는 치료자를 포함한 환경과의 관계 형성 및 접촉하기가 빈약하게 일어날 수 있다.

2) 접촉경계장애

접촉은 특정 상황에서 유기체의 모든 측면, 즉 감각, 신체, 감정, 사고가 완전히 존재할 수 있는 능력을 포함한다. 아이들은 자신의 욕구를 충족하기 위한 방법으로 종종 유기체의 다양한 측면을 억제, 차단, 억압, 제한한다. 이러한 제한은 접촉경계장애를 유발하게 되고, 건강한 유기체의 자기조절 과정을 차단한다. HIV에 감염된 아동의 결핍된 자기감은 타인이나 환경과의 관계에 영향을 미친다. 이 아이들은 자신과 환경 사이에 명확한 경계가 없기 때문에 융합 상태에 있다. HIV/AIDS 아동은 낙인과 편견으로부터 자신을 보호하기 위하여 접촉을 회피하려고 한다. 이러한 감정을 자신의 것으로 받아들이는 것이 힘들기 때문에 나쁜 일에 대해 타인을 비난함으로써 자신의 감정을 타인에게 투사하기도 한다(Oaklander, 1997).

일부 HIV/AIDS 아동은 타인에게 하고 싶었던 것을 스스로에게 하면서 자신의 에너지를 내부로 끌어당기려고 하는 반전을 하기도 한다(Oaklander, 1994a). 그들은 두통, 복통과 같은 정신신체 질환을 앓기도 하고, 악몽에 시달리거나 자해를 하거나 야뇨증을 보이기도 한다. 이는 그들이 HIV/AIDS 감염 증상에 지나치게 집착하게 될 수도 있다는 것을 의미하기도 한다. 다른 HIV/AIDS 아동은 타인에게 공격성을 표출하거나 떼를 쓰면서 HIV 감염으로 인해 느끼는 슬픔이나 분노를 회피하고 부인하려고 한다. HIV/AIDS 아동은 자신의 정서적 고통과 접촉을 피하는 방법 중 하나로 꿈을 꾸거나 공상을 하기도 한다. 이러한 행동은 자기 및 환경과의 건강한 접촉에 부정적 영향을 미치기 때문에, 게슈탈트 문헌에서는 이러한 행동을 접촉경계장애 혹은 저항이라고 부른다(Oaklander, 1997). 뿐만 아니라 HIV/AIDS 아동은 유기체의 한 부분으로서, 특히 감정을 제한하고 억제하여 자기감을 약화시킨다. 그러므로 HIV/AIDS 아동에게 있어서 자신이 유기당하고, 고립되고, 거부당하고, 식량과 거주지가 부족할 수 있다고 상상하는 것은 끔찍한 일이다.

3) 지금 여기

과거 사건이 현재 알아차림의 대상이 될 수 있기 때문에, 지금 여기는 현재의 알아차림으로 시작한다. 게슈탈트 놀이치료의 핵심은 현재에 있다. 과거에 있었던 사건이나 미래의 예측이 미치는 영향을 무시할 수는 없지만, 성장을 위해서 아동이 다룰 수 있는 유일한 실상은 현재뿐이다. 아마도 과거에 일어난 일들은 완전히 처리되지 못하고, 성격의 일부가 되었을 것이다. 이 미해결 과제는 아동이 건강한 방식으로 자신의 욕구를 충족하지 못하게 할 수도 있다(Aronstam, 1989).

게슈탈트 놀이치료 과정에서는 HIV/AIDS 아동이 지금 여기에서 경험하는 것,

즉 분노, 두려움, 슬픔, 신체 고통과 불편함을 고려해야 한다. 통증을 호소하던 말기 HIV/AIDS 아동과의 치료 경험을 떠올려 보면, 그냥 함께 앉아서 지금 여기에서 아동의 느낌을 인정하는 것이 가장 좋았다.

4) 저항

게슈탈트 놀이치료에서 저항의 의미는 치료에 참여하고 싶지 않은 모습이 아니라 치료 중에 아동의 부분과 접촉이 잘 안 되는 것이다. 따라서 저항은 환경과의 접촉 실패로 간주되고, 이는 감각, 신체, 사고, 정서의 측면에서 접촉이 결핍되었다는 것을 의미한다. 그러므로 아동은 저항으로 보이는 행동을 할 것이고, 사실 그러한 행동은 생활 중에 실제 문제를 회피하는 방법이기도 하다(Oaklander, 1994a). 아이들은 보통 자신의 고통을 다룰 만큼 내면의 힘이 충분하지 않기 때문에 저항으로 드러낸다.

이러한 저항은 감각, 신체, 정서, 지적 능력과 같은 유기체의 양상들이 닫혀 있음을 의미한다. HIV/AIDS 아동은 자신이 학교에서 거절당하고 낙인찍혔다고 느낄 경우에, 결핍된 자기감으로 인해 자신의 질병을 부인하거나 집에서 화를 내는 방식으로 저항을 한다. 치료자는 아동의 저항을 존중하는 것이 중요하다. 왜냐하면 아동은 자신의 고통과 미해결된 감정을 다룰 수 있을 정도로 충분히 강한 자기감을 가질 수 있을 때까지 저항을 할 것이기 때문이다.

5) 전체론

게슈탈트 관점에서 보면, 사람은 자신뿐만 아니라 환경과의 상호작용을 구성하는 단일체다. 인간은 생존하기 위해 물리적·사회적 환경이 필요하다(Aronstam, 1989). 게슈탈트 놀이치료 동안 아이들을 전체론적 존재로 여겨야 하고, 아이들의 신체적·정서적·영적 측면, 언어, 신체 표현은 분리될 수 없다. 따라서 아이들이 신체 통증을 호소한다면 겁에 질리는 것과 같은 정서적 경험을 할 수 있고, 이는 인지적 능력을 방해하여 학교에서 집중을 어렵게 만들기도 한다. 그러므로 HIV/AIDS 아이들을 대상으로 게슈탈트 놀이치료를 할 때, 치료자는 아이들의 정신적 측면, 신체적 건강, 사회적 환경, 지역사회, 문화, 전통, 가족, 학교 등 이 모든 것들이 각각의 역할을 하고 있다는 점을 반드시 고려해야 한다.

6) 미해결 과제

아이들은 채워지지 않은 욕구나 표현하지 못한 감정을 지니고 있고 주의를 요하는 불완전한 상황에 처해 있을 수 있다(Thompson and Rudolph, 1996). 이처럼 과거에 채워지지 않은 욕구나 미해결 과제는 아동의 현재 기능에 영향을 미친다. 이를테면, HIV/AIDS 아동은 이 질병을 '감염시킨' 부모에게 화가 났을 수도 있고, 부모가 이미 사망했기 때문에 이에 대한 표현하지 못한 깊은 슬픔을 겪고 있을 수도 있다.

7) 양극성

양극성은 삶에서 나타나는 갈등과 대립으로 여겨진다(Thompson and Rudolph, 1996). 예를 들어, HIV/AIDS 아동은 불치병에 걸린 것에 대해서뿐만 아니라 의사가 병을 낫게 할 수 없다는 것에 대해서도 분노를 느낀다. 신을 믿기도 하면서 신이 자신을 처벌한다고 느끼기도 한다. HIV/AIDS 아동이 경험하는 전형적인 양극성에는 증오/사랑, 우울/흥분과 같은 감정, 몸은 아프지만 마음은 행복할 수 있다는 사실이 있다. 그러므로 이런 아동들의 유기체 내에서는 그들 자신이 하고 싶은 것 혹은 타인이 그들 자신이 해야 한다고 생각하는 것의 결과로 유기체의 분열이 발생한다. HIV/AIDS 아동의 경우, 부모에 대한 분노를 표현하고 싶으면서도 부모를 사랑하고 존경하는 마음을 갖고 싶을 수 있다. 아이들은 종종 부모를 향한 분노를 억누르는데, 이유는 부모에게 화를 내면 안 된다는 생각 때문이다. 이것은 자신의 감정 일부를 부인하는 것이 되므로, 결국 전체론적 자기의 파편화가 발생한다. 게슈탈트 놀이치료사가 치료 과정에서 이 아이들이 이와 같은 분열된 양극성을 알아차리고, 이를 전체론적 자기의 일부분으로서 통합하는 방법을 찾도록 도움을 주는 것이 중요하다.

8) 신경증의 층

Perls(1971)가 가정한 신경증의 층은 게슈탈트 치료 작업에 중요하다(Thompson and Rudolph, 1996). 다섯 가지 층은 다음과 같다.

- 피상층(synthetic/false layer): 이 층에 있는 아이들은 자신의 거짓된 존재에 갇혀 있다. 이 층에 있는 HIV/AIDS 아동은 자신이 아프다는 것을 부인할 수도 있고, 아무 문제가 없는 것처럼 행동할 수도 있다. HIV/AIDS는 누구와도 의논할 수 없고, 아무도 인정해 주지 않는다와 같은 내사는 아이들에게 아픈 것을 느껴서는 안 된다는 메시지를 줄 수 있다. 또는 아이들이 뭔가 잘못했기 때문에 이런 식으로 느끼고 있다는 메시지를 줄 수 있다.

- 공포층(phobic layer): 이 층에 있는 아이들은 자신의 거짓된 행동을 알아차리고, 이로 인해 스트레스와 긴장을 겪는다. HIV/AIDS 아동은 점점 더 심해지고 있는 신체 통증을 느낄 수 있지만 누군가에게 어떻게 말해야 할지 모를 수도 있다. 아동이 치료자에게 자신이 몸상태가 좋지 않다고 말할 때, 아동은 겁 먹을 수 있는데, 왜냐하면 이젠 더 이상 내사에 따라 살지 않고 있기 때문이다. 따라서 아동은 치료자가 자신의 거짓 존재 너머를 보고서 무엇을 할지 두려워할 수 있다.

- 교착층(impasse layer): 이 층에 있는 아이들은 자신의 문제를 해결하기 위해 외부 지지를 찾으려고 한다. 치료자가 아이들의 문제를 해결해 주지 않으면(예: 나쁜 감정과 질병의 치료), 아이들은 차단해 버리고(예: 위축, 우울) 도움을 거절하거나 더 이상의 치료를 거부할 수도 있다.

- 내파층(implosive layer): 이 층에 있는 아이들은 여전히 건강한 방식으로 자신의 욕구를 해결하기 위한 에너지가 부족하지만, 어떻게 자신이 제약을 받았는지를 알아차리게 되고 자신의 문제를 해결하는 새로운 전략을 찾게 된다. HIV/AIDS 아동은 치료를 긍정적으로 느끼기 시작하고, 여전히 에너지가 부족하지만 자신의 진짜 감정을 치료자에게 말하겠다고 결심한다.

- 폭발층(explosive layer): 이 층에 있는 아이들은 자신의 감정을 받아들이고 새로운 행동을 시도할 만한 에너지를 쓸 수 있는 능력이 있다는 것을 깨닫는다. 따라서 환경에 적응하는 새로운 방식을 깨닫게 된다. 게슈탈트 놀이치료 동안 이 층에 도달하는 HIV/AIDS 아동들은 자신의 에너지를 건강한 방식으로 사용하여 욕구를 충족하고, 자신의 미해결 감정을 소유하고 새로운 행동을 실험하는 데 쓸 수 있다.

게슈탈트 놀이치료의 목적은 아동이 성장하고 성숙하며, 자신의 삶에 책임을 지고, 알아차림과 지금 여기에서의 삶을 통해 자신에 대해 책임질 수 있도록 돕는 것이다(Thompson and Rudolph, 1996). 그러므로 HIV/AIDS 아동은 이런 목표를 달성하기 위하여 게슈탈트 놀이치료 과정을 거쳐야 할 필요가 있다.

9) 알아차림과 경험

게슈탈트 놀이치료의 주요 목표는 아동이 자신의 과정, 즉 자신이 무엇을 하는지, 그것을 어떻게 하는지, 어떻게 자신의 욕구를 충족하는지를 알아차릴 수 있도록 돕는 것이다. 자신이 누구인지, 어떤 기분인지, 무엇을 좋아하고 싫어하는지, 자신의 선택과 자신의 욕구가 어떻게 충족되는지를 확인할 수 있을 때, 아이들의 알아차림이 강화된다. 이는 치료자가 게슈탈트 놀이치료에서 활용하는 기법과 활동을 통해 발생한다. 아동과 작업을 할 때 알아차림의 핵심은 지금 여기에서의 경험이다(Oaklander, 1992, 1994a). 게슈탈트 놀이치료에서 알아차림은 반드시 다음의 세 가지 요건을 충족해야 한다(Aronstam, 1989).

- 알아차림은 우세한 욕구의 지배를 받아야 한다.
- 상황에 대한 알아차림이 있어야 하고, 어떻게 그 상황에 적응하고 있는지에 대한 알아차림이 있어야 한다.
- 알아차림은 지금 여기에서 감각적으로 느껴져야 하고, 현실에서 일어난다.

장기 입원으로 인해 환경과의 접촉이 차단되었던 HIV/AIDS 아동은 게슈탈트 놀이치료 경험을 통해 도움을 받을 수 있다. 그러므로 게슈탈트 놀이치료의 모든 이론적 개념은 HIV/AIDS 아동의 감정을 다루는 데 적절하게 적용될 수 있다.

3. 게슈탈트 놀이치료 과정과 중기 아동기 HIV/AIDS 아동

게슈탈트 놀이치료 과정은 게슈탈트 치료 철학, 이론, 실제를 반영한다. 이는 관계, 접촉 기능, 감정을 표현하기 위한 자기지지를 형성하는 것을 시작으로, 자기양육을 하고, 부적절한 행동을 다룬 다음에 치료를 종결하게 된다(Oaklander, 1997).

만성 질병으로 인해 지속적으로 감정을 차단해 왔던 HIV/AIDS 아동은 앞에서 언급한 바와 같이 게슈탈트 놀이치료 과정을 적용하여 신뢰 관계를 형성하는 것이 도움이 될 수 있다. 이는 아이들이 차단된 감정을 표현하고 새로운 처리 전략을 배우도록 하는 자기지지를 얻는 데 도움이 될 것이다. 다음에서 이 과정을 다루고자 한다.

1) 치료적 관계 형성하기

나-너 관계는 평등한 위치에 있는 두 사람의 만남을 의미한다. 즉, 치료자는 연령, 교육, 경제적 지위를 떠나서 자신의 내담자와 동등하다. 치료자는 HIV/AIDS 아동을 만날 때 아동을 존중하고 존경해야 하며, 자신의 한계와 경계뿐만 아니라 편견을 알아차리는 것이 중요하다(Oaklander, 1994b). HIV/AIDS 아동은 움직이지 못하거나 얼굴에 병변이 있거나 설사로 힘들어할 수도 있다. 그러나 치료자는 이들을 만나고 존중하고 진솔하게 대할 책임이 있다.

치료 과정에서 치료 관계를 위협하는 요소는 어떤 것도 발생하지 않는다(Oaklander, 1997). HIV/AIDS 아동 중에 위축되어 있거나 다른 아이들과 자신은 다르다고 느끼는 아동은 먼저 치료자와 신뢰관계를 형성해야 한다. 예를 들어, 아동이 기관에 맡겨졌을 때 몇몇 경우에는 치료적 관계 자체가 치유적일 수 있다. 나-너 관계로서 Oaklander(1994b)가 설명한 치료자의 존중, 존경, 진솔성, 책임감은 HIV/AIDS 아동의 성장에 필수적일 수 있다. Reid(1991)는 관계 형성에 도움이 되는 놀잇감으로 모래 상자, 병원 놀이도구, 인형, 상처에 붙이는 밴드, 휴지, 줄, 곤충을 제안하였다. 음악, 찰흙, 퍼즐, 그림 모두 치료적 나-너 관계를 형성하는 데 도움이 된다.

2) 접촉하기

치료적 나-너 관계가 형성된 후에 치료자는 아동이 좋은 접촉을 형성하고 유지할 수 있는지를 탐색해야 한다. 이는 신체, 감각, 감정, 사고를 의미하는 모든 측면에서 유기체가 온전하게 존재하기 위한 능력을 포함한다. 겁을 먹거나 슬픔에 빠져 있거나 화가 난 것처럼 아동의 감각과 신체가 경직되어 있을 때, 대체로 감정 표현과 건강한 자기감은 결여되어 있다(Oaklander, 1997). 접촉하기 과정은, 심도 있는 치료와 아동의 감정 표현을 위한 전제 조건이기 때문에, 연속적으로 진행되는 과정이다.

저자의 경험으로 보면, 신체 학대를 당한 아이들은 그저 허공을 바라보기만 하였다. 이 아이들은 다른 아동들과 달리 의사가 다가와도 반응을 보이지 않는다. 이들의 신체는 환경과의 관계에서 완전히 차단되어 있었다. HIV/AIDS 아동은 종종 고통이나 불편함을 느끼는데, 이는 좋은 접촉을 형성하는 능력에 영향을 미친다. 이 단계에서는 호흡과 신체 활동뿐만 아니라 접촉, 보기, 듣기, 맛보기, 냄새 맡기에 초점을 두는 것과 같이 접촉 기술을 활용하는 것이 중요하다. HIV/AIDS 아동은 그들의 질병과 그 질병이 그들에게 어떤 영향을 미치는지의 관점에서 신체 작업이 중요하다. 이 단계 동안 감각 접촉하기를 촉진하기 위하여 호흡 활동, 춤추기, 공놀이, 풍선 불기, 핑거페인팅, 찰흙 작업, 음악 듣기, 오렌지 먹기 등을 할 수 있다. 이 단계에서 활용할 수 있는 활동에 대한 보다 자세한 설명은 3장을 참조하기 바란다.

3) 자기지지

자기지지란 좋아하는 것, 싫어하는 것, 선택 및 숙달 활동과 같은 자기표현을 통해 아이들이 내면의 힘을 키우도록 돕는 것을 의미한다. 자기지지는 게슈탈트 놀이치료 과정에서 두 번째로 중요한 단계다. 아동 유기체(감각, 신체, 감정, 사고)의 건강하고 연속적인 발달은 자기감의 기반이 된다. 강한 자기감은 아동들이 자신의 욕구를 충족하기 위하여 환경과 좋은 접촉을 형성하도록 돕는다. 아동들은 자신의 감정을 표현하기 위해 이러한 지지를 필요로 한다(Oaklander, 1994b).

판타지 기법, 음악, 퍼펫을 사용하여 HIV/AIDS 아동의 내면의 힘을 키울 수 있다. HIV/AIDS 아동의 모든 양극성(예: 자신을 버린 부모에 대한 사랑과 증오)을 그림으로 그리는 것이 중요하다. 예를 들어, 아동들에게 자신의 측면 중에 좋아하는 면과 그렇지 않은 면을 찰흙으로 만들어 보라고 요청할 수 있다. 활용할 수 있는 다른 기법들은 3장에 제시되어 있다.

이 단계에서 치료자는 아동이 자기 진술을 할 수 있도록 지지해 주어야 한다. 예를 들어, 아동이 치료자에게 자신이나 자신의 삶에서 마음에 드는 것과 그렇지 않은 것을 이야기할 수 있어야 한다. HIV/AIDS 아동은 감정 표현 단계로 이동하기 전까지 자기지지를 획득해야 한다. 공격적 에너지를 표현하거나 숙달과 선택을 통해 자기지지를 획득하는 것은 이 아동들이 더 강한 자기감을 얻고 회복하는 데 도움을 줄 수 있다. 공격적인 에너지는 아동들이 강렬한 감정을 표현하기 위해 필요한 에너지다. 그러므로 공격적이고 적대적인 행동과 헷갈리지 않아야 한다. 이 에너지는 아동들에게 자기지지를 제공하여 더 많은 활동을 하게 하거나 숨겨 둔 감정을 표현하게 한다(Oaklander, 1997).

4) 감정 표현

이 단계의 주요 특징은 묻어 둔 감정을 드러내고 건강하게 표현하는 방식을 배울 수 있도록 돕는 것이다. Oaklander(1997)는 아동들이 묻어 둔 감정을 드러내고 표현하는 방식을 가르치기 위해 그림, 콜라주, 찰흙, 판타지, 심상, 드라마, 음악, 동작, 스토리텔링, 은유, 게임을 활용하였다. 이러한 기법은 아동들에게 강렬한 감정을 불러일으킬 수 있는 강력한 투사 기회를 제공한다.

앞의 내용은 HIV/AIDS 아동에게도 적용되어 아동들은 억눌린 감정(화, 두려움, 슬픔)이 무엇인지를 이해하고, 이러한 감정을 소유하는 방법을 배워야 하며, 분노와 같은 차단된 감정을 안전한 방법으로 표현해야 한다. 따라서 Blom(2000)은 아동에게 공격적인 에너지 표현 방식과 수단을 가르칠 시간을 제공하는 것도 중요하다고 주장하였다. 베개 싸움, 찰흙 던지기, 젖은 신문지 치기, 다트 총으로 표적 쏘기, 신문지 찢기와 같은 활동을 할 수 있으며, 이러한 활동은 HIV/AIDS 아동이 자신의 공격적인 에너지와 접촉할 수 있도록 돕는다. 치료자도 적극적으로 참여해야 하기 때문에, 활동을 하면서 피곤함을 느낄 수도 있다.

이 단계에서 치료자는 인지 발달 수준에 맞게 아동들이 자신의 감정에 익숙해지도록 돕기 위해서, 아동들과 감정에 대한 대화를 나눌 수 있고, 감정 목록을 만들거나 모든 종류의 감정을 그려 보라고 할 수 있다. 아동들은 감정에 대한 대화를 나눈다고 해서 바로 그것을 표현하지는 않는다. 그렇기 때문에 게슈탈트 놀이치료를 할 때 다양한 활동을 활용하여 아동들이 투사를 하도록 돕고, 자신의 감정을 소유하도록 도와야 한다. 투사 기법은 4장과 5장에 제시되어 있으며, 다음의 내용을 포함한다.

- 그리기: Oaklander(1988)에 따르면, 아동들은 치료자의 간섭 없이 그림을 그릴 때 자기 정체성을 확립할 수 있고 감정 표현을 할 수 있다. 아동들에게 자기 자신이나 가족을 그려 보라고 요청할 수 있고, 기쁘고, 슬프고, 무섭고, 화난 감정을 그려 보라고 할 수도 있다. 이는 표현되지 않은 감정에 대한 투사를 일으킬 수 있다. 그런 다음 치료자는 아동들이 자신의 그림을 자세히 설명하고 묘사할 수 있도록 돕는다. 그리고 그림 속 일부가 되어 보거나 서로 다른 부분들끼리 대화를 나눠 보도록 할 수 있다. 아동들에게 자신의 그림이 자신의 삶과 얼마나 일치하는지를 생각해 보라고 요청할 수도 있다.

- 찰흙 놀이: 찰흙 사용은 이완에 도움을 줄 수 있다. 찰흙은 촉각적인 경험을 촉진하여, 아동들이 자신의 경험에 더 가까이 갈 수 있도록 돕는다. 아동들은 찰흙으로 신체 일부분이나 가족을 만들 수 있다. 아동들에게 음악을 들려준 다음에, 떠오르는 것을 만들어 보라고 요청할 수 있다. 아동들은 찰흙으로 자신이 원하는 대로 무엇인가를 만들 수 있기 때문에 찰흙 놀이를 좋아한다. 찰흙 놀이는 숙달과 통제 경험을 준다.

- 빈 의자 기법: 이 놀이치료 기법은 빈 의자에 누군가 혹은 무엇인가 앉아 있다고 상상하게 한 다음에 그 대상을 향한 감정을 표현하게 함으로써, 아동들이 자신의 감정에 접촉할 수 있도록 한다. 이 기법은 아동들이 미해결된 게슈탈트를 완성하는 데 도움을 준다(Oaklander, 1988). 이를테면 HIV/AIDS 아동에게는 빈 의자에 자신의 질병이 놓여 있다는 상상을 해 보라고 한 다음에 질병을 향한 자신의 감정을 표현하도록 도울 수 있다.

- 장미 덤불 기법: 이 판타지 기법은 아동들이 지금 여기에서 자신의 감정을 알아차리게 하는 데 도움을 준다. 아동들에게 장미 덤불이 되어 보라고 한 다음에 장미 덤불의 형태, 뿌리 모양, 장미와 가시의 수, 환경, 장미 덤불 주위에 있는 다른 식물, 장미 덤불의 미래가 어떨지 생각해 보라고 한다(Thompson and Rudolph, 1996). 그런 다음에 아동들에게 자신이 생각한 것을 그려 보라고 한다. 그리고 이 투사가 아동들의 삶과 어떻게 연결될 수 있을지에 대해 대화를 나눈다.

HIV/AIDS 아동은 자신의 감정을 투사하고 소유한 다음에 자신의 감정을 다루는 새로운 전략을 배울수 있도록 도움을 받아야 한다. 감정을 다루는 것과 관련하여 Oaklander(1997)는 아동들이 스스로에게 더 이상 문제를 일으키지 않는 방식으로 분노 감정을 표현하는 방법을 배워야 한다고 언급하였다. 그렇게 할 수 있으려면, 아동들은 자신의 감정으로 인해 생겨난 부정적인 에너지를 제거하려는 욕구가 있어야 한다. HIV/AIDS 아동은 자신의 화난 감정을 조절하기 위하여 베개를 치거나 베개에 얼굴을 대고 소리를 지르거나 펀치백 때리기를 배울 수 있다. 이 아동들은 종종 자신의 질병 때문에 엄청난 두려움과 불안을 겪는다. 그렇기 때문에 이러한 감정을 다루는 전략을 획득할 수 있도록 도와야 한다.

5) 자기양육

많은 아동은 자신에게 적용되는 것과 적용되지 않는 것을 알 수 있는 성숙함과 인지 능력이 없을 때 곧바로 자신에 대한 잘못된 메시지를 받는다. 이러한 부정적인 내사는 아동들이 자기의 일부분을 억제하게 하여 건강한 정서 발달에 영향을 미친다(Oaklander, 1997). 자기양육 단계에서 아동들은 싫어하는 부분을 수용하는 것을 배워야 하고, 자기통합과 자기가치를 위해 할 수 있는 일을 배워야 한다. 따라서 아동들은 자기 자신을 더욱 수용하고 보살피며 양육하는 방식을 배워야 한다(Oaklander, 1992).

HIV/AIDS 아동은 자신의 병이 전염된 방식에 대해 잘못된 생각을 가지고 있을 수 있다. 이 아동들은 자신이 뭔가 잘못했기 때문에 그것에 대한 처벌로서 이 병에 걸렸다고 믿는다. 자신의 싫어하는 부분들을 더욱 많이 수용할 수 있도록 돕기 위해, 빈 의자 기법, 찰흙, 대화를 나눌 수 있는 포근한 느낌이 드는 곰과 같은 투사 기법을 활용하면 아동들이 자신에게 좀 더 양육적이 될 수 있도록 도울 수 있다(Blom, 2000). 활용할 수 있는 다른 기법들은 5장에 제시되어 있다. HIV/AIDS 아동도 이러한 활동을 통해 도움을 받을 수 있다. 병원에 입원해 있을 때에도 대화를 나눌 수 있는 테디 곰이나 다른 부드러운 장난감을 가지고 있을 수 있기 때문에, 그것을 자신의 상처받은 더 어린 자기라고 상상하면서 양육할 수 있다. 아동들에게 매일 스스로에게 좋은 일을 해 보도록 가르칠 수 있다.

6) 지속되는 부적절한 행동 다루기

게슈탈트 놀이치료의 목표는 아동들이 자기 자신과 변화 과정을 더 많이 알아차릴 수 있도록 돕는 것이다. 그러므로 아동들의 증상 행동이 아닌 변화 과정의 내용과 방법에 초점을 둔다. 일반적으로 보이는 증상 행동은 대개 자기감이 강하게 발달하고 자신의 욕구를 충족하는 건강한 방식을 찾기 시작하면서 사라진다(Oaklander, 1994a). 그러므로 표현하지 못한 감정을 표현한 다음에, HIV/AIDS 아동은 더욱 자연스러워지고 다른 아동들로부터 소외되어 있다는 느낌을 덜 가지게 된다. 그러나 때때로 공격적 감정은 지속될 수 있으므로, Blom(2000)이 제안한 바와 같이 이 단계에서 이 행동에 대한 알아차림을 강조하고 아동들이 자신의 행동에 책임을 질 수 있는 선택을 하도록 하는 것이 중요하다.

HIV/AIDS 아동은 자신의 욕구를 충족할 수 있는 방식을 다루기 이전에, 상실이나 깊은 슬픔 감정과 낙인으로 인해 손상되었을 수 있는 자기감을 발달시켜야 한다. 아동들이 자신의 감정을 표현하고 새로운 전략을 배운 후에 종종 이 단계는 필요하지 않을 수도 있다. 그럼에도 불구하고 치료자는 이 단계에서 아동들의 과정에 대한 알아차림의 촉진을 위해 이야기와 퍼펫쇼를 활용할 수 있다. 그러나 아동들이 이야기를 만들 수 있고, 자신의 감정을 투사할 수 있으며, 자신의 감정을 표현하고 욕구를 충족할 수 있는 더욱 건강한 방식을 습득할 수 있는 것이 중요하다.

7) 종결

종결에는 특별한 주의가 필요하다. 감정을 그려 보기, 작별인사 카드 만들기, 이전에 했던 활동들 살펴보기와 같은 것이 도움이 된다(Blom, 2000). HIV/AIDS 아동의 경우, 종결을 또 다른 형태의 상실이나 거절로 받아들이지 않아야 하므로 제대로 된 종결이 꼭 필요하다. 안타깝게도, 재정적 어려움과 이사 문제로 인해 치료를 중단해야 할 때가 종종 발생한다. HIV/AIDS 아동의 경우 사망, 통증, 질병의 악화로 인해 종결하기도 한다. 따라서 갑작스러운 죽음, 통증, 사랑하는 사람의 상실과 같은 사건을 예상하고 슬픔, 상실, 죽음에 대한 공포를 다루는 작업을 중요하게 해야 한다.

8) 다른 중요한 사람들과 협력하기

고통스러워하는 HIV/AIDS 아동을 발견하고 조기에 개입하는 것은 그 상황에 대한 아동들의 대처를 강화시킬 것이다. Brown과 Lourie(2000)는 개입 전략에서 다음과 같은 중요한 사항을 정의하였다.

- 대가족 구성원의 지지-가족구성원의 한계와 상실을 고려하기
- 두려움과 판타지를 표현하려는 HIV/AIDS 아동의 욕구. 깊은 슬픔과 분노 반응이 발생할 수 있다.-의사소통이 어렵고 그래서 정서적 지지가 제한될 수 있는 감염된 부모에 대한 해결되지 않은 끊임없는 분노
- 죽음을 둘러싼 이슈와 죽음을 기다리는 과정을 다루는 프로그램
- 만성적이고 말기 질병을 대처하는 아동과 가족에 대한 지지 개입 모델
- 소아과 의사, 사회복지사, 심리학자, 정신과 의사, 의료 윤리학자, 심리교육학자, 작업치료사, 물리치료사, 언어치료사 등 통합적 서비스가 중요하다.
- HIV/AIDS가 만성 장애라는 점에 주목하고 다른 만성 질병으로부터 배울 점을 얻는 것이 도움이 될 것이다. 그러나 저자들은 HIV/AIDS 아동의 정신의학 장애 발병률이 아직 알려지지 않았음을 인정한다.

HIV/AIDS에 감염된 아동이 가족 체계에 미치는 영향에 관한 Lesar와 Maldonado(1997)의 연구에서 HIV/AIDS 아동 가족의 스트레스와 가장 관련이 높은 요인은 부가적인 돌봄이 필요하고 이를 위해서는 훈련이 필요하다는 심리적 부담이라는 것이 밝혀졌다. 그러므로 HIV/AIDS 아동의 양육자는 양육 가이드 상담이 도움이 될 것이다.

4. 적용할 수 있는 다른 게슈탈트 기법

게슈탈트 놀이치료자의 역할은 지금 여기에서 내담자의 알아차림을 촉진하는 것이다(Thompson and Rudolph, 1996). Blom(2000)은 기법과 활동이 게슈탈트 과정의 각 단계에 적합해야 하지만, 유사한 활동들도 각 아동의 고유한 과정에 적합하게 적용될 수 있다고 언급하였다.

다음의 기법들은 게슈탈트 치료에서 중요하며 HIV/AIDS에 감염된 아동들에

게 적용할 수 있다(Thompson and Rudolph, 1996).

• 뒷공론하지 않기

빈 의자 기법을 활용하여 마치 그 사람이 거기 있는 것처럼 아동이 빈 의자에 대고 말하게 한다. 아동은 그 문제에 대한 알아차림이 증가하고 또 다른 관점을 얻게 된다. 이는 사망할 수도 있는 부모를 둔 HIV/AIDS 아동이 질병에 걸린 것 때문에 분노를 느낄 때 유용하게 활용할 수 있는 기법이다.

• 의문문을 진술문으로 바꾸기

이는 아동들이 더욱 진실할 수 있도록 한다. 예를 들어, 아동들이 "나는 HIV에 감염되었다."라고 표현하여 자신의 생각과 감정에 책임을 질 수 있도록 돕는다.

• 책임감 가지기

어떤 이슈에 관해 지금 현재 어떻게 느끼고 있는지를 쓰게 한다. 예를 들어, "나는 내 병에 대해 ~하게 느끼고 있고, 나는 그것에 대해 책임진다." 이는 HIV/AIDS 아동이 자신의 미해결 감정을 표현하도록 도울 수 있다.

• 미완성 문장

이 활동은 아동이 어떻게 자신을 스스로 돕거나 상처를 주는지를 알아차릴 수 있도록 한다. 다음과 같은 문장을 활용할 수 있다.

- 나는 _____ 때에, 내 자신을 돕는 행동을 한다.
- 나는 _____ 때에, 내 자신에게 상처를 준다.

많은 HIV/AIDS 아동은 위축되어 있거나 부끄러워하거나 거절에 대한 두려움을 가질 수 있다. 자신의 감정을 기록하는 것은 차단된 감정을 표현하는 데 도움이 될 것이다. van der Merwe(1996)는 다음과 같은 활동을 제안하였다.

- 음악: 단순히 듣기만 할 수도 있고, 음악을 들으면서 움직일 수도 있다. 메시지를 전달하기 위해 잘 알려진 음악을 개사하여 사용할 수 있다. HIV/AIDS 아동의 긴장된 감정을 음악이 풀어줄 수 있다.
- 근육 이완 훈련: 긴장된 근육과 이완된 근육을 구별할 수 있을 때 느끼는 감정은 아동들에게 편안함을 줄 수 있다. 호흡 훈련 또한 근육 이완에 도움을 줄 수 있다. 만약 아동이 강간이나 성학대로 인해 HIV에 감염이 되었다면, 이 기법은 아동이 자신의 신체를 보다 편하게 받아들이는 데 도움이 될 수 있다.
- 퍼즐: 신뢰 관계 형성에 도움이 되고 편안한 분위기를 조성한다.
- 애완동물과 동물: 아동들에게 무조건적인 사랑을 주고 책임감을 기르는 데 도움이 될 뿐만 아니라 치료자와의 관계 형성을 촉진한다. 이러한 활동은 아동이 긴장을 풀고 치료를 위한 준비를 할 수 있도록 하는 데 목적이 있다.

HIV/AIDS 아동에게 활용하는 놀이 기법은 자기양육을 향상시킬 뿐만 아니라 관계 형성, 자기지지, 감정 표현에도 적합하다는 것이 중요하다.

5. 사례 연구: 중기 아동기 HIV/AIDS에 감염된 아동을 대상으로 한 게슈탈트 놀이치료

11세 소녀 X는 모녀간 감염(mother-to-child transmission)으로 인해 HIV에 감염되었다. X의 어머니는 X가 7세 때 AIDS로 인해 사망하였고, X는 발작을 일으킨 후 8세 때 HIV/AIDS 진단을 받았다. X는 외삼촌, 외숙모와 함께 살고 있다. X의 친아버지는 행방을 알 수 없다. 외삼촌과 외숙모는 일을 하고 있기 때문에 X가 입원하게 되면 정기적으로 병문안을 올 수가 없다. X는 여러 병원에 7차례 입원을 했고, 치료 당시에도 폐결핵 때문에 다시 입원을 했다. X는 건강 검진, 혈액 채취, 산소 공급과 같은 의료 처치를 받았다. X는 5학년 때 병원 내 학교에 다녔다. X는 수면 장애가 있었는데, 이 때문에 간호사가 치료를 의뢰하였다. X는 장기 입원 이유를 절대 물어보지 않았다. 간호사는 X가 HIV 진단을 어떻게 대처했는지와, 어떤 정보를 알고 있는지에 대해 확실히 알지 못했다.

치료 목표는 게슈탈트 놀이치료 과정과 놀이 기법을 활용하여, X가 미해결 감정을 알아차리도록 돕는 것이었다. 이를 통해 X가 더욱 통합적인 방식으로 기능하고 자기지지를 더 많이 할 수 있도록 하였다.

1) 관계 형성

관계는 치료 과정의 기초이기 때문에, X와 함께 하는 내내 관계를 형성하고 촉진하는 것이 가장 중요했다. 공 게임, 칠하기, 색깔 탐색, 찰흙, 모래 놀이, 음악, 다양한 색깔의 보석들을 이 단계에 활용하였다. 이 단계에서의 활동은 치료적인 나-너 관계를 형성하는 데 도움이 되어야 하기 때문에 위협적이지 않아야 했다.

호흡, 놀이, 동작, 촉감 활동을 통해 신체에 대한 X의 알아차림을 강화하였다. 치료자와의 접촉뿐만 아니라 신뢰 관계는 수월하게 이루어졌다. X는 모래에서 여러 가지 인형을 갖고 노는 것을 즐겼다. X는 외숙모, 외삼촌, 자신이 등장하는 모래 장면을 꾸몄고, 치료자에게 자신의 엄마가 죽었다고 말했다. 그러나 X는 더 이상 말하기를 원하지 않았다. 공놀이를 하는 동안에는 힘에 대한 감정, 즉 공을 통제할 때의 감정을 분명하게 드러냈다. 비록 언어적 상호작용이 많지는 않았지만 유머와 즐거움, 흥분과 에너지가 존재했다.

X의 감정 표현에 필요한 감각적 접촉을 형성하기 위해 색칠하기, 그리기, 조개껍질 소리 듣기 등을 활용하였다. 스스로 찰흙을 선택하는 것 또한 X의 자기감 강화에 도움이 되었는데 X는 이를 통해 외숙모가 자신을 보러 오지 않는 것에 대한 슬픔을 표현하였다. 음악은 이완에 도움이 되었다. 접촉경계장애인 융합, 편향, 투사, 내사를 평가할 필요가 있었다. X는 언어적 수준에서 상호작용을 많이 하지 않았기 때문에, 말을 하지 않아도 자신을 표현할 수 있는 놀이치료가 적합했다.

2) 접촉하기, 자기지지 구축

X의 접촉하기 기술은 관심이 필요했고, 환경과 좋은 접촉을 하기 위해 강한 자기감을 획득해야 했다. 이 단계에서는 음악, 드럼 치기, 퍼즐, 찰흙 놀이, 그리기,

달콤한(새콤달콤한) 음식 맛보기, 촉각적 접촉하기를 위한 핸드로션 사용하기와 같은 활동을 했다. 이 단계 동안에는 미각, 시각, 촉각, 청각, 후각에 집중함으로써 X의 접촉하기 기술에 주의를 기울였다. HIV/AIDS 아동은 이러한 방식에서 자신을 제한해 왔기 때문에, 이 방식이 X에게 도움이 되었다. X는 치료자의 도움을 받아서 여러 가지 소리를 들어 보았고, 다양한 전통 악기를 사용하여 소리를 내 보기도 했다. 뿐만 아니라 드럼을 치는 활동을 하면서 거칠게 호흡을 하는 것도 분노와 좌절을 표현하는 데 도움이 되었다. 퍼즐을 바쁘게 맞추는 동안에는 퍼즐 속 동물에 대해 언급하기 시작했다.

X는 찰흙을 활용하여 자신의 대가족 구성원을 만들었다. X는 가족 중에 좋아하는 사람과 싫어하는 사람이 누구인지, 그 이유는 무엇인지를 말해 줄 수 있었다. X는 밖이나 병원에서 좋아하는 사람이 누군지도 알려 주었다. 좋아하고 싫어하는 대상을 동물로 표현하기도 했는데 뱀을 가장 싫어했다. X의 선호대상에 대한 이와 같은 자발적인 진술과 숙달 활동은 가족에 대한 자신의 감정을 표현하는 데 필요한 내면의 힘을 실어 주었다. 이 활동은 또한 X가 자신이 좋아하고 좋아하지 않는 것에 집중할 때 양극성을 치료적으로 활용할 수 있도록 했다. X는 이 활동을 끝낸 후에 접촉을 끊으면서 저항을 보였고, 퍼즐 맞추기를 해도 되는지 물었다. X가 댄스 음악에 반응하는 것을 거절한 것은 저항으로 드러냈을 수도 있지만, 그 순간 피곤했기 때문일 수도 있었다.

3) 감정 표현

X가 감정을 다루는 방식 및 이를 표현하는 방식과 기법은 HIV/AIDS에 감염된 아동을 대상으로 하는 게슈탈트 놀이치료에서 중요하게 고려해야 한다. 이 단계에서는 그리기, 병원 장난감 놀이, 퍼즐 맞추기, 괴물 기법, 칠하기, 드럼 연주, 퍼펫으로 이야기 꾸미기를 활용하였다.

감정에 대한 X의 지식을 평가하고, X가 그 감정들과 상호작용할 수 있도록 돕는 것에 우선적으로 중점을 두었다. X는 의사 인형을 보니 자신이 병원에 있다는 것이 떠올랐다고 말했다. X는 입원한 자신의 모습을 그리면서 외로움과 슬픔에 대한 감정을 확인하였고, 이 과정을 반복했다. X는 자신의 이름, 폐결핵 진단, 자신의 증상을 확인했다. X는 병원에 입원해 있는 자신의 현재 상황과 가족 및 가까운 친구들을 볼 수 있는 집에 있을 때의 상황을 비교했다. [그림 7-1]은 X가 병원에 누워 있는 자신의 모습을 그린 그림이다.

[그림 7-1] X의 그림: 병원에 누워 있는 자신의 모습

치료자는 X에게 자신의 삶에 있었던 괴물을 그려 보라고 요청했다. X는 검은 색 괴물을 그렸고, 그 옆에 HIV라는 글자를 썼다. [그림 7-2]는 HIV 괴물 그림이다.

HIV/AIDS에 감염된 것에 대한 X의 감정을 이야기 하는 것으로 이어졌다. X는 죽음에 대한 두려움을 표현했다. 그런 다음에 어떻게 HIV에 감염이 되었는지를 이야기 나누었고, X는 엄마로부터 감염된 자신의 병에 대해 슬픔을 표현했다. 죽음에 대한 두려움뿐만 아니라 자신이 HIV 진단에 대해 알고 있음을 이야기했다. 아동들이 다른 일로 죽을 수도 있는데, 그럴 경우도 절대로 아동들의 잘못이 아니라는 것을 설명해 주었다. X는 다소 안심하는 듯했다. X는 HIV에 감염되었기 때문에 자신이 나쁘다고 느끼는 죄책감 측면도 또한 명료해졌다. X가

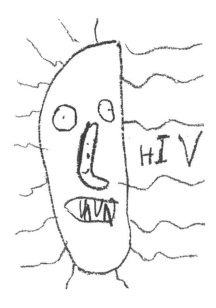

[그림 7-2] HIV 괴물 그림

그린 괴물 그림에게 어떤 말을 해 보도록 했다. HIV 때문에 자신이 지금 아프고, 병원에 와야 하고, 많은 약을 먹어야 한다고 말했다. 괴물을 향한 분노를 표현하였고, 드럼을 치면서 괴물에게 이 드럼이 괴물의 몸이며 자신이 괴물보다 크고 힘이 세다고 말하면서 통제감을 얻었다.

X는 인형집을 가지고 놀면서 엄마가 살아 있으면 좋겠다는 바람을 말했다. X는 빈 의자에 있는 엄마와 대화를 나누었다. 의자에 귀여운 인형을 앉혀 놓은 후, 엄마에 대한 사랑을 표현했다. X는 어린 나이에 엄마를 상실한 것에 대한 슬픔과 접촉할 수 있었다. X에게 기분 좋아지는 어떤 것을 하고 있는 모습을 상상하는 방법을 가르쳐 주면서 이완 훈련을 했다.

이 단계에서 일어난 것을 보면, X는 자기지지를 얻었고, 자신의 감정을 언어로 표현하기 시작했으며, 투사를 활용하여 그 감정을 표현하게 되었다. X는 의료 도구에 관심을 보였고, 자신의 감정을 투사하기 시작했다. X는 괴물 작업뿐만 아니라 전통 타악기를 통해 자신의 분노를 표현할 수 있었다. 감정에 대한 책임 지기도 보였다. X가 통찰을 얻기 시작함으로써, 엄마의 질병 때문에 자신이 HIV

에 감염되었지만 그것이 자신의 잘못은 아니라는 것을 깨닫게 되었다. 이로 인해 병원에 입원하게 되었다. 그녀는 또한 가족들이 자신을 보러 올 수 없었기 때문에 외로움을 느끼기도 했다. 빈 의자에 있는 엄마에게 슬픔과 그리움을 표현하게 함으로써 감정 표현을 더욱 촉진하였다. 이러한 방식으로 X는 내면의 과정과 현실을 다루기 시작했다. 중기 아동기는 정서적으로 성숙하는 시기이기 때문에, X는 자신의 분노와 두려움을 표현할 수 있었다.

4) 감정 표현과 자기양육

X는 표현되지 못한 감정을 투사하고 소유할 수 있는 기회와 부정적인 내사와 접촉할 수 있는 기회를 충분히 가지는 것이 중요했다. X는 또한 자기 자신을 돌보는 방법을 배워야 했다.

이 단계에서는 빈 의자 기법, 장미 덤불 판타지, 그리기, 잡지에서 그림 잘라내기를 실시했다. 그리기 활동을 먼저 했다. X는 여러 층으로 구성된 집을 하나 그렸고, 꼭대기 층 계단에 외숙모가 서 있는 그림을 그렸다. X는 빈 의자 기법을 활용하여 외숙모에게 말해 보는 것에 동의하였다. X는 외숙모에게 자신을 만나러 오지 않는 이유를 물었다. X는 자신의 생각을 말로 꺼냈기 때문에, 감정의 힘을 느꼈으며 분노를 표출할 수 있었다. X가 분노를 다룰 수 있는 방식에 대해 이야기 했다. X는 베개 싸움보다는 부드러운 장난감을 좋아했으며, 그것을 껴안고 있을 때 행복해 보였다. 장미 덤불 판타지를 했다. X는 분홍, 초록, 파랑색으로 장미 덤불을 그렸다. X는 자신이 마당에 있는 가시 없는 작은 덤불이라고 말했다. X는 혼자는 아니었지만, 홀로 남겨질 것에 대해 두려워했다.

X에게 잡지를 주면서, 행복한 느낌을 주는 그림을 찾아서 오려 보라고 요청했다. X는 행복하게 웃는 얼굴 표정과 닮은 그림, 여동생, 음식, 아이스크림, X가 좋아하는 목걸이를 오렸다.

X가 자신에게 부정적인 내사를 하고 있기 때문에, 특히 자신의 병과 그것에 대해 자기 스스로를 비난하고 있다는 점을 감안하면, X는 불신감과 죄책감이 있는 듯했다. 이는 X의 자기감에 영향을 줄 수 있었다. X가 양육자가 되도록 돕기 위

하여, 위의 활동들을 활용하였다. 이미 X의 주요 주제는 가족에 대한 그리움이 되어 있었고, X는 이를 빈 의자 기법을 사용했을 때 보여 주었다. 이 주제로 인해 X는 많은 에너지를 소모했다. 외숙모에게 직접적으로 말을 할 수 있고 반대되는 생각이나 관점을 분명하게 밝힐 수 있었기 때문에, X는 그 게슈탈트를 완성할 수 있었다. X는 투사를 활용하여 외로움과 고립감을 알아차릴 수 있게 되었고, 삶의 다른 부분에도 활용할 필요가 있는 감정 처리 방식을 배울 수도 있었다. X가 선택한 잡지 그림은 보살피는 것(자기양육감)을 의미하는 것들이었고, 이는 X가 불안정감과 두려움을 느낄 때 자기 자신을 보살피는 데 활용할 수 있었다.

5) 감정 표현, 자기양육, 과정 다루기

자신을 어떻게 다루고, 어떻게 행동하고, 어떻게 자신의 욕구를 충족하며, 어떻게 알아차림을 획득할 수 있는지는 X의 모든 과정에 포함되는 내용이었다.

이 단계에서는 퍼즐 맞추기, 퍼펫 놀이, 축하 워크시트를 활용하였다. 퍼즐을 완성한 후에 그림의 어떤 부분들은 X의 감정뿐만 아니라 감각 느낌들을 자극하였다. 예를 들어, 한 그림은 가족과 유사했다. X는 외숙모가 자신을 만나러 오지 않았다고 말했다. 이는 X에게 매우 큰 스트레스였지만, 이런 느낌이 들 때 부드러운 장난감을 껴안았다. 다른 퍼즐에 있는 숨어 있는 거미를 보고 괴물과 연관 지었다. 이어서 두려움, 죽음, 질병, HIV/AIDS에 대한 이야기를 나누었다. X는 분노와 연관 짓기도 했지만, 종이를 찢거나 베개를 때리는 것과 같이 자신의 분노를 해결하는 몇 가지 전략을 제안할 수도 있었다.

이어서 축하 워크시트를 작성했다. 이를 통해 X의 삶에서 좋았던 부분에 주의를 기울였다. X는 자신이 자랑스러워한 것, 자신을 아껴 준 사람들, 즐겨했던 것, 잘했던 것, 웃게 만들었던 것, 기분 좋게 만들었던 것을 기록했다. 그런 다음에 X는 자신의 삶에서 중요했던 동물이나 사람을 나타내는 퍼펫을 골랐다. X는 외숙모를 상징하는 숙녀 퍼펫, 의사, 간호사뿐만 아니라 사촌과 몇몇 친구들을 골랐으며, 자신의 삶에서 각자 어떤 역할을 했는지 확인했다. 고통스러운 감정에 도움이 되는 다른 활동들을 함께 찾기도 했다. 찰흙 냄새를 맡아보고 그것을 만져

보고 두드려 보기도 했고, 호흡과 이완 훈련도 했다. 종결을 위한 준비를 마쳤다.

이 단계에서 X는 자기감을 발달시키면서, 더욱 자발적인 모습으로 변해 가고 있었다. X는 외숙모에 대한 그리움, 죽음과 자신의 HIV에 대한 두려움과 같은 자신의 감정을 더욱 잘 알아차리게 되었다. 이러한 모든 것들은 X가 자신의 삶에 전부 부정적인 것만 있는 것이 아니라 긍정적인 면도 있다는 것을 깨닫기 시작한 이후부터 그리기나 양극성 작업을 통해 이루어졌다. X는 자기주도적 진술을 통해 좀 더 말로 책임을 지고 있었다. X는 자신의 과정을 충분히 경험해 봄으로써, 분노와 두려움을 다루는 대안적인 방식(예: 신문지 찢기, 베개 때리기)을 알 수 있었다.

6) 종결

X에게 잘 준비된 종결은 치료 과정에서 중요한 부분이었다. 왜냐하면 종결이 치료자의 거절이 아니라는 것을 알아야 했기 때문이다.

종결 회기 동안 기억 상자를 만들었고, 신체 작업과 호흡 훈련을 했으며, 축하 증서를 만들었다. 그리고 파일을 살펴보면서 그동안의 모든 활동들을 이야기 나누었다. 또한 X가 좋아하는 활동 한 가지를 선택할 수 있도록 하였다. 다른 퍼즐 하나를 맞추겠다고 했다. 호흡과 이완 훈련은 강인한 자기감과 감정 표현의 기초가 되기 때문에 한 번 더 실시했다.

앞에서 말한 바와 같이, X가 상실이나 거절 감정을 느끼지 않도록 하기 위하여 종결 경험을 잘하는 것이 중요했다. X는 대부분의 활동을 즐겼다. 숙달, 항상성, 자기지지를 획득하였다. 축하 증서 만들기는 진정한 성취감과 성장을 나타내는 것 같았다. 종결 회기가 가까워질수록 선택하기와 양극성 그리기를 보다 수월하게 했다. X는 여러 가지 감정을 쉽게 표현할 수 있었고 자신을 잘 표현할 수 있었으며, 종결을 상실이나 거절의 경험으로 받아들이지 않는 듯했다. X는 병원뿐만 아니라 학교에서도 잘 지내고 있었다. X는 몸으로 말하기를 통해 종결을 향한 더 많은 에너지와 활력을 표현하였다. 치료자에게 덜 의존하였고, 더 많이 말로 표현을 했고, 어떤 상황에서도 좋은 점과 나쁜 점을 동시에 볼 수 있게 되었다.

6. HIV/AIDS 아동을 대상으로 게슈탈트 놀이치료를 실시할 때 필요한 지침

- HIV/AIDS 아동은 자신의 감각, 신체, 감정, 사고 측면에서 좋은 접촉을 유지하고 지속할 수 있어야 한다. 이러한 측면에서 활동이 중요하다. HIV/AIDS 아동은 두려움, 분노, 슬픔, 상실, 위축감을 억제하고 자기 자신을 제한해 왔기 때문에 감정 표현과 강한 자기감이 부족할 수 있다. 이 아동들의 신체 이미지가 주요 이슈일 수 있기 때문에 신체 수용에 반드시 초점을 두어야 한다. 고통과 불편감이 접촉하기를 방해할 수도 있다. 신체 그리기, 호흡하기, 춤추기, 신체 부위 묘사하기를 활용할 수 있다.

- HIV/AIDS 아동은 감정 표현의 전제 조건인 강한 자기감을 발달시켜야 한다. 그들 자신을 정의하는 방법 배우기, 힘과 통제 경험하기, 선택하기, 숙달 경험하기, 투사 소유하기, 경계와 제한 설정하기, 신나게 놀기, 공격적인 에너지와 접촉해 보기를 통해 자신에 대한 알아차림을 키우는 것이 중요하다.

- HIV/AIDS 아동은 두려움, 위축, 손상된 자기 이미지, 신체 이슈, 죄책감, 외로움과 같은 깊숙하게 묻혀 있는 감정들을 풀어 내는 방법을 배워야 한다. 이를 위해 그리기, 칠하기, 판타지와 심상, 퍼펫극, 동작, 찰흙 놀이, 이야기 꾸미기와 같은 표현적이고 투사적인 기법을 활용한다. 그렇게 함으로써 미해결 과제와 파편화를 처리하는 것은 그들에게 매우 중요하다. 이 아동들은 자신이 무엇을 느끼는지, 그것을 어떻게 차단하는지를 이해하고, 그 감정을 소유하고 건설적인 방식으로 표현하는 방법을 배울 수 있어야 한다.

- HIV/AIDS 아동은 가족의 지지를 거의 받지 못하고 빈곤이나 고립으로 고통을 받기 때문에, 자기 자신을 더욱 수용하고 보살피고 양육할 수 있는 방법을 배워야 한다. HIV/AIDS 아동은 자신에 대한 부정적인 내사를 해 왔을 수 있다. 아동들은 그것이 맞는지 아닌지를 구별할 수 있을 만큼 성숙하거나 인지적으로 발달되지 않았기 때문에, 부정적인 내사로 인해 자기의 부분을 억제한다. 아동들이 혈액 속 바이러스, 입원, 무서운 의료 절차와 같은 싫어하는

부분을 수용할 수 있도록 가르치는 것은 자기통합과 자기가치를 확립하는 데 도움이 될 것이다.

- 거절, 낙인, 유기를 두려워하는 HIV/AIDS 아동은 인정을 받기 위해 다른 아동, 교사, 부모 또는 의미 있는 대상과의 건강한 접촉을 방해하는 행동을 할 수도 있다. 이 아동들은 투사, 편향, 반전 또는 융합하기도 한다. 이러한 접촉 경계장애는 저항으로 간주될 수도 있으나, 치료 과정에서 발생할 수 있다는 것을 예측하고 이를 수용하고 존중해야 한다. 왜냐하면 이것은 아동이 이 세상에서 존재하고 행동하는 새로운 방식을 발견하는 방식이 될 수도 있기 때문이다.

- HIV/AIDS 아동의 알아차림 능력을 강화하여 자신이 누구이고, 무엇을 느끼고, 어떤 욕구가 있으며, 어떻게 하고 싶은지를 경험하도록 하는 것이 중요하다. 이러한 경험과 시도는 비생산적인 행동을 멈추고 치료 과정을 통해 편안함과 알아차림을 느낄 수 있도록 도와줄 것이다. 때로는 알아차림 능력이 강화되는 것만으로도 새로운 자기감과 자기지지가 생겨난다.

- HIV/AIDS 아동은 양육자를 사랑하지만 자신을 홀로 남겨 두고 떠난 것에 대해 분노를 느끼며 혼란스러움으로 고통을 받는다. 또는 치료를 받고 나면 한결 나은 기분을 느끼면서도 의료 처치를 매우 두려워하기도 한다. 게다가 이와 같은 혼란스러운 감정은 소외, 고립, 파편화를 일으키게 한다. 이러한 상반되는 부분들, 긍정적이거나 부정적인 것들을 통합하고 조정하는 것을 배움으로써, 더욱 건강하게 존재하는 방법을 알 수 있게 된다.

- 지지해 주는 의미 있는 대상이 부재하거나, 치료를 받지 못하고 적절한 양육을 받지 못한다는 것은 HIV/AIDS 아동들에 매우 심한 스트레스를 줄 수 있다. 그러므로 통합적인 서비스뿐만 아니라 부모 상담과 훈련은 HIV/AIDS 아동들을 위한 포괄적인 치료를 위해 중요하다.

- HIV/AIDS 아동을 대상으로 게슈탈트 놀이치료를 할 때에는 중기 아동기 발달이 신체적 · 인지적 · 사회적 · 정서적 성장 측면에 미치는 영향을 고려해야 한다.

7. 결론

HIV/AIDS 아동을 치료하는 동안에 게슈탈트 놀이치료의 이론적 개념, 치료적 과정 및 다양한 놀이 기법을 활용할 수 있다. 게슈탈트 놀이치료의 목표는 더욱 통합적이고 자기지지적이 되도록 하기 위해 특정 기법들을 활용함으로써 아동이 지금 여기에서 무엇을 경험하고 있는지를 알아차리도록 돕는 것이다.

중기 아동기에 해당하는 HIV/AIDS 아동은 자신의 병과 치료 때문에, 자신의 정상 발달과 관련하여 스트레스를 겪을 수도 있고, 미해결되거나 표현하지 못한 여러 감정을 지니고 있을 수 있다. 게슈탈트 놀이치료 동안에 HIV/AIDS 아동의 신체, 사회성, 인지, 도덕성, 정서 발달의 영향을 고려해야 하는데, 이는 이런 발달적인 면들이 어떻게 슬픔, 상실, 분노, 두려움과 같은 다양한 감정을 다루는지를 결정할 수 있기 때문이다.

참고문헌

Aronstam, M. (1989). 'Gestalt therapy.' In D. A. Louw (ed) *South African Handbook of abnormal Behaviour.* Johannesburg: Southern.

Berger, R. L., McBreen, J. T. and Rifkin, M. J. (1996). *Human Behaviour-A Perspective for the Helping Professions*, 5th edition. New York: Longman White Plains.

Blom, B. (2000). *A Gestalt Play Therapy Helping programme in Social Work for Junior Primary School Children's Emotional Intelligence.* Unpublished doctoral thesis. Bloemfontein: University of the Free State.

Brown, L. K. and Lourie, K. J. (2000). 'Children and adolescents living with HIV/Aids-a review.' *Journal on Child Psychology and child Psychiatry and Allied Disciplines 41*, 1, 81-96.

Dhansay, S. (2003). *Gestalt Play Therapy with HIV/Aids Children in the Middle Childhood Years.* Unpublished MSocSc (Social Work) dissertation. Bloemfontein: University of the Free State.

Keke, X. (2002). 'Facing up to the risk of infection.' *Children First. A Journal on Issues*

Affecting Children and Their Carers 6, 64, 16–19.

Kruger, N. (1991). 'The becoming of the primary school child.' In S. Du Toit and N. Kruger. *The Child: An Educational Perspective*. Durban: Butterworths.

Lesar, S. and Maldonado, Y. A. (1997). 'The impact of children with HIV on the family system.' *Families in Society: The Journal of contemporary Services 78*, 272–279.

Louw, D. A. (1990). *Human Development*. Pretoria: Haum.

Oaklander, V. (1988). *Windows to Our Children: A Gestalt Therapy Approach to children and Adolescents*. Utah: Real People Press.

Oaklander, V. (1992). 'The relationship of gestalt therapy to children.' *The Gestalt Journal 5*, 1, 64–74.

Oaklander, V. (1994a). 'From meek to bold: a case study of gestalt play therapy.' In I. Kottman and C. Schaefer (eds) *Play Therapy in Action: A Case Book for Practitioners*. New Jersey: Jason Aronson.

Oaklander, V. (1994b). 'Gestalt play therapy.' In K. O'Conner and C. Schaefer (eds) *Handbook of Play Therapy: Advances and Innovations*. New York: John Wiley.

Oaklander, V. (1997). 'The therapeutic process with children and adolescents.' *Gestalt Review 1*, 4, 292–317.

Reid, S. E. (1991). 'Aids in the family.' In N. B. Webb (ed) *Play Therapy with children in Crisis: A Case Book for Practitioners*. New York: Guilford.

Smart, T. (2000). *Children Living with HIV/Aids in South Africa: A Rapid Appraisal*. Johannesburg: National HIV/AIDS Care and Support Task Team.

Stuber, M. L. (1990). 'Psychiatric consultation issues in paediatric HIV/Aids.' *Journal of American Academy of Child and Adolescent Psychiatry 29*, 463–467.

Thompson, C. L. and Rudolph, L. B. (1996). *Counseling Children*. Pacific Glove, California: Brooks Cole.

van der Merwe, M. (1996). 'Relaxation play.' In J. P. Schoeman and M. van der Merwe (eds) *Entering the Child's World: A Play Therapy Approach*. Pretoria: Kagiso.

van Dyk, A. (2001). *HIV/Aids Care and Counselling: A Multidisciplinary Approach*. South Africa: Pearson Education.

Whiteside, A. and Sunter, C. (2000). *Aids: The Challenge for South Africa*. Tafelberg: Cape Town.

Wordrich, D. L. and Swerdlik, M. E. (1999). 'HIV/Aids amongst children and adolescents: implications for the changing of school psychologists.' *School Psychology Review 28*, 2, 228-241.

부록

·
·
·

부록 1

게슈탈트 놀이치료 과정 동안 각 단계에서 다루어야 할 내용 요약

치료 과정 단계	다루어야 할 내용들
치료관계 형성, 평가 및 치료계획 세우기	• 나(I)-너(thou) 관계 형성 • 지금 여기에 집중하기 • 치료자와 아동의 책임감 • 경험과 발견에 초점을 둔 기법과 활동 • 저항 드러내기와 다루기 • 경계와 제한 설정 • 전체론적인 게슈탈트 평가 준거에 따른 아동 평가하기
접촉하기와 자기지지 촉진하기	• 감각 접촉하기 • 신체적 접촉하기 • ~에 의한 자기강화: - 자기 정의하기 - 선택 - 숙달, 힘과 통제 - 투사 소유하기 - 경계와 제한 - 놀이성, 상상과 유머
감정표현	• 공격적 에너지 표현 • ~에 의한 감정표현: - 감정에 관한 인지적 대화 - 여러 가지 감정에 대한 신체 반응 말하기 - 감정을 투사하고 소유하기 - 감정을 다루기 위한 전략 및 기술 배우기
자기양육	• 자기의 수용할 수 없는 부분과 접촉하기 • 수용할 수 없는 부분을 통합하고 양육하기 위해 양육된 부분들 사용하는 기술 획득하기 • 스스로에게 잘하기 위한 기술 획득하기
지속되는 부적절한 과정 다루기	• 자신의 과정과 행동에 대한 알아차림 증진시키기 • 선택하고 책임지는 기술 습득하기 • 문제를 다루는 전략 배우기
종결	• 적절한 시간을 결정하기 위한 철저한 평가와 이를 위한 철저한 준비

부록 2

게슈탈트 놀이치료의 수평적·수직적 발달

게슈탈트 놀이치료 과정

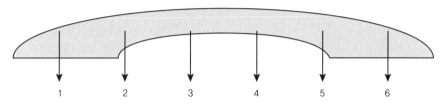

1	2	3	4	5	6

회기 내에서의 발달

핵심
1. 치료적 관계 형성하기, 평가 및 치료 계획 세우기
2. 접촉하기와 자기감 강화
3. 감정 표현
4. 자기양육
5. 지속되는 부적절한 과정 다루기
6. 종결

나-너 접촉의 확립

지금 여기를 경험

상상하기, 예: 너의 삶에서의 안전한 곳

감각경험, 예: "무엇이 보이고 들리고 만져지고 냄새가 나고 맛이 느껴지니?"

은유적 이야기하기, 예: "나에게는 아주 부드러운 물고기가 있어."

의미두기, 예: "그것은 부모님이 이혼하기 전의 시간을 생각나게 한다."
양극성에 집중시키기, 예: "너는 항상 그것에 대해 생각이 나니?"

전략을 다루는 데 초점 두기, 예: "만약 네가 슬픔을 느낀다면 너는 무엇을 할 수 있니?"
아동에게 힘 부여해 주기, 예: "나는 네가 결심을 했기 때문에 결정한 것을 해 나가리라 믿어."

과제주기, 예: "나는 네가 이번 주에 너 자신을 위해 좋은 것을 2가지 하기를 바래."
아동을 현실로 데려오기, 예: "오늘밤에 저녁으로 무엇을 먹을 예정이니?"

부록 3

게슈탈트 치료 이론적 관점에 의한 아동 평가 및 치료계획 세우기

각 세션동안 평가는 아래에 초점을 둔다.	다음 사항들을 고려해야 할 특별한 경험이나 환경이 있는가?	평가 및 치료계획을 세울 때 아동의 발달 단계 및 수준을 고려해야 한다.
• 치료적 나−너 관계 • 접촉과 접촉하기 기술 • 접촉경계장애 • 감정 표현 • 인지적 측면 • 자기감 • 신체 알아차림 • 저항 • 유머 • 창의성 • 사회적 기술 • 과정과 아동의 고유한 기질	• 상실과 트라우마, 예를 들어, 죽음, 이혼, 새로운 아기, 형제자매, HIV/AIDS • 주의력결핍 과잉행동장애 • 기분장애 • 분리불안 • 법정중재 • 입양 • 뚜렛증후군 • 학대 • 가족 역기능 • 폭력에 노출된 아동	아동이 자신의 욕구를 충족시키기 위해 행동하는 방식을 고려한다. • 인지적 발달 • 정서적 발달 • 사회적 발달 • 도덕적 발달

자기지지와 통합을 향상시키는 알아차림과 관련된 목표 형성

종결은 게슈탈트 치료목표, 즉 아동이 신경증의 폭발층에 도달했을 때 하거나, 또는 교착증에 빠져 더 이상 전진없이 저항을 보일 때 하게 된다.

아동의 신경증 수준과 목표 달성을 결정하기 위한 지속적인 평가

게슈탈트 놀이치료 과정은 다음 내용에 초점을 두어 진행된다.
• 접촉하기와 자기감 강화
• 감정 표현
• 자기양육
• 지속되는 부적절한 과정에 초점 두기
치료자는 아동이 필요로 하는 경험에 맞춰서 이 과정 내에서 앞뒤로 움직인다.

치료 과정 중에 부모나 다른 의미 있는 사람들을 아동의 삶에 개입시키기

부록 4

부모가 이혼했을 때 아동이 겪는 것과 상실하는 것들에 대한 체크리스트

☐ 집
☐ 애완동물
☐ 친숙한 학교
☐ 안정된 생활
☐ 이동수단
☐ 돈
☐ 한쪽 부모의 수입

☐ 친구
☐ 미래 꿈
☐ 마음의 평화
☐ 한쪽 부모가 가족을 떠남
☐ 한쪽 부모와의 접촉
☐ ~와 얘기할 기회가 줄어듦
☐ 할아버지/할머니
☐ 함께 사는 부모가 달라짐
☐ 다른 가족과의 접촉
☐ 나는 둘로 찢어짐
☐ 애정 상실

☐ 신체접촉
☐ 잃어버린 행복한 생활
☐ 다르게 보는 사람들의 시선
☐ 정원
☐ 더 이상 자신 있게 말할 수 없는 것
☐ 나를 지지해 주는 사람들
☐ 내가 누구이고 내가 어디에 있는지 — 정체성
☐ 평온한 생활
☐ 나를 덜 생각하는 것
☐ 형제/자매
☐ 이혼은 내 잘못이다 — 무죄
☐ 내가 반발할수록 나는 더 많은 것을 잃음
☐ 사람들은 나를 무가치하다고 생각한다.
☐ 다른 사람들 사이에서 자신감을 잃어버림
☐ 하나의 가족 — 가족 화합
☐ 좋았던 모든 것을 잃어버림
☐ 행복
☐ 나는 ……을 잃어버렸다.

찾아보기

▌ 저자 소개

Rinda Blom 박사는 남아프리카 Bloemfontein에 있는 'Red Shoe Play Therapy Training Center'의 이사이다. Free State 대학교와 Pretoria 대학교에서 사회복지와 놀이치료를 공부하고, 놀이치료와 부모지도를 전문으로 상담해 왔다. Violet Oaklander 박사에게서 게슈탈트 놀이치료를 배웠으며, 남아프리카 전역에서 게슈탈트 놀이치료, 모래상자치료 및 부모지도에 관한 많은 단기강좌를 열고 있다.
Contact details: rindablom@gmail.com
Website: www.playtherapytraining.net

Sayeeda Dhansay은 Cape Town에 있는 Tygerberg 병원에서 일하는 사회사업가이다. 그녀는 놀이치료를 세부전공으로 하여 사회사업학 석사학위를 받았다. 그녀는 많은 HIV/AIDS 아동과 치료적 작업을 해 왔다.

Sandra Ferreira 박사는 Free State 대학교의 사회사업학과 수석 강사이다. 그녀는 개인이나 집단, 지역사회를 대상으로 상실과 트라우마 치료를 해 오고 있고, 석사학위과정의 학생들에게 상실과 트라우마에 대해 강의를 하고 있다.

Marinel Read는 놀이치료를 세부전공으로 하여 사회사업학 석사학위를 받았다. 그녀는 아동과 놀이치료를 통해 상실과 트라우마에 대한 치료 작업을 주로 하고 있다.

역자 소개

김금운은 게슈탈트상담 전문가로서 아동·청소년, 가족 및 부모를 상담하는 심리 상담자이자 상담자 훈련자이다. 전남대학교 대학원에서 심리학 박사학위를 취득하였다. Violet Oaklander를 계승한 Felicia Carroll(WCI: West Coast Institute for Gestalt Therapy with Children & Adolescents)에게서 게슈탈트 놀이치료를 배웠다. 한국심리학회 상담심리전문가, 한국심리학회 발달심리전문가, 한국놀이치료학회 놀이심리상담사, 한국게슈탈트상담심리학회 게슈탈트상담 수련감독자, 게슈탈트 놀이치료 트레이너(WCI Approved Trainer)로서 현장에서 개인상담과 집단상담, 부모교육을 실시하고 있다. 또한 상담자 훈련을 위한 여러 프로그램을 개발하고 있으며, 특히 게슈탈트 놀이치료 워크숍과 게슈탈트상담심리사 수련과정(한국게슈탈트상담심리학회 수련기관) 등 여러 프로그램 실시에 주력해 오고 있다.

현재는 '샘솟는 아동청소년 상담센터' 소장으로서 여전히 현장에서 매일 내담자 및 상담자의 고민과 치유, 성장과 마주하는 삶을 살고 있다. 한국게슈탈트상담심리학회 전 학회장이자 이사이며, 한국놀이치료학회 이사를 맡고 있다. 저·역서로는 『21세기 사회속에서의 여성』을 공동 저술하였으며, 『프리츠 펄스: 게슈탈트 치료의 창시자』를 동료와 함께 번역하였다.
Website: www.dreamspring.co.kr

최명선은 아동과 청소년을 상담하는 상담자로 숙명여자대학교에서 아동심리치료 전공으로 박사학위를 취득하였다. 동신대학교 상담심리학과에서 아동상담 전공 교수로 재직하면서 아동상담 및 놀이치료 강의를 하였고, 많은 심리치료 연구를 지도하고 직접 수행하였다. 독일 Köln의 게슈탈트 연구소에서 아동과 청소년을 위한 게슈탈트 심리치료 교육과정을 이수하였고, Saarbrücken의 Karl Josef Schumacher 연구소에서 게슈탈트 심리치료 수련과정을 거쳤다. 한국놀이치료학회, 상담심리학회에서 편집부위원장과 편집위원으로 활동하면서 상담 이론과 기법, 아동상담의 연구발전을 위해 열정을 쏟았다.

현재는 '아동청소년상담센터 맑음' 소장으로 일하면서 부설 연구소에서 임상현장에서 사용할 수 있는 치료적 도구와 게임을 개발하고 있다. 게슈탈트 심리치료를 공부하면서 내담자들의 신체와 감각인식에 대해 관심을 가지게 되었고, 감각통합 훈련과 청지각 요법 등을 공부하여 게슈탈트 놀이치료와 병행하여 사용하고 있다. 또한 이러한 통합적 접근에 대해 치료자들을 훈련하고 이들을 대상으로 강의를 하고 있다. 저서로는 『아동상담 처음부터 끝까지』와 『감각통합과 IM』, 『마음맑음 시리즈 7권』 외에 다수가 있다. 역서로는 『청소년 놀이치료』, 『놀이치료: 아동중심적 접근』, 『논문의 저술에서 출판까지』 등이 있다.

게슈탈트 놀이치료
-아동 치료자들을 위한 임상 지침서-

The Handbook of Gestalt Play Therapy:
Practical Guidelines for Child Therapists

2021년   3월 25일 1판 1쇄 발행
2022년 11월 25일 1판 2쇄 발행

지은이 • Rinda Blom
옮긴이 • 김금운 · 최명선
펴낸이 • 김진환
펴낸곳 • ㈜ 학지사

04031 서울특별시 마포구 양화로 15길 20 마인드월드빌딩
대표전화 • 02)330-5114   팩스 • 02)324-2345
등록번호 • 제313-2006-000265호

홈페이지 • http://www.hakjisa.co.kr
페이스북 • https://www.facebook.com/hakjisa

ISBN 978-89-997-2369-8   93180

정가 17,000원

출판미디어기업 학지사

간호보건의학출판 학지사메디컬 www.hakjisamd.co.kr
심리검사연구소 인싸이트 www.inpsyt.co.kr
학술논문서비스 뉴논문 www.newnonmun.com
교육연수원 카운피아 www.counpia.com